志勤文库



# 基于新发展理念的云南省经济高质量发展评价研究

Research on the High-Quality Economic Development Evaluation of Yunnan Province Based on the New Development Philosophy

林茜　著

东北财经大学出版社　大连
Dongbei University of Finance & Economics Press

**图书在版编目（CIP）数据**

基于新发展理念的云南省经济高质量发展评价研究 / 林茜著. —大连：东北财经大学出版社，2025.2. —（志勤文库）. —ISBN 978-7-5654-5469-1

Ⅰ. F27.74

中国国家版本馆CIP数据核字第20245W9L10号

东北财经大学出版社出版发行

大连市黑石礁尖山街217号　邮政编码　116025

网　　址：http://www.dufep.cn

读者信箱：dufep@dufe.edu.cn

大连永盛印业有限公司印刷

幅面尺寸：170mm×240mm　字数：246千字　印张：20.5　插页：1

2025年2月第1版　　2025年2月第1次印刷

责任编辑：石真珍　王　玲　　责任校对：那　欣

封面设计：原　皓　　版式设计：原　皓

定价：99.00元

教学支持　售后服务　联系电话：（0411）84710309



如有印装质量问题，请联系营销部：（0411）84710711

# 前 言

本书是在笔者主持的云南省哲学社会科学研究基地项目研究成果的基础上撰写而成的，是笔者多年来对云南省经济发展进行深入研究和思考的结晶。笔者带领研究团队在3年的时间里深入云南省各地州进行实地调研，收集了大量经济发展的数据资料。该研究成果得到了基地专家组的认可，项目鉴定等级为“良好”。这是对研究团队多年来不懈努力和深入研究的肯定，也是对研究团队在云南省经济发展研究领域中所作积极贡献的认可。

在新时代背景下，中国经济已从高速增长阶段转向高质量发展阶段。作为西南地区的重要省份，云南省在这一转型中面临着许多挑战和机遇。本书旨在通过对云南省的经济发展进行全面、系统的评价，为其实现高质量发展提供有益的参考和指导。2015年，习近平总书记考察云南时指出，“云南经济要发展，优势在区位，出路在开放”。[①]2020年，习近平总书记再次考察云南时指出，“希望云南努力

① 张帆，徐元锋.以高水平开放推动高质量跨越——访云南省副省长张国华［N］.人民日报，2019-11-26（10）.

在建设我国面向南亚东南亚辐射中心上不断取得新进展”。[①]习近平总书记考察云南重要讲话和重要指示精神指明了当前和今后一个时期云南省的发展方向和工作重点。

因此，本书内容围绕“基础理论—实证分析—对策建议”这条主线展开，形成相互联系的逻辑架构，在新发展理念的指导下，从创新、协调、绿色、开放、共享5个方面构建了云南省经济高质量发展的评价指标体系，运用该指标体系对云南省16个地州创新、协调、绿色、开放、共享5个方面的发展情况以及综合发展情况等进行评价，运用耦合协调度模型对云南省高质量经济发展现状进行空间特征评价、五大系统间的协调发展评价以及区域发展类型评价，同时从创新、协调、绿色、开放、共享5个方面提出了云南省经济高质量发展的实现路径。

本书内容具有如下特点和创新之处：

一是党的十八届五中全会提出的“新发展理念”是一个整体，其充分体现了“以人为本”的科学发展观，为区域经济发展指明了方向，并找到了着力点。本书以新发展理念作为评价指标体系构建的依据，具有客观性和政治一致性。这是不同于以往评价体系的新视角、新思路，具有创新性和独特性。

二是现有对经济发展状况的评价研究多以整体角度分析为主，本书对创新、协调、绿色、开放、共享之间的协调关系进行评价研究，具有一定的创新性。

三是从研究尺度上看，现有研究多将全国作为研究区域，本书以云南省及其各地州为研究对象，具有一定的创新性。

四是本书对云南省的经济发展进行空间分析，针对云南省的区域

① 韩成圆，刘子语.我省深入贯彻习近平总书记考察云南重要讲话精神，奋力推进面向南亚东南亚辐射中心建设——构筑对外开放新高地［N］.云南日报，2022-01-12（1）.

发展与内部差异提供了新认识，对云南省区域经济发展具有实践意义。

五是本书结合云南省经济发展的实际情况，有针对性地建立了符合云南发展特色的评价指标体系，具有一定的创新性。

本书的出版得到了很多人的关心和支持：衷心感谢我的领导和同仁们在研究过程中给予我的无私指导和帮助；特别感谢项目组老师们在书稿的撰写过程中给予我的大力支持；还要感谢我的家人就本书的创作给予我的支持和鼓励。同时，感谢所有关注和阅读本书的读者朋友们，希望本书能够为大家提供有益的参考和启示。

尽管在本书的撰写过程中，笔者力图一丝不苟，付出了艰辛的努力，但因研究内容涉及面广、数据资料多，再加上写作经验缺乏，书中难免存在有待改进和完善的地方，恳请各位专家学者、同仁批评指正。

最后，笔者希望本书能够为广大读者了解云南省经济发展现状、掌握新发展理念、推动经济高质量发展提供有益的参考和借鉴，也希望本书能够引起更多人对云南省经济发展的关注和思考，从而为推动中国经济高质量发展贡献自己的力量。

**林茜**

2024年12月

# 目　录

第一章

# 绪论

党的十八届五中全会明确提出了创新、协调、绿色、开放、共享的发展理念。党的十九大报告提出了新时代的十四个“坚持”，“坚持新发展理念”是其中第四个“坚持”。“发展是解决我国一切问题的基础和关键，发展必须是科学发展，必须坚定不移贯彻创新、协调、绿色、开放、共享的发展理念。”①

党的十九大报告首次提出了“高质量发展”的新表述。2018年国务院政府工作报告指出，“按照高质量发展的要求，统筹推进‘五位一体’总体布局和协调推进‘四个全面’战略布局，坚持以供给侧结构性改革为主线，统筹推进稳增长、促改革、调结构、惠民生、防风险各项工作”，“上述主要预期目标，考虑了决胜全面建成小康社会需要，符合我国经济已由高速增长阶段转向高质量发展阶段实际”。②党的二十大报告指出，“高质量发展是全面建设社会主义现代化国家的首要任务”，“必须完整、准确、全面贯彻新发展理念”。③

以新发展理念的视角，对区域经济的高质量发展进行评价成为研究的新方向。基于新发展理念视角的区域经济高质量发展评价研究，既是对党的十九大精神和党的二十大精神的贯彻，又是对习近平新时代中国特色社会主义思想的切实落实，同时引领了中国经济发展的新实践。

① 习近平.决胜全面建成小康社会 夺取新时代中国特色社会主义伟大胜利——在中国共产党第十九次全国代表大会上的报告［M］. 北京：人民出版社，2018.

② 李克强.政府工作报告——2018年3月5日在第十三届全国人民代表大会第一次会议上［EB/OL］.（2018-03-05）［2024-11-03］. https://www.gov.cn/zhuanti/2018lh/2018zfgzbg/zfgzbg.htm.

③ 习近平.高举中国特色社会主义伟大旗帜 为全面建设社会主义现代化国家而团结奋斗——在中国共产党第二十次全国代表大会上的报告［M］. 北京：人民出版社，2022.

## 第一节　研究背景和研究意义

### 一、研究背景

自2019年以来，国际经济环境错综复杂、经济增长低迷，国内经济下行压力不断加大，特别是新冠肺炎疫情暴发之后，经济发展面临诸多困难和挑战。从国际形势看，世界经济格局发生极大变化，不稳定性明显增加，国际力量对比深刻调整。从国内形势看，虽然发展的不平衡问题仍然突出，但面临重要发展机遇期，中国经济长期向好的基本面没有发生变化，继续发展的优势和条件仍很稳定。从省内形势看，习近平总书记考察云南重要讲话和重要指示精神为云南省的发展指明了前进的方向。

目前，中国经济进入了新常态，中国国内生产总值（GDP）年度增长率逐渐下降，由2010年的10.64%逐渐降低至2022年的3%（如图1-1所示），云南省地区生产总值年度增长率由2010年的12.30%逐渐降低至2022年的4.3%（如图1-2所示）。

2023年是全面贯彻党的二十大精神的开局之年，是3年新冠肺炎疫情防控转段后经济恢复发展的一年。2023年，中国GDP超过126万亿元，增长率比2022年提高2.2个百分点；云南省地区生产总值约为3万亿元，按不变价格计算，比上年增长4.4%。虽然我国整体经济增速放缓，但实际增量非常可观，经济结构逐渐优化，增长动力实现转换，经济运行进入了较为稳定的新常态。

一系列数据表明，中国经济已经由高速增长阶段转向高质量发展阶段。在经济的新发展阶段，必须把握好发展的新形势、新要求，将创新、协调、绿色、开放、共享的新发展理念贯穿于经济发展的全过

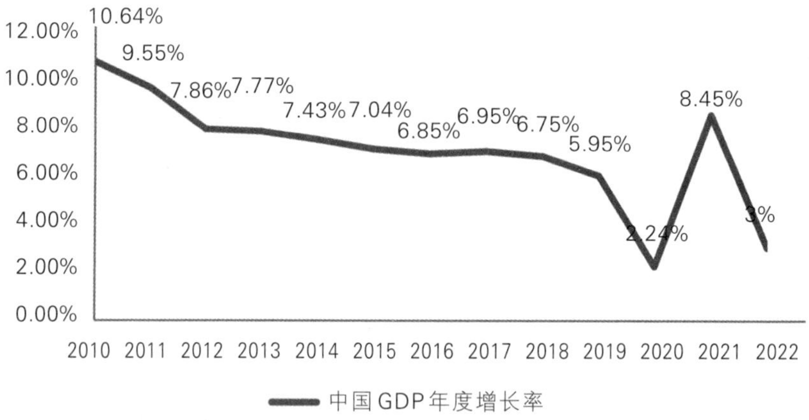


**图1-1　2010—2022年中国GDP年度增长率**

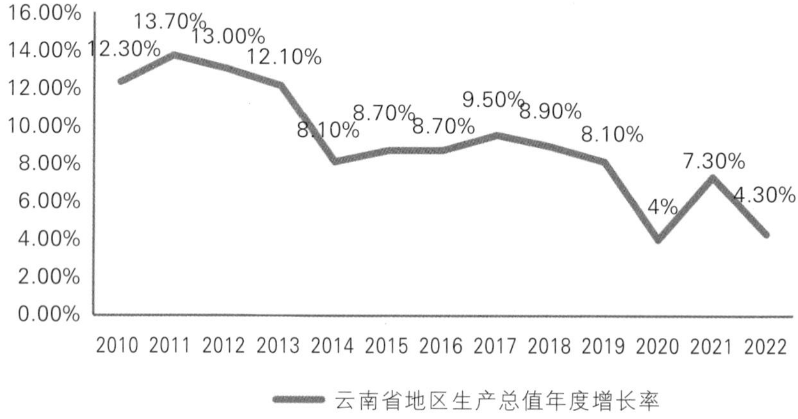


**图1-2　2010—2022年云南省地区生产总值年度增长率**

程，确保落实、践行新发展理念，构建全新的经济发展格局，开创经济高质量发展的新局面。

2015年1月，习近平总书记考察云南，对云南省的高质量发展提出了“一个跨越”“三个定位”“五个着力”的要求。2020年1月，习近平总书记再次考察云南，殷切希望云南省坚持新发展理念，不断增强边疆民族地区治理能力，保障和改善民生，践行初心使命，努力在建设我国民族团结进步示范区、生态文明建设排头兵、面向南亚东南亚辐射中心上不断取得新进展，谱写好中国梦的云南篇章。[①]

## 二、研究意义

我国经济发展进入了高质量发展的新阶段。在这一阶段，随着传统人口红利的逐渐消失，我国的后发优势越来越小，因此经济发展的动力已逐渐由原先的投资驱动、要素驱动转变为创新驱动。在经济高质量发展的新阶段，需要统筹产业、城乡、区域的协调发展；需要坚持绿色的可持续发展，处理好经济建设与生态保护的关系。在经济高质量发展的新阶段，为了更好地融入经济全球化，积极参与国际经济新秩序的完善，需要更高水平的开放和共享。

因此，经济的高质量发展必须符合创新、协调、绿色、开放、共享的新发展理念，只有在新发展理念的引领下，经济才能保持高质量的发展，才能更好地践行新发展理念。因此，“新发展理念”与“高质量发展”相辅相成，相互促进。

（一）新发展理念指导下的经济高质量发展转型需求

自改革开放以来，我国经济实现了快速增长，但主要依赖投资驱动和要素投入的增长方式，这种粗放型发展模式导致了资源浪费、环境污染和区域发展不平衡等问题。随着传统的人口红利和低成本劳动力优势的逐渐消退，当前经济发展面临着创新乏力、内需不足等新挑战。因此，推动经济从数量增长向质量提升转型成为迫切需求。

新发展理念作为我国经济发展战略的指导思想，以“创新、协

---

① 云南省人民政府办公厅.云南省人民政府关于印发云南省国民经济和社会发展第十四个五年规划和二〇三五年远景目标纲要的通知：云政发〔2021〕4号［A/OL］.（2021-02-09）［2024-11-03］. https：//www. yn. gov. cn/zwgk/zcwj/yzf/202102/t20210209_217052. html.

调、绿色、开放、共享”为核心，致力于解决长期积累的经济结构性问题，指明了实现高质量发展的方向。本研究基于新发展理念对云南省经济高质量发展进行系统性评价，旨在探讨经济增长质量与发展的综合水平，并提出可行性政策建议，从而为云南省实现经济结构转型升级提供理论支持与实践指导。

（二）科学的评价体系和决策参考

构建科学、系统的经济高质量发展评价体系，不仅有助于衡量发展水平，还可以为政府政策制定和实施效果评估提供理论和数据支持。本研究基于新发展理念，采用综合评价方法，对云南省16个地州的经济高质量发展状况进行细致分析。通过构建包含创新、协调、绿色、开放、共享等维度的评价模型，研究将揭示各地州的发展优势与短板，为政府部门量身定制政策、科学配置资源提供数据依据，具有较强的现实指导意义。

（三）示范效应与借鉴意义

云南省的经济发展模式具有一定的独特性和代表性，通过对其高质量发展进行评价，可以为其他区域经济发展提供参考和借鉴。尤其是对西南欠发达地区而言，云南省的研究成果具有较强的推广价值。本研究将在总结云南省高质量发展经验的基础上，提炼可供借鉴的政策路径和发展模式，为其他省份尤其是欠发达地区在经济高质量发展方面提供理论指导和实践支持。

世界经济正在发生复杂深刻的变化，中国经济与世界经济高度关联，2013年习近平总书记提出了“一带一路”国家顶层合作倡议。云南省地处中国、南亚、东南亚经济圈的接合部，具有独特的区位优势。因此，本研究以云南省为样本，在新发展理念的指导下构建评价体系，分析经济高质量发展现状，提出政策建议，不仅具有重要的理论价值，更具有鲜明的实践意义，为云南省乃至全国其他区域的高质量发展路径提供了实证支持和可借鉴的实践经验。

## 第二节　国内外研究现状

国内相关学者围绕“新发展理念”的基本内涵、形成依据、鲜明特征、内在逻辑、重要意义、实践路径等问题开展了相关研究，取得了较为丰富的研究成果。其中，理论研究较多，运用理论去解决实践中问题的相关研究较少。

### 一、国外研究现状综述

世界银行（1995）提出从人力、人造、社会和自然资本四个方面对经济水平进行评价。但是该评价体系评价维度单一，较难量化，因此没有被广泛使用。联合国可持续发展委员会（1996）提出了比较完整的经济评价体系，该体系不再局限于经济维度，而从社会和环境两个不同角度进行评价，同时提出了驱动力-状态-反应（driving force-state-response，DSR）模型。

世界银行的托马斯（2001）指出，经济增长不仅包括收入增长和人类发展，还应包括环境的可持续发展。Huovari 和 Kangashar（2001）对国家竞争力进行评价，并从创新、开放以及人力资本等角度构建了竞争力评价指数。Chow 和 Lin（2002）运用生产函数模型对中国经济质量进行分析，提出随着劳动力的增加，经济质量会呈现下滑趋势的结论。Barro（2002）从教育、健康、政治制度、寿命等方面构建指标体系对经济发展质量进行分析。

Akhter和Beno（2011）认为影响经济开放程度的主要因素包括投资与贸易政策、公司是否执行扩张市场策略、运输与通信技术等。

Padaki和Goel（2015）重点研究区域经济发展，运用修正的引力模型对影响区域经济发展的要素进行分析，指出区域经济一体化不仅可以带动周边经济的发展，还能提高周边经济发展的质量。

## 二、国内研究现状综述

（一）经济发展评价的相关研究

伍凤兰（2014）从社会效益、经济效益和生态效益三个方面出发，构建了经济发展质量评价指标体系，以深圳市为例，运用层次分析法对深圳经济发展质量进行了综合评价。万纤（2014）以武汉市青山区为研究对象，通过构建经济评价指标，对其经济发展中存在的问题进行分析并给出相应对策。杨宝宝（2016）对山西省各市的经济发展现状及差异进行了分析，运用熵值法和相关差异指数法的同时借助ArcGIS软件，对研究结果进行了聚类分析和空间表达，揭示了山西省各市经济发展质量的时空演变轨迹。

上海社科院（2016）发布“五大理念发展指数”，并根据2015年的相关数据，对31个省（自治区、直辖市）的经济发展状况进行评估分析，结果显示上海市在综合指数、协调发展指数和开放发展指数方面处于领先地位，而北京市在创新发展指数和共享发展指数方面位居首位，广东省则在绿色发展指数方面排名第一。张云云等（2019）运用ArcGIS软件，分别从创新发展、可持续发展、人民生活及经济效益四个层次对31个省（自治区、直辖市）的经济发展水平进行分析，发现我国经济发展总体仍处于中下水平，其中东部地区经济效益最好，其次是中部地区，最后是西部地区。

（二）新发展理念的相关研究

唐任伍（2016）认为新发展理念是具有内在联系的集合体，并与“四个全面”和“五位一体”的总体布局相契合，形成了科学化、系统化的发展体系。聂启元（2016）认为新发展理念遵循经济发展规律，对全面实现小康具有现实意义。余金成（2016）认为，新发展理念是对“以人为本，全面协调可持续发展”的科学发展观的全面深化。谢林垚（2018）对新发展理念进行了深入的研究阐释，同时提出新发展理念仍处在实践起步期和理论发展期，应进一步加强理论研究，进而提高与实践的契合度。

（三）基于新发展理念的经济评价研究运用

杨新洪（2017）从“创新、协调、绿色、开放、共享”5个方面选取37个指标建立评价指标体系，对深圳市经济社会发展进行多角度评价。敬林（2017）运用模糊Broda法对区域发展进行评价，提出新发展理念对于区域发展的效应影响，同时其发现区域内部五大理念之间的协调性越好，则区域经济的发展越好。蔡之兵（2017）以31个省（自治区、直辖市）为研究对象，对新发展理念的内在逻辑进行构建，根据经济发展的测试结果，提出加强绿色和协调发展的对策建议。

张鹏（2018）基于新发展理念的视角，运用组合评价法、熵值法和层次分析法对安徽省县域经济的发展情况进行评价研究，结果发现安徽省东部地区县域经济发展水平显著高于西部地区。任松冉（2018）运用熵值分析法对京津冀地区的经济发展状况进行评价，结果表明北京市和天津市的经济中心地位突出。安景文（2019）从新发展理念的角度构建指标评价体系，运用熵值法对京津冀经济增长质量进行实证分析，同时采用变异系数法对各地区经济增长质量的差异性进行分析，结果表明京津冀地区的经济增长质量差距在不断缩小，协同发展水平在不断增强。

（四）基于新发展理念的经济评价研究运用存在的问题

蔡之兵（2017）认为目前缺乏对新发展理念内在联系进行研究的

相关文献，而实证类的文献也没有真正运用新发展理念的内在联系，仍然采取传统的研究经济发展的指标。敬林（2017）认为协调发展与共享发展的概念之间存在区别，目前在准确衡量协调发展与共享发展等问题上存在一定困难。

张鹏（2018）认为新发展理念虽然能较为全面地对经济发展问题进行评价，但是各指标的权重高度依赖样本，随样本的变化而变化，在实证分析中具有一定的限制性。任松冉（2018）发现大多数学者是基于省际层面的发展水平进行研究的，针对城市层次的新发展理念研究的定量分析较少，因此对新发展理念的经济评价研究还需进一步深入，评价指标体系还需进一步完善。

（五）云南省对新发展理念的运用

字攀安（2016）提出新发展理念能够比较科学、客观地评价云南省经济发展中存在的问题。徐舒（2018）主要研究新发展理念中的绿色发展理念，运用DEA（data envelopment analysis，数据包络分析）模型对云南省的绿色经济效率进行分析，同时提出云南省对于环境保护的投入力度还需进一步加强。刁海洋（2018）从新发展理念的视角分析了昆明市呈贡区的经济发展现状，提出需要通过一系列措施增强呈贡区经济的可持续发展能力。

马忻（2019）从新发展理念中的协调发展角度出发，运用熵值法确定指标权数，构建了耦合模型，同时提出云南省经济增长与农业资源协调发展的相关措施。茶燕梅（2019）提出在新发展理念的共享发展方面，云南省民族地区的经济发展和义务教育的均衡发展仍面临着许多现实的问题和挑战。

## 三、文献评析

综上所述，国外的相关研究并不多，其主要从区域经济发展和经济评价的角度开展研究，对世界各国的学者有一定的影响力。国内学者大多从理论方面研究经济发展的运行模式和政策体系，相关的实证研究较少，而且现有的实证研究主要关注的是国内较发达的地区。目前，国内学者对于新发展理念下的经济理论与应用的研究仍停留在表面，大多数研究成果仍停留在研究表层的制约关系上，更加深入的研究还比较缺乏，对于相关研究的评价方法、指标选取还处于探索阶段。

由于新发展理念的5个方面之间既有区别，又有联系，同时各个地区的发展水平不均衡，所以在构建指标评价体系时，应具有不同的侧重点。因此，应进一步探讨能够精准、科学、系统地反映各个地区经济发展水平的指标评价体系。

习近平总书记考察云南重要讲话和重要指示精神，指明了当前和今后一个时期云南省的发展方向和工作重点。云南省应充分结合自身的特色，通过“新发展理念”，运用马克思主义理论，使高质量发展与跨越式发展相互结合、相互统一，从而促进经济社会和谐、稳定地发展。

目前，针对云南省的经济发展研究中，大多数学者侧重在某一个方面建立指标体系，而且多从省级层面进行评价，研究结果较为单一。因此，从新发展理念的角度对云南省经济发展状况的综合评价，和深入到各地州的发展评价仍存在空白，其是学者今后研究的主要方向。

## 第三节 研究思路与研究方法

### 一、研究思路

本研究通过阅读大量相关文献最终确定研究主题为基于新发展理念的云南省经济高质量发展评价研究，在此基础上，通过对国内外研究文献的梳理，结合云南省经济发展现状，确定了研究思路。

本研究在新发展理念的指导下，从创新、协调、绿色、开放、共享5个方面构建了云南省经济高质量发展的评价指标体系；同时，运用该指标体系对云南省16个地州的创新、协调、绿色、开放、共享5个方面的发展情况以及综合发展情况等进行评价，运用耦合协调度模型对云南省经济高质量发展现状进行空间特征评价、五大系统间的协调发展评价以及区域发展类型评价，进而从创新、协调、绿色、开放、共享5个方面提出了云南省经济高质量发展的实现路径。

全书分为八章：第一章为绪论，对本研究的背景、意义、研究现状、研究思路与方法进行了阐述；第二章和第三章分别对新发展理念和高质量发展的内涵及特征进行了提炼；第四章分析了云南经济发展概况，包括全省经济形势、省内16个地州的经济形势，并对省会昆明市的经济形势进行了深入剖析；第五章和第六章构建了云南省经济高质量发展的评价指标体系，并运用该评价指标体系对云南省16个地州的创新发展、协调发展、绿色发展、开放发展、共享发展以及综合经济发展状况进行了测度；第七章运用空间统计分析方法对云南省经济发展的空间分布特征进行阐述，并运用耦合协调度模型对云南省16个地州的经济发展状况进行评价；第八章则从创新发展、协调发展、绿色发展、开放发展、共享发展5个方面提出了加快推进云南省经济高质量发展的路径。

## 二、研究方法

本研究运用文献研究法、数理统计法、综合指标法以及空间分析法对云南省16个地州的经济发展状况进行实证分析。各方法的选用基于新发展理念的要求，力图通过多种研究工具和手段，全面、深入地刻画云南省各地州在经济高质量发展上的表现和动态变化。

### （一）文献研究法

文献研究法作为基础性方法，为本研究提供了扎实的理论支持和数据来源。本文所做的文献收集研究以新发展理念的理论内涵和经济高质量发展的实现路径为主线，围绕创新、协调、绿色、开放、共享五大发展维度，重点搜集国内外关于高质量发展评价指标体系、区域经济发展评价模型等相关研究成果。通过对已有文献的系统梳理和分析，本研究借鉴了许多已有的评价模型，并结合云南省的实际情况对指标体系进行合理调整和改进。

此外，笔者对云南省各地州经济发展情况有着长期关注，近年来多次实地调研云南省不同地区，收集了关于16个地州的自然资源、经济发展、创新发展、协调发展、绿色发展、开放发展、共享发展等大量一手资料，这些实地调研数据为本研究提供了具有时效性、真实性的直接数据支撑，有助于形成更加贴近云南省实际的研究结论。

通过文献研究法，不仅整理出云南省16个地州在创新、协调、绿色、开放、共享5个方面的相关数据资料，还对影响经济高质量发展的其他因素有了更为全面的认知。文献研究法帮助确立了研究的理论基础，厘清了评价经济高质量发展的逻辑路径和必要性，确保了研究方法的科学性和系统性。

（二）数理统计法

数理统计法是本研究处理云南省16个地州经济发展数据的主要工具。云南省的经济发展数据主要来源于《云南统计年鉴》、各地州的国民经济和社会发展统计公报以及各地州统计局官方网站，数据囊括区域经济总量、人均收入、产业结构、环境保护支出、对外贸易总额等指标。为保证数据的代表性和准确性，本研究对各地州的统计数据进行了筛选和清洗，剔除了不完整或误差较大的数据，并补充了一些可靠的估算数据。

在数据处理上，首先通过描述性统计法对各地州的数据特征进行总结，初步展现云南省各地州在经济发展上的整体状况与差异。其次，运用推断统计分析、耦合协调度分析等方法，探索各地州经济发展数据与其创新、协调、绿色、开放、共享等维度的内在联系，并分析这些维度对经济发展质量的实际影响。

本研究在定性分析的基础上，对上述数据采用描述统计及推断统计等数理统计法，实现对云南省经济发展数据的全面解读，挖掘出影响云南省经济高质量发展的关键因素，从而为后续的综合评价提供数据支持。

（三）综合指标法

综合指标法是本研究构建经济高质量发展评价体系的核心方法。本研究在借鉴国内外已有评价体系的基础上，从新发展理念的视角出发，围绕创新、协调、绿色、开放、共享五大维度，结合云南省的区域特征和经济发展实际，筛选出一系列具有代表性的评价指标。

具体而言，在创新发展方面，选择了创新环境、创新投入、创新产出和创新成效等评价指标；在协调发展方面，选择了产业协调、区域协调、城乡协调等评价指标；绿色发展方面，包括节能减排、资源环境和环境治理等评价指标；开放发展方面，则选取了开放深度和开放成效等评价指标；共享发展方面，涵盖了公共服务、医疗卫生和人民生活等评价指标。

在构建评价模型时，采用加权平均的方法，对各指标进行标准化处理，避免不同量纲对综合评价的影响。为进一步提高评价的客观性，本研究将熵值法与专家打分法相结合来确定指标权数，运用熵值法对底层指标赋权，运用专家打分法对上层指标赋权。

最终，本研究构建出基于新发展理念的经济高质量发展综合评价指数，并据此对云南省16个地州的经济发展进行综合评价。这种综合指标法使得评价体系具备了系统性和可操作性，从而便于在实践中应用和推广。

（四）空间分析法

空间分析法为本研究的特色方法之一。云南省地处中国与南亚、东南亚的接合部，区域内部地形地貌差异显著，经济发展存在明显的空间差异。为揭示各地州在经济高质量发展方面的空间分布特征，本研究运用ArcGIS 10.3软件对云南省16个地州的经济发展数据进行空间化处理。

具体而言，首先将云南省的行政区划数据矢量化，再将创新、协调、绿色、开放、共享5个方面的评价结果与各地州的地理空间位置相关联，分析各地州在经济高质量发展上是否存在显著的地理集聚性。

通过空间分析法，本研究可以直观展现云南省经济高质量发展在地理空间上的分布情况，揭示不同地州在经济发展水平上的空间规律和差异，这不仅为经济发展的协调布局提供了决策依据，也为进一步优化资源配置、促进区域平衡发展提供了重要参考。

（五）多方法相结合的综合研究

本研究通过对多种研究方法的综合应用，以系统化、全面化的视角对云南省经济高质量发展进行实证分析。文献研究法为理论框架构建提供了支撑，数理统计法保障了数据的科学分析，综合指标法使得评价体系更加完善，而空间分析法则揭示了区域差异和空间特征。

四种方法相互补充，构成了一个完整的研究体系，使得本研究能够全面、深入地探讨云南省各地州的经济高质量发展状况及其背后的驱动因素。最终，得出对各地州的评价结果，其不仅有助于准确把握云南省的经济发展现状，还可为未来政策制定和发展路径优化提供参考。

第二章

# 新发展理念的内涵

## 第一节　新发展理念的提出

新发展理念符合我国国情，顺应时代要求，对破解发展难题、增强发展动力、厚植发展优势具有重大指导意义。习近平总书记2016年1月在重庆调研时强调，“新发展理念是针对我国经济发展进入新常态、世界经济复苏低迷开出的药方”。在主持中共中央政治局第三十次集体学习时，习近平总书记再次强调，“新发展理念就是指挥棒、红绿灯”。[①]

创新发展重点解决的是发展的动力问题。新发展理念的核心内容就是创新发展。坚持深化科技创新体制改革，坚持开放的创新人才的培育，坚持将发展基点放在创新上，才能将创新引领发展落到实处。

协调发展重点解决的是发展的不平衡问题。发展的不协调、不平衡是我国经济发展过程中比较突出的问题。经济的协调发展主要表现为产业间的协调发展、区域间的协调发展、城乡间的协调发展。因此，发挥各产业、各地区的比较优势，不断地缩小发展差距，增强发展的后劲，才能实现经济的高质量发展。

绿色发展重点解决的是人与自然和谐共生的问题。改革开放初期，我国的经济发展取得了辉煌的成绩，但是对生态环境的破坏也比较严重。伴随着经济的高速发展，环境污染问题、生态退化问题十分严峻。要实现经济的高质量发展，必须坚持生态发展，坚持绿色发展。

开放发展重点解决的是发展的内外联动问题。经济全球化是经济

---

① 冯蕾．“新发展理念就是指挥棒、红绿灯”——党中央以发展新理念引领发展新实践述评［N］．光明日报，2016-06-06（1）．

发展的大趋势，经济要实现高质量的发展，必须顺应经济全球化的潮流。坚持开放发展的理念，提高开放的质量，不仅要走出去，同时也要引进来，才能实现经济的高质量发展。

共享发展重点解决的是社会公平正义的问题。共享发展的核心是以人民为中心，共享发展体现了实现共同富裕的要求。坚持共享发展，要维护好社会的公平正义，也要解决好收入分配以及再分配问题，使每个人都能共享发展成果。

## 第二节 新发展理念的基本内涵

一方面，发展行动要有发展理念作指导；另一方面，发展方向和思路也要通过发展理念来体现。新发展理念蕴含着十分丰富的内涵，它为新时代的发展明确了方向，规划了方法，注入了动力。新发展理念是中国共产党对社会主义新阶段的深刻理解和认知，给我国经济的高质量发展带来了深远的影响。

### 一、新发展理念中的创新发展

我国经济发展进入了高质量发展的新阶段，在这一阶段，随着传统的人口红利的逐渐消失，我国的后发优势越来越小，因此经济发展的动力已逐渐由原先的投资驱动、要素驱动转变为创新驱动。“创新是引领发展的第一动力。”[①]创新的重要性不仅体现在国家战略高度的层面，更体现在制度、理论、科技、文化等各个方面。当创新的氛围在社会全方面形成以后，它将推动整个国家经济的不断发展，不仅是数量的发展，更是质量的发展。

---

① 中共中央关于制定国民经济和社会发展第十三个五年规划的建议［N］. 人民日报，2015-11-03.

目前，世界经济的发展正面临许多难题，其中之一就是资源的有限性与社会发展的无限性之间的矛盾，而解决这一难题的关键就是创新。相对于西方发达国家而言，中国的创新基础比较薄弱，创新能力稍显不足。因此，中国要在未来寻求更长远的发展，在竞争日益激烈的国际市场中脱颖而出，必须加强制度创新、理论创新、科技创新和文化创新。

在改革开放初期，为了快速恢复经济，我国在投资、劳动力供给、出口等方面大力扶持，这些政策虽然能在较短时间内使得经济快速复苏，但并非长久之计。目前，中国经济进入转型关键期，国际经济环境发生了很大的变化，中国的人口红利逐渐消失，劳动力不再是优势，老三驾马车的发展模式正逐渐失去动力，中国的经济正在进入发展的瓶颈期。在这样的局面下，传统的高投入、高消耗的发展模式已经无法满足经济高质量发展的需要，单纯依赖传统的发展动力是无法改变现状的，要想改变，必须依赖创新，即对传统的发展模式进行创新，对传统的发展动力进行创新。

坚持创新发展，能够更好地应对发展环境的变化，更好地把握发展的主动权，更好地引领经济的高质量发展。我们常说“科学技术是第一生产力”，因此科技创新是创新发展的核心。政府相关部门应该尽快出台并完善各项激励科技创新的机制和政策，不断提升科技创新的活力，创造良好的创新制度环境。同时，应进一步释放对创新人才的束缚，注重创新人才的培育。只有将创新发展的理念融入经济社会发展的全过程，创新引领发展的战略才能得到深入实施。

## 二、新发展理念中的协调发展

在经济高质量发展的现阶段，为了达到全面建成小康社会的要求，必须协调发展。全面不是自然而然形成的，全面是协调出来的。只有坚持协调发展，才能解决经济高质量发展过程中的各种不协调问题，才能使经济持续健康地发展，增强发展的整体性、全面性。整体性发展是协调发展的重点，只有补齐短板才能增强整体经济实力。因此，协调发展的重点是找到限制经济发展的主要问题，解决主要矛盾，从而从整体上推动经济的快速发展。

城乡发展的不协调是我国经济发展过程中的主要矛盾，城乡之间的基础设施建设、收入分配、社会保障等方面有明显差异，因此坚持乡村振兴战略，实现城乡一体化发展，是逐渐缩小城乡差距的重要举措。

事物发展是普遍联系的，因此经济发展离不开统筹兼顾。就像想要弹出一首优美的钢琴曲，不是十个手指一起按下去就可以的，手指之间要相互配合，相互协调，统筹兼顾才能产生动听的音乐。推动经济的协调发展，要善于运用“弹钢琴”的方法，处理好产业之间、区域之间、城乡之间的矛盾，协调好整体与局部、长远与当前、主要矛盾与次要矛盾的关系，在此基础上进行科学规划、统筹兼顾。

## 三、新发展理念中的绿色发展

人与自然之间是统一发展的，在人类社会经济发展过程中，过度开采、利用自然资源的行为不仅会对生态环境造成破坏，还会伤害人类自己。离开了自然，人类无法生存，因此人与自然是和谐共生的。目前，人与自然的矛盾日益严重，其已成为制约经济发展的主要问题。

习近平总书记指出，“绿水青山就是金山银山”，“保护生态环境就是保护生产力，改善生态环境就是发展生产力”，“良好生态环境是最公平的公共产品，是最普惠的民生福祉”[①]。绿色发展的关键是要解决人与自然的和谐共生问题。人类社会经济发展的前提是要尊重自然、保护自然，只有在尊重自然的基础上，才能推动社会经济的可持续发展。

我国自改革开放以来，经济发展取得了有目共睹的成就，但与此同时，我们必须看到各种破坏生态环境的问题日益加剧，已经成为社会经济发展过程中的突出问题。经济发展与保护环境不是对立的，二者是可以相互促进共同发展的。因此，必须处理好经济发展与生态保护之间的关系，绝不能以牺牲生态环境为代价换取经济的一时增长。

新时代的社会经济建设要不断推进绿色发展，强化企业的节能减排意识，倡导居民采用绿色生活方式，大力发展循环经济，不断推动经济的可持续发展。随着经济的全球化，保护生态环境已不是某一个国家的问题，而是世界各国都需要面对的问题，因此只有世界各国都参与进来，共同加强生态文明建设，才能真正推进全球经济的绿色发展。

## 四、新发展理念中的开放发展

改革开放的实践经验让我们明白：要想发展壮大，必须顺应经济全球化，坚持开放发展的理念。所谓开放发展，就是要解决在发展过程中出现的内外联动的问题，开放是双向的，既要坚持对内改革开放，又要坚持对外开放。对内改革开放，主要是建立健全开放发展的机制，通过消除机制障碍，引导区域之间加大开放力度，解决区域内经济发展的合作问题，实现东部、中部、西部地区的协同发展。对外开放是指中国要将自身的发展融入全球经济的发展，与世界各国建立

① 习近平.习近平总书记系列重要讲话读本［M］. 北京：人民出版社，2014.

互利共赢的利益共同体。

随着经济全球化的发展，国际合作与竞争变得越来越复杂，西方国家一度占据优势，外部经济的风险和压力都在日渐增大。我国的开放发展必须从全球经济发展的大格局出发，从人类的共同发展出发，实现中国经济发展的内外联动。要积极开展高质量的对外贸易，优化对外贸易的布局，提升对外贸易的质量，加快建设成为贸易强国。

我国基本的外交原则是“互利共赢”，因此在开放发展中也要强调互利共赢的开放。开放发展的最终目的是打造人类命运共同体，其实质是建立以互利共赢为核心的新型国际关系。开放发展更要强调双向开放，即既要“走出去”，又要“引进来”。仅仅“走出去”的单向对外开放，已经不能满足我国新发展理念下的经济发展要求。要将“走出去”与“引进来”相结合，探索更加多元的开放发展之路。

## 五、新发展理念中的共享发展

共享发展是以人民为中心的发展，共享发展主要包括全民共享、全面共享、共建共享和渐进共享四个方面。首先，共享发展是全民共享，不是少数人的共享，而是人人享有。其次，共享发展是全面共享，不是经济发展这一个方面的共享，而是社会、政治、文化、经济、生态等各方面的共享。再次，共享发展是共建共享，不是某些人单打独斗的结果，而是全民共同参与、共同建设的共享。最后，共享发展是渐进共享，不是一蹴而就的共享，而是从不均衡、不全面的共享到均衡、全面的逐渐推进的共享。

共享发展不仅是中国社会发展的目标，更是社会发展的归宿。通过共享发展，可以加快缩小城乡差距，提升全民教育、医疗、就业、社会保障水平，缩小收入分配差距，最终实现全体人民共同富裕。要实现共同富裕，就要实现全体人民共享发展成果，因此不仅要把“蛋糕”做大，更要把“蛋糕”分好，以共享发展促进社会公平，让人民群众有更多的获得感和幸福感。

坚持创新发展、协调发展、绿色发展、开放发展、共享发展的新发展理念是一个有机整体，这五大发展理念相互联系、相互促进、相互贯通，成为一个逻辑严密的理论体系。新发展理念不仅具有理论上的整体性，更具有实践上的整体性。在实践中，要将新发展理念全面贯彻落实到社会经济发展的各个领域。

## 第三节　新发展理念的总体性方法

新发展理念是对马克思主义发展理论的最新概括。践行新发展理念，必须不断加深认识，在深化认识的过程中更好地贯彻落实。新发展理念蕴含着鲜明的特质，主要包括科学性、系统性和历史性。

### 一、新发展理念的科学性

科学性是新发展理念最基本的特征，只有坚持科学性，才能引领发展的正确方向。用科学的精神和方法去看待发展，首先要尊重社会发展规律。新发展理念是在辩证和历史唯物主义的基础上发展起来的，人类社会发展是一个自然过程，其演变不是一帆风顺的，而是呈现出一种螺旋上升的状态。新发展理念的提出，是对马克思主义理论的深化，是符合螺旋上升的发展规律的。

其次要坚持实事求是，具体问题具体分析。将新发展理念落实到具体工作中，就是要坚持实事求是，同时要结合地方发展的特点，制定与之相适应的制度，不断总结经验，循序渐进地推进地方经济的高质量发展。

## 二、新发展理念的系统性

新发展理念的系统性体现为创新、协调、绿色、开放、共享相互联系，并与社会环境、自然环境成为密切联系的统一整体。五大发展理念之间既相互联系，又相互制约，离开任何一个方面谈论发展，都是不全面的，都会影响社会发展整体推进的进程。因此，创新、协调、绿色、开放、共享构成了一个完整系统的发展理念，每个理念都有各自的侧重点，但彼此之间又是相互促进、融会贯通的，它们针对的不是某一局部的问题，而是在通盘考虑之上所做的系统性思考。

作为一个系统性的理念，创新、协调、绿色、开放、共享之间不仅存在紧密的内部关系，它们还与外部环境之间存在交互关系，在充分适应外部环境变化的同时，不断从“四个全面”的战略高度推动社会的发展。

## 三、新发展理念的历史性

新发展理念具有鲜明的时代印记，是马克思主义中国化的理论成果，是中国特色社会主义理论体系的重要组成部分，具有历史的继承性。从“改革开放、以经济建设为中心”的发展目标，到“发展是党执政兴国第一要务”，到“科学发展，第一要义是发展，核心是以人为本，基本要求是全民协调可持续，根本方法是统筹兼顾”[①]，再到“创新、协调、绿色、开放、共享的发展理念”，新发展理念与中国共产党在各个历史发展阶段中所提出的发展理念之间具有历史的传承性。

① 胡锦涛.胡锦涛文选：第二卷［M］. 北京：人民出版社，2016.

新发展理念是历史性的，也是不断演进完善的，对新发展理念历史性的认识，是正确运用总体性思维分析新发展理念的体现。

通过对新发展理念的科学性、系统性、历史性的分析可以发现，党中央正是从国家发展的全局性战略高度，不断落实新发展理念的实践道路。新发展理念就像指挥棒，它把思想和行动都统一到新发展理念这一中心上来，使之成为具有普遍意义的指导思想。

## 第四节 新发展理念在云南的落实

坚定不移推动高质量发展，必须用习近平新时代中国特色社会主义思想凝心铸魂。云南省深入贯彻落实党的二十大精神和习近平总书记关于高质量发展的重要指示批示精神，在构建新发展格局中努力打造新优势，在高质量发展的道路上努力展现新作为。

### 一、习近平总书记考察云南讲话精神在云南的落实

党的十八大以来，习近平总书记两次考察云南，发表了重要讲话，作出了系列重要指示。习近平总书记考察云南重要讲话和重要指示精准抓住了云南省情和发展中最重要、最核心的特质，具有鲜明的战略性、前瞻性、指导性，为云南确定了新坐标，明确了新定位，赋予了新使命，是推动云南经济社会发展的“纲”和“魂”，是云南发展的根本遵循。

（一）产业转型升级，践行创新发展理念

习近平总书记2015年在云南考察时指出，“在推动产业优化升级上下功夫，在提高创新能力上下功夫”。习近平总书记2020年在云南考察时指出，“推动传统制造业优化升级，加快发展新兴产

业”。习近平总书记两次考察云南，对云南经济社会高质量发展寄予厚望。[①]

推动产业转型升级，加快产业结构由中低端向中高端迈进，是习近平总书记对云南的殷殷嘱托，也是云南实现高质量跨越式发展的必由之路。云南省坚定不移沿着习近平总书记指引的方向前行，调结构、兴产业、谋发展，加快构建现代化产业体系，持续拓展产业发展新空间，云南独特的区位优势、资源优势、开放优势正转化为强大的发展动能。中国铝业、山东魏桥、隆基等一批龙头企业相继入滇，具有世界影响力的绿色铝、绿色硅产业集群正在形成，绿色能源与绿色制造加快融合发展。工业结构转变为烟草和能源两大支柱产业双驱动，电子信息产业从无到有，生物医药、先进装备制造、新材料等新兴产业潜力巨大、前景可期。

（二）加快构建城乡发展一体化新格局，践行协调发展理念

习近平总书记2015年在云南考察时指出，“要坚持城乡统筹发展，坚持新型工业化、信息化、城镇化、农业现代化同步推进，实现城乡发展一体化”。习近平总书记2020年在云南考察时指出，“要在全面建成小康社会基础上，大力推进乡村振兴”。[②]

近年来，云南统筹城乡发展取得了一系列成绩：一批“特色、产业、生态、环境”突出的“云南省美丽县城”和“云南省特色小镇”崭露头角；城乡居民人均可支配收入比从2015年的3.2：1下降到2023年的2.66：1；农村人居环境明显改善，农村危房改造取得历史性成就，乡村路网、电网、水网和互联网等基础设施发生巨大变化，农村医疗、教育、养老体系日益完善。补齐发展短板，挖掘新的增长

---

① 段晓瑞．我省深入贯彻习近平总书记考察云南重要讲话精神，加快构建现代化产业体系——转型升级，向产业强省迈进［N］．云南日报，2022-01-14（1）．

② 朱丹．我省深入贯彻习近平总书记考察云南重要讲话精神，建立体制机制，统筹协调推进——加快构建城乡一体化发展新格局［N］．云南日报，2022-01-16（1）．

动力，拓展发展新空间，云南省不断加快建立城乡融合发展体制机制，加快构建城乡发展一体化新格局。

（三）守好云南的绿水青山，践行绿色发展理念

习近平总书记2015年在云南考察时指出，“要把生态环境保护放在更加突出位置，像保护眼睛一样保护生态环境，像对待生命一样对待生态环境”。习近平总书记2020年在云南考察时指出，“希望云南努力在建设生态文明建设排头兵上不断取得新进展”。[①]

云南省深入贯彻落实习近平生态文明思想，牢固树立绿水青山就是金山银山的理念，以更高标准、更严要求推进生态文明建设。美丽中国在云南的创新实践持续深化，生态优势成为云南高质量发展新优势。云南把生态文明建设摆在全局工作的突出位置，印发实施《关于努力成为生态文明建设排头兵的实施意见》，制定生态文明建设排头兵“十三五”和“十四五”规划，全面加强生态环境保护，推动生态高品质和发展高质量齐头并进。

云南省全面开启中国最美丽省份建设，全面加强生物多样性保护，全面开展生态保护治理修复，全面深化污染防治攻坚战，全面推进绿色低碳发展，全面完善生态环境治理体系。滇池沿岸违规违建整治取得阶段性成果，九大高原湖泊实现从“一湖之治”向“流域之治”的彻底转变，水质总体平稳向好；建成一批国家园林城市、森林城市和“美丽县城”、美丽乡村，城乡环境和面貌焕然一新；生物多样性保护走在全国前列，《生物多样性公约》缔约方大会第十五次会议（COP15）选择在中国云南昆明举办，这与云南丰富的生物多样性资源密不可分；生态文明机制更加健全，国家西南生态安全屏障更加牢固。

① 王丹，胡晓蓉. 我省深入贯彻习近平总书记考察云南重要讲话精神，奋力推进生态文明建设排头兵建设——守护好七彩云南的绿水青山［N］. 云南日报，2022-01-11（1）.

（四）构筑对外开放新高地，践行开放发展理念

习近平总书记2015年在云南考察时指出，“希望云南努力成为面向南亚东南亚辐射中心”。习近平总书记2020年在云南考察时指出，“希望云南努力在建设面向南亚东南亚辐射中心上不断取得新进展。要主动服务和融入国家重大发展战略，以大开放促进大发展，加快同周边国家互联互通国际大通道建设步伐。要加强同周边国家文化交流工作，促进民心相通”。[①]

建设我国面向南亚东南亚辐射中心，是以习近平同志为核心的党中央赋予云南的历史使命和政治责任，也是云南省推动高质量跨越式发展的重大机遇和重要平台。牢记习近平总书记殷殷嘱托，坚定不移沿着习近平总书记指引的方向前行，云南持续推进面向南亚东南亚辐射中心建设，奋力开创新局面，全力构筑对外开放新高地。

2021年12月3日，中老两国元首下达发车指令，作为高质量共建“一带一路”标志性工程的中老铁路正式开通运营。这条具有重要象征意义的铁路，让“昆明到万象从此山不再高，路不再长”，使云南在“一带一路”、中国-东盟自贸区建设和大湄公河次区域经济合作中的地位更加凸显。

（五）加快基础设施建设，践行共享发展理念

习近平总书记2015年在云南考察时指出，“加快基础设施建设，形成有效支撑云南发展、更好服务国家战略的综合基础设施体系”。习近平总书记2020年在云南考察时指出，“加快同周边国家互联互通国际大通道建设步伐”。[②]

云南省牢记习近平总书记的殷殷嘱托，在科学谋划中促跨越，在

① 韩成圆，刘子语. 我省深入贯彻习近平总书记考察云南重要讲话精神，奋力推进面向南亚东南亚辐射中心建设——构筑对外开放新高地［N］. 云南日报，2022-01-12（1）.

② 李承韩. 我省深入贯彻习近平总书记考察云南重要讲话精神，加快综合基础设施体系建设——构建高质量跨越式发展“硬支撑”［N］. 云南日报，2022-01-15（1）.

攻坚克难中求奋进，在抢抓机遇中办大事，以大思路、大手笔、大项目，深化基础设施供给侧结构性改革，主动融入和服务国家发展战略，全面推进云南省基础设施建设，为云南经济社会发展提质增效、更好地服务国家战略注入强大动力。

## 二、党的二十大精神在云南的落实

党的二十大是在全党全国各族人民迈上全面建设社会主义现代化国家新征程、向第二个百年奋斗目标进军的关键时刻召开的一次十分重要的大会。党的二十大报告总结了过去5年工作和新时代10年的伟大变革，标注了今后5年乃至更长时期的奋斗坐标，分析研判了国内外形势、面临的机遇和挑战，是谱写全面建设社会主义现代化国家新篇章的政治宣言和行动纲领，是马克思主义的纲领性文献，对各地各领域的发展都具有重要指导作用。

作为后发展地区的云南省，落实党的二十大精神尤为重要，既要直面发展不平衡不充分的问题，又要充分利用自身资源优势，开创高质量发展的新局面，力争走出一条富有云南特色的现代化道路。聚焦发展重点，把党的二十大精神转化为行动的动力。云南省聚焦建设民族团结进步示范区、生态文明建设排头兵、面向南亚东南亚辐射中心，与全国同步全面建成小康社会，顺利开启全面建设社会主义现代化国家新征程。

（一）立足云南实际，将高质量发展作为首要任务

党的二十大报告强调，“高质量发展是全面建设社会主义现代化国家的首要任务。发展是党执政兴国的第一要务。没有坚实的物质技术基础，就不可能全面建成社会主义现代化强国”。我国经济已转向高质量发展阶段，经济社会发展必须以推动高质量发展为主题。推动经济高质量发展是遵循经济发展规律、保持经济持续健康发展的必然

要求，是适应我国社会主要矛盾变化、解决发展不平衡不充分问题的必然要求，是有效防范化解各种重大风险挑战、以中国式现代化全面推进中华民族伟大复兴的必然要求。

云南省经济基础相对薄弱，面临产业层次较低、结构不合理等突出问题，因此云南必须坚持以高质量发展为中心，以创新驱动为主线，以新发展理念为引领，推进产业结构调整，优化资源配置，实现经济、社会、生态效益的高度统一。通过加快建设现代化经济体系，云南省将夯实发展基础，为实现全面建设社会主义现代化国家奠定坚实的物质技术基础。

（二）着力推进特色产业发展，打造区域经济新动能

云南省在区位、资源、生态、农业和旅游等领域具有独特优势。党的二十大报告提出推动区域协调发展和全面振兴乡村的战略任务，这为云南省的发展提供了重要的政策支持。基于云南的实际情况，重点推进绿色能源、矿产资源开发、高原特色农业、文化旅游、现代服务业、数字经济等六大产业领域的发展是当前的重中之重。

（三）推进生态文明建设，争当绿色发展排头兵

党的二十大报告强调绿色发展是现代化建设的重要组成部分，云南在生态环境方面具有得天独厚的优势，云南省不仅是我国的生态屏障，还拥有丰富的生物多样性和自然资源，因此在落实生态文明建设方面具备良好的条件，也承担着重要的使命。云南省已全面实施生态保护修复行动，开展自然保护区建设和生物多样性保护工作，严格控制污染源排放，积极推广清洁生产方式。通过生态补偿机制和绿色金融政策，引导企业履行环保责任，建设生态优先、绿色发展的区域经济体。在城镇建设中，推动绿色建筑和清洁能源的普及使用，倡导生态环保的生活方式，提高公众的环境保护意识。

（四）提升对外开放水平，构建南亚东南亚辐射中心

云南省位于我国面向南亚、东南亚的前沿位置，地理位置优越，区位优势明显。党的二十大报告明确提出要扩大高水平对外开放，这为云南的跨境合作提供了新的发展机遇。云南省应充分利用“一带一路”倡议带来的政策红利，加快推进中老铁路、边境口岸等基础设施建设，构建便捷的跨境物流体系，促进双边和多边经贸往来。云南还将继续深化与周边国家在农业、能源、矿产、旅游等领域的合作，推动建立“中老泰缅”经济走廊，提升面向南亚东南亚的辐射能力。同时，通过构建国际化的营商环境，吸引跨国公司和外资企业在云南设立分支机构，培育外向型经济增长点。

（五）聚焦民生改善，提高人民生活水平

云南省始终把人民对美好生活的向往作为发展工作的出发点和落脚点，努力在教育、医疗、就业、社保等民生领域取得实效。党的二十大报告提出了“不断满足人民群众多样化、多层次、多方面的需要”的要求。云南省将以此为指导，统筹资源，优化配置，努力提升人民生活质量。

在教育方面，云南省将持续推进教育公平和教育质量提升，努力缩小城乡、区域的教育水平差距，逐步构建起覆盖城乡、面向全体的教育体系，助力乡村振兴。在医疗方面，重点推进公共卫生服务体系建设，完善医保和社保体系，提升城乡居民的健康保障水平。同时，积极探索智慧医疗，借助现代技术为边远地区提供优质医疗资源。

就业是最大的民生。云南省将采取积极就业政策，通过多渠道增加就业机会，特别是为农村转移劳动力、低收入群体等提供更多的就业支持。同时，进一步改善劳动力培训机制，提升劳动者技能水平，为经济社会发展提供人力资源保障。

党的二十大精神在云南的贯彻落实，是推动云南实现经济高质量

发展的重要指引。通过立足实际、发挥优势，云南省在新时代中国特色社会主义道路上，逐步探索出一条符合自身特色的现代化建设之路，为我国其他后发展地区提供了有益的实践经验和创新样板。

发展是解决云南一切问题的总钥匙。推动云南实现经济高质量发展，要把学习贯彻党的二十大精神同贯彻落实习近平总书记考察云南重要讲话和重要指示精神结合起来，准确把握云南在服务和融入新发展格局中面临的机遇和挑战，把智慧和力量集中到践行新发展理念推动经济高质量发展上来。

云南省紧紧抓住产业发展重点，充分发挥云南在区位、绿色能源、矿产资源、高原特色农业、文化旅游、劳动力等6个方面的独特优势，搞好招商引资和项目建设，优化营商环境，推进高水平对外开放，促进传统产业转型升级、新兴产业蓬勃发展、未来产业加快布局，培育经济发展新动能，激发经济增长新动力，培育形成产业强滇新局面。

在加快补齐发展短板、努力减少工作弱项、充分发挥独特优势、确保社会安全稳定上持续用力，加快推动产业强省、打造一流营商环境、农业现代化、农村居民和脱贫人口持续增收、中老铁路沿线开发、城乡绿化美化、数字经济发展等一系列行动落地见效，努力闯出一条高质量跨越式发展的新路，推动云南经济社会发展不断呈现新气象。

第三章

# 经济高质量发展的内涵

## 第一节　高质量发展的提出

2017年，党的十九大首次提出了“高质量发展”的表述：“我国经济已由高速增长阶段转向高质量发展阶段。”这一表述不仅明确了我国经济发展的基本特征，更突出强调了推动经济高质量发展的重要性，以及当前及今后一个时期内我国经济发展的方向、思路。

根据经济周期理论，经济发展总是在“繁荣—衰退—萧条—复苏”的循环中波浪式前进，以科技进步为新动能，解决经济发展过程中的深层次矛盾，才能最终呈现经济发展总体向上的趋势。目前，我国经济发展能源消耗较大，单位GDP能源消耗较高，粗放型经济增长对环境、资源造成的压力越来越大，因此这样的增长难以持续。

“如果发展需要付出人民健康的代价，那就违背了发展的初衷。党的十九大提出转向高质量发展阶段，就是回应老百姓关切，直面经济发展的深层次矛盾问题。”[①]从高速增长阶段转向高质量发展阶段，是突破发展瓶颈、解决深层次矛盾的现实选择。党中央对我国经济发展面临的形势和发展的趋势作出了科学判定，指明了新时代经济发展的方向，具有深远的意义。

### 一、推动高质量发展是经济健康发展的需要

改革开放以来，我国经济发展取得了举世瞩目的成就，我国经济始终处于高速增长态势，年均增长9%以上，不仅实现了经济总量的显著扩张，更为全球发展作出贡献。但经济高速增长的背后是人口红

① 曲哲涵. 如何理解中国经济转向高质量发展 [N]. 人民日报，2017-10-31（10）.

利的逐渐减少，能源、资源、环境的承载能力均已接近上限，汽车、钢铁等行业的发展空间越来越小，粗放型的高投入带动高增长的发展之路越走越窄，经济发展的瓶颈也日益凸显。

粗放型的增长方式在推动一时的经济腾飞后，带来了诸多问题，例如资源浪费、环境污染、产业结构失衡等，最终使得经济增长陷入结构性障碍，无法长远维持高效益和可持续性。要推动我国经济的健康发展，必须另辟蹊径找到新的增长动力。实践证明，只有大力推行高质量发展，才能从根本上解决经济发展面临的困境。

高质量发展不仅强调经济增长的速度，更注重其效率、效果和可持续性。要在资源、环保等方面实现有效治理和优化，提高资源利用效率，控制污染源，推广清洁能源，倡导绿色生活方式，从而在促进经济健康发展的同时，助力生态文明建设。具体实践中，首先，以高质量发展推动经济健康发展的重要举措包括：加强创新能力建设，提升企业自主研发和技术创新水平，以创新驱动为核心增强核心竞争力。其次，积极促进绿色低碳经济，实施更加严格的环保标准，推进“碳达峰、碳中和”战略的实施，促使企业、个人和社会走向绿色发展。最后，加强对现代服务业、新兴产业的引导，逐步减少对低附加值产业的依赖，扶持产业转型、提高劳动生产率。通过这些方式，最终实现以高质量发展带动经济的良性循环。

## 二、推动高质量发展是解决主要矛盾的需要

改革开放初期，我国社会的主要矛盾是人民日益增长的物质文化需要同落后的社会生产之间的矛盾。经过不懈奋斗，中国特色社会主义进入新时代，我国社会的主要矛盾已经转化为人民日益增长的美好生活需要和不平衡不充分的发展之间的矛盾。人民对美好生活的需要更多地体现在物质文化需求的多层次、多样性上，且传统的物质需求

逐渐延展到文化、教育、医疗、养老、环境等领域。

过去要解决的是“从少到多”的问题，现在要解决的则是“从多到好”的问题，人民不再满足于基本的生存需求，而更加追求生活的品质，注重消费体验、健康、安全等。只有提供品类更加丰富、质量更加上乘的产品和服务，才能满足人民日益增长的需求。

为了适应这一需求变化，经济发展必须转向高质量发展路径，从根本上解决发展不平衡、不充分的问题。只有推动高质量发展，社会资源才能更加合理配置，实现区域、产业、城乡之间的协调发展；通过提升发展质量，能够更好地平衡资源分配、改善收入差距，实现社会的和谐与稳定，最终满足人民的美好生活需求。实践证明，只有大力推行高质量发展，才能从根本上解决我国社会的主要矛盾。

## 三、推动高质量发展是实施强国战略的需要

党的十九大报告明确提出，到本世纪中叶把我国建成富强民主文明和谐美丽的社会主义现代化强国[①]的目标。要实现全面建成社会主义现代化强国的战略目标，关键在于经济发展要实现从量到质的根本性转变。要实现从“中等收入陷阱”向高收入国家的跨越，关键在于应加快推进高质量发展，实现经济质量、科技水平、国民生活的全方位提升。

在这一战略背景下，高质量发展不仅是经济转型升级的需要，更是我国实现富强民主文明和谐美丽的社会主义现代化强国目标的必经之路。在全球化深入发展的今天，国际竞争日益激烈，各国在科技创新、高端制造等方面你追我赶。我国要在新一轮科技革命和产业变革

① 原二军. 建设人与自然和谐发展的现代化强国［N］. 中国环境报，2017-10-19（2）.

中占据主导地位，就必须把推动高质量发展作为经济发展的主线，加快科技自主创新的步伐，提高整体创新能力。

党的二十大报告提出，要实现关键核心技术自主可控，破解“卡脖子”问题，就要大力发展高端制造业和战略性新兴产业，以信息技术、智能制造、生命科学、新能源等领域为突破口，加快实现产业基础的高级化和产业链的现代化。在这一过程中，我国应加大在人工智能、量子信息、新材料等前沿领域的研究力度，争取在核心科技上取得突破。通过创新驱动，使我国由“世界工厂”向“世界创新中心”转变，从而真正实现从“制造”到“智造”的转型。

高质量发展过程中，推动传统产业优化升级，将经济增长方式从“要素投入型”转变为“效率提高型”，实现经济的可持续增长和健康长效发展。高质量发展不仅是实现国家强大的需要，更是提升我国国际话语权的重要保障。面临复杂多变的国际形势，我国经济由规模优势向质量优势转变是保持长期竞争力的关键。国际经验表明，只有实现质量驱动，才能在全球竞争中占据一席之地。

以高质量发展推进国家现代化建设，在推动经济繁荣的同时，实现国防、安全、科技等领域的全面发展，可使我国在国际秩序重构和全球治理中拥有更大的发言权。因此，只有加快科技创新，走高质量发展之路，才能在激烈的国际竞争中赢得主动。实践证明，只有大力推进高质量发展，才能实现强国战略。

综上所述，推动高质量发展是实现经济健康发展、解决主要社会矛盾、实现强国战略目标的内在需要。当前和今后一段时间内，我国经济发展要牢牢抓住高质量发展这一主线，不断深化改革、开拓创新，以更加包容、绿色、协调的方式实现经济社会的进步。

通过以创新驱动为核心，以产业升级为重点，以区域协调发展和包容性发展为目标，高质量发展将推动我国在未来的全球化进程中实现跨越式发展，逐步实现建成社会主义现代化强国的宏伟目标。这一过程中，中央政府、地方政府和企业界等各界力量应积极协同，共同探索和实现“质量为王”的发展新模式，为全社会提供优质产品、服务和美好的生活体验，最终实现中华民族的伟大复兴。

## 第二节　高质量发展的基本内涵

高质量发展的内涵是非常丰富的，其涵盖经济发展的各个领域、社会民生的各个方面。不同学者也从不同角度对高质量发展的内涵进行了研究。国务院发展中心原主任李伟（2018）认为，高质量发展意味着推动高质量的需求和供给，实现高质量的配置、投入产出和分配，促进高质量的循环。国务院研究室原副主任杨书兵（2018）认为，高质量发展主要包括实现高质量供给、配置、投入产出、循环和分配。

国务院发展研究中心原副主任张军扩（2018）认为，应强调从高速度到高质量的转变，强调从增长到发展的变化，同时应注意区分“转向”与“转为”含义的不同。中国宏观经济研究院产业所研究员盛朝迅（2018）从5个维度阐释了高质量发展的内涵，分别是宏观和微观相结合的维度、供给和需求相结合的维度、公平和效率相结合的维度、目标和过程相统一的维度、数量和质量相统一的维度。

“高质量发展，就是能够很好满足人民日益增长的美好生活需要的发展，是体现新发展理念的发展，是创新成为第一动力、协调成为内生特点、绿色成为普遍形态、开放成为必由之路、共享成为根本目的的发展。”[①]只有将新发展理念贯彻到经济发展的各个领域，才能增强发展动力，进而推动社会经济的高质量发展，这是遵循客观经济规律、保持经济健康发展的必然要求。

因此，走高质量发展之路，应全面贯彻新发展理念。高质量发展不仅是经济要求，更是总体要求，涉及经济发展的方方面面；高质量发展不仅是对经济发达地区的要求，更是对所有地区的要求。推动高质量发展，是当前和今后一个时期确定发展思路、实施宏观调控、制定经济政策的根本要求，因此必须用新发展理念引领高质量发展，必须以新发展格局引领高质量发展。

## 第三节 高质量发展的基本特征

国家行政学院经济学部教授冯俏彬（2017）认为，高质量发展具有如下五大基本特征：

### 一、第三产业对于经济增长的贡献显著增加

依据产业经济学等相关理论，产业演变的规律是在形态上呈现由低级向中级、高级不断提升的特征。产业结构由资源和劳动密集型向知识和技术密集型产业转变。对于我国而言，这一过渡在第三产业——尤其是信息技术、金融服务、医疗卫生和现代物流等服务领域的快速扩展中得到了显著体现。第三产业不仅吸纳了大量就业，还在很大程度上推动了经济增长模式的转型升级。

根据国家统计局公布的数据，我国第三产业占比由2016年的52.4%增加到2023年的54.6%，第三产业对于经济增长的贡献显著增

① 人民日报评论员. 大力推进我国经济实现高质量发展——二论贯彻落实中央经济工作会议精神［N］. 人民日报，2017-12-23（1）.

加，给出转型升级的明显信号。数据表明，未来我国的第三产业即服务业将迎来快速发展、深度发展的时期。加快发展第三产业对促进我国经济由高速增长向高质量发展转型具有重要作用。

在发展路径上，需要进一步提高服务业在GDP中的比重，提高现代服务业特别是生产性服务业的质量和竞争力。其具体措施包括：完善高端服务业的创新体系，促进信息技术、医疗、教育等领域的服务标准化和规范化，推动旅游业、金融业、健康产业等行业的深度融合。此外，依托大数据、人工智能等新兴技术，服务业将继续从传统服务向智慧服务、信息服务转变，为服务行业提质增效提供重要支撑。因此，大力发展第三产业是推动我国经济由高速增长阶段转向高质量发展阶段的重要着力点。

## 二、创新对于经济增长的贡献显著增加

“创新驱动发展”，“创新是引领发展的第一力量”。近年来，我国科技投入不断增加，新技术、新产品不断取得突破，创新创业潜能不断得到释放。在国家政策和资金的大力支持下，创新创业氛围空前浓厚，新兴技术与传统产业的融合为经济增长注入了新的活力。

经核算，2022年我国“三新”经济[①]增加值为210 084亿元，比上年增长6.5%（未扣除价格因素，下同），比同期GDP现价增速高1.2个百分点；相当于GDP的比重为17.36%，比上年提高0.11个百分点。这不仅表明创新对于经济增长的拉动作用显著增强，也显示出我国创新生态和创新链条的逐步完善。

未来要进一步提高创新在经济中的贡献率，就需要在技术创新、机制创新、政策创新等多个方面持续发力。在技术创新上，国家应大力支持基础研究和应用研发，培育一批具有全球竞争力的创新企业。

① “三新”经济是以新产业、新业态、新商业模式为核心内容的经济活动的集合。

同时，通过产学研合作，推动科技成果转化，打造自主创新的良性循环。在机制创新上，构建更加灵活的创新激励制度，提高企业、科研机构和高校的研发动力。在政策创新上，则需出台更多支持高科技企业、创新型中小企业的优惠政策，构建创新驱动发展的政策环境，为经济的高质量发展奠定坚实的创新基础。

## 三、消费对于经济增长的贡献显著增加

改革开放以来，我国经济增长主要依赖出口和投资拉动，近年来，随着国际、国内环境的不断变化，出口和投资对经济增长的贡献在逐年降低，而消费对于经济增长的贡献显著增加。消费升级不仅代表着居民收入水平和生活水平的提升，更是经济结构调整的重要推动力。

根据国家统计局的数据，2011—2019年我国的消费率平均为53.4%，尽管受到新冠肺炎疫情的冲击，但2022年最终消费支出占GDP的比重仍然达到53.2%。2022年，全国居民人均消费支出24 538元，比上年名义增长1.8%。分城乡看，城镇居民人均消费支出30 391元，名义增长0.3%；农村居民人均消费支出16 632元，名义增长4.5%。城乡居民消费支出的同步增长，反映了城乡消费市场的潜力和消费结构的持续优化。消费仍旧是我国经济增长的稳定器和推动力。

要进一步提高消费对经济增长的贡献率，需从三个方面发力：第一，提升消费品的质量和服务，增强消费者信心，拓展消费需求。第二，促进城乡消费融合，推进新型城镇化和乡村振兴，改善农村消费环境，释放农村消费潜力。第三，积极促进新型消费和服务消费，特别是要推动互联网、移动支付等现代信息技术在消费领域的普及，发展在线教育、远程医疗、智慧家居等消费新形态，进一步挖掘数字经

济对消费的推动作用。

## 四、经济结构优化

目前，我国经济呈现总体结构优化、效益质量提高、可持续性增强的特点。在高质量发展背景下，经济结构优化体现在产业、区域、城乡等多个层面的协调发展上。经济结构优化的核心在于产业链的协同、供需平衡及生态与经济的共融发展。

一方面，供需之间能够保持动态平衡，供给侧和需求侧在动态调整中能相互适应、相应平衡；另一方面，上游产业、中游产业、下游产业之间协同性不断增强，例如制造业、信息技术产业在国民经济中的主导作用不断加强，与高附加值服务业、创新产业协同发展，形成了新的经济增长点。

与此同时，生态环境与经济的协同发展也在稳步推进。高质量发展要求加强资源节约和环境保护，倡导绿色生产和消费。我国在“碳达峰、碳中和”目标的指引下，积极推进能源结构调整，减少对高污染、高能耗行业的依赖，推动清洁能源、新能源的应用，逐步实现绿色转型。这不仅有助于保护环境，也为产业链的优化升级创造了更广阔的空间。要继续推动结构优化，需要加快关键技术领域的突破，增强产业链自主可控能力，并合理配置资源，实现各行业的协调发展和效益提升。

## 五、包容性、普惠式增长

高质量发展一定是包容性的增长、普惠式的增长。高质量发展不仅是经济层面的进步，还必须体现出社会公平、机会平等和可持续性。包容性增长意味着在经济发展过程中注重社会全体成员的共同参与和共享发展成果，实现“人人享有、机会平等”。通过实现包容性增长，可以有效减少收入差距、区域差距等社会不均现象，促进社会和谐。

包容性增长的实现需要健全社会保障体系，提高弱势群体的生活水平和发展机会，特别是要加大对教育、医疗、住房、养老等基本民生保障的投入。普惠式增长要求政策具有普惠性，例如通过提高最低工资标准、增加补贴、降低税负等方式，提升低收入群体的消费能力，扩大内需，促进社会财富在不同人群之间的公平分配。此外，地区间的协调发展也是普惠式增长的重要组成部分，国家在推动西部大开发、振兴东北等区域发展战略中，应注重缩小区域差距，提升各地均衡发展的水平，使每个地区都能够享受到国家经济增长带来的红利。

因此，通过构建多层次的包容性发展体系，能够有效推动经济、社会的可持续发展，为实现共同富裕和社会和谐奠定基础。在这一过程中，既要通过制度创新保障各类人群均有公平参与经济活动的机会，又要通过政策支持和引导，确保社会发展的各项成果公平合理地惠及全体人民。

综上所述，第三产业的发展、创新驱动、消费贡献、结构优化以及包容性增长相互交织，共同构成我国经济高质量发展的五大支柱。通过进一步挖掘这五个方面的潜力，强化政策支持和制度创新，我国有望在未来的经济发展中实现质量和效率的双重提升，进一步推动经济社会的可持续、高质量发展。

## 第四节　西方发达国家经济高质量发展的特征及经验

第二次世界大战以后，世界各国尤其是西方发达国家为了提高经济效益和国际竞争力，促进经济、社会、环境协调发展，不同程度地实现了经济增长方式从粗放型向集约型的转变。从西方发达国家经济发展的主要动因来看，其经济的高质量发展主要是依靠技术进步或全要素生产率的提高来实现的。

美国经济学家丹尼森曾对美国、欧洲、日本的全要素投入增加和全要素生产率提高对人均国民收入增长的贡献进行了估算。丹尼森发现，全要素生产率的提高对美国、欧洲、日本经济增长的贡献率分别为63%、80%和67%，明显高于资本、土地和劳动这些生产要素投入增加对经济增长的贡献率。

第二次世界大战之后相当长的时期内，西方发达国家经济的高质量发展还表现在如下几个方面：

第一，西方发达国家的经济增长持续稳定，经济波动较小，通货膨胀率较低，失业率较低，但进入20世纪70年代以后，通货膨胀有所加剧，经济发展速度越来越慢，失业问题也变得越来越严重。

第二，西方发达国家经济高质量发展伴随着资源使用效率、劳动效率及能源使用效率等的提高。

第三，西方发达国家集约型经济发展的重要表现之一是经济结构的合理化。从产业结构看，1960—1980年，西方发达国家第一、第二产业占GDP的比重在逐渐下降，而第三产业的占比迅速提升，所占比重达60%以上，而且自20世纪80年代以来这一变化趋势仍在保持。此外，其贸易结构、制造业结构也发生了较大变化。随着自动化技术水平的不断提高和通信技术的不断发展，西方发达国家的制造业逐步向高新技术转移，在出口产品中，汽车、机械设备、电子、通信等产品日益占据主导地位。

第四，西方发达国家经济的高质量、高效益发展也体现在高劳动生产率上。其中，美国的劳动生产率最高。根据《1992年美国总统报告》的相关数据，1990年美国每个工人平均产出的商品和服务的价值为45 918美元，比日本同期高25%，比德国高35%。

西方发达国家经济的高质量发展值得我们借鉴的地方主要包括：

第一，西方发达国家主要通过市场机制配置资源，政府一般不直接经营企业，也不干预企业的生产经营决策，即使干预也不会改变市场机制配置资源的基础作用。

第二，西方发达国家非常重视科学研究、技术开发和应用，能够积极有效地发挥政府的作用。政府不断健全和完善各种法律法规和相关制度，规范并鼓励竞争，从而保证竞争的有序进行；政府大力投资教育、卫生和其他公共事业领域，从而提高劳动者素质，加速人力资本的积累；政府通过税收、转移支付等经济手段调节社会分配，从而避免收入分配的两极分化，同时还运用宏观经济政策，以实现充分就业、物价稳定和国际收支平衡等目标，从而保持社会经济的稳定，为经济高质量发展创造条件，或通过直接投资以及产业政策，不断完善基础设施，消除瓶颈产业，重点扶植和发展有前途的朝阳产业，促进产业结构的不断优化和升级。此外，政府在鼓励出口、推动企业技术进步等方面也发挥了积极作用。

第四章

# 云南省经济发展概况[①]

① 由于本章相关公报中的数据是初步统计数，而计算各年的增长率时，使用的上一年的数据是经过修订的数据，因此计算结果会存在差异——作者注。

云南省地处中国西南边陲，北部与四川为邻，西北部紧邻西藏，西南部与越南、缅甸、老挝接壤，东部与广西、贵州相连。云南省是中国边境线最长的省份之一，省域面积39.41万平方千米，占全国国土总面积的4.1%。

云南省是中国通往东南亚、南亚的窗口和门户，地处中国与东南亚、南亚3大区域的结合部，共有27个口岸，其中一类口岸21个、二类口岸6个，与缅甸、越南、老挝3国接壤；与泰国和柬埔寨通过澜沧江—湄公河相连，并与马来西亚、新加坡、印度、孟加拉国等国邻近，是我国毗邻周边国家最多的省份之一。历史上著名的“史迪威公路”和“驼峰航线”均经过云南境内。

云南省是全国世居少数民族最多、跨境民族最多、特有民族最多、人口较少民族最多、自治地方及实行民族区域自治的民族最多的省份。截至2022年末，云南省常住人口4 693万人，比上年增加3万人，其中少数民族人口约占全省人口总数的33.6%。

除汉族以外，人口在6 000人以上的世居少数民族共有25个，其中有15个民族为云南特有。云南全省有100万人以上的少数民族有6个，分别是彝族（507.1万人）、哈尼族（163.3万人）、白族（160.8万人）、傣族（125.9万人）、苗族（125.3万人）、壮族（121.0万人），其总人口占云南少数民族总人口的76.94%。

云南省动植物资源种类繁多，为全国之首，有“动植物王国”的美誉；云南省矿产资源极为丰富，能源资源储量较大，故其又有“有色金属王国”之称。

## 第一节　云南省经济形势分析

近年来，云南省经济发展总体呈现中高速增长态势，国民经济稳中有进，经济增速位居国内前列。

### 一、云南省经济增长形势

《云南省2017—2022年国民经济和社会发展统计公报》的数据显示：

2017年，云南省地区生产总值16 531.34亿元，比上年增长9.5%，高于全国2.6个百分点。其中，第一产业增加值2 310.73亿元，增长6.0%；第二产业增加值6 387.53亿元，增长10.7%，第三产业增加值7 833.08亿元，增长9.5%。三次产业结构由上年的14.8∶38.5∶46.7调整为14.0∶38.6∶47.4。

全省人均生产总值34 545元，比上年增长8.8%。非公经济增加值7 798.15亿元，占全省生产总值的比重达47.2%，比上年提高0.4个百分点。全省居民消费价格指数（CPI）100.9，比上年上涨0.9%，其中食品价格下降0.2%；工业生产者出厂价格上涨5.2%，工业生产者购进价格上涨6.2%；固定资产投资价格上涨4.9%；农业生产资料价格上涨0.4%，农产品生产者价格下降1.3%。全省就业形势保持稳定。全年城镇新增就业人数达49.02万人，年末全省城镇登记失业率为3.2%。全员劳动生产率54 209.80元/人，比上年提高8.3%。

2018年，云南省地区生产总值17 881.12亿元，比上年增长8.9%，高于全国2.3个百分点。其中，第一产业增加值2 498.86亿元，增长6.3%；第二产业增加值6 957.44亿元，增长11.3%；第三产业增加值8 424.82亿元，增长7.6%。三次产业结构由上年的14.3：37.9：47.8调整为14.0：38.9：47.1。

全省人均生产总值37 136元，比上年增长8.2%。非公经济增加值8 464.67亿元，占全省生产总值的比重达47.3%，比上年提高0.1个百分点。全省CPI101.6，比上年上涨1.6%，其中食品价格上涨0.2%；工业生产者出厂价格上涨2.4%，工业生产者购进价格上涨4.4%；固定资产投资价格上涨4.9%；农业生产资料价格上涨1.7%，农产品生产者价格下降3.1%。全省就业形势保持稳定。全年城镇新增就业人数为51.92万人，年末全省城镇登记失业率为3.4%。全员劳动生产率59 303.87元/人，比上年提高9.0%。

2019年，云南省全年实现地区生产总值23 223.75亿元，比上年增长8.1%，高于全国2.0个百分点。其中，第一产业增加值3 037.62亿元，增长5.5%；第二产业增加值7 961.58亿元，增长8.6%；第三产业增加值12 224.55亿元，增长8.3%。三次产业结构为13.1：34.3：52.6。

全省人均生产总值47 944元，比上年增长7.4%。非公经济增加值10 954.75亿元，比上年增长8.7%，占全省生产总值的47.2%，与上年同期持平。全省CPI102.5，比上年上涨2.5%，其中食品价格上涨9.1%；工业生产者出厂价格与上年持平，工业生产者购进价格下降1.0%；固定资产投资价格上涨2.3%；农业生产资料价格上涨3.9%，农产品生产者价格上涨9.6%。全省就业形势保持稳定。全年城镇新增就业人数达53.43万人，年末全省城镇登记失业率为3.25%。全员劳动生产率70 122元/人，比上年提高8.1%。

2020年，云南省全年实现地区生产总值为24 521.90亿元，比上年增长4.0%，高于全国1.7个百分点。其中，第一产业增加值3 598.91亿元，增长5.7%；第二产业增加值8 287.54亿元，增长

3.6%，第三产业增加值12 635.45亿元，增长3.8%。三次产业结构为14.7∶33.8∶51.5。

全省人均地区生产总值50 299元，比上年增长3.3%。非公经济增加值11 411.25亿元，比上年增长2.6%，占全省生产总值的46.5%，比上年降低了0.7个百分点。全省CPI 103.6，比上年上涨3.6%，其中食品价格上涨15.8%；工业生产者出厂价格下降1.4%，工业生产者购进价格下降2.7%；农业生产资料价格上涨6.7%，农产品生产者价格上涨20.2%。全省就业形势保持稳定。全年城镇新增就业人数达49.35万人，年末全省城镇登记失业率为3.92%。全员劳动生产率7.29万元/人，比上年提高4.0%。

2021年，云南省全年地区生产总值27 146.76亿元，比上年增长7.3%，两年平均增长5.6%。其中，第一产业增加值3 870.17亿元，比上年增长8.4%；第二产业增加值9 589.37亿元，增长6.1%；第三产业增加值13 687.22亿元，增长7.7%。三次产业结构为14.3∶35.3∶50.4。

全省人均地区生产总值57 686元，比上年增长7.5%。非公经济增加值12 759.39亿元，增长7.8%，占全省地区生产总值的比重47.0%，比上年提高0.4个百分点。全省居民消费价格比上年上涨0.2%，其中，食品价格下降3.6%。工业生产者出厂价格上涨10.0%，工业生产者购进价格上涨8.9%。农产品生产者价格下降3.2%。全年城镇新增就业人数达53.31万人，年末全省城镇登记失业率为3.75%。全员劳动生产率9.40万元/人，比上年提高7.5%。

2022年，云南省全年地区生产总值28 954.20亿元，比上年增长4.3%。其中，第一产业增加值4 012.18亿元，比上年增长4.9%；第二产业增加值10 471.20亿元，增长6.0%；第三产业增加值14 470.82亿元，增长3.1%。三次产业结构为13.8∶36.2∶50.0。

全省人均地区生产总值61 716元，比上年增长4.7%。非公经济增加值13 649.31亿元，增长7.0%，占全省地区生产总值比重47.1%，比上年提高0.1个百分点。全年全省居民消费价格比上年上涨1.6%，其中，食品价格上涨0.7%。工业生产者出厂价格上涨5.4%，工业生产者购进价格上涨7.9%。农产品生产者价格下降3.3%。全年城镇新增就业人数达52.20万人，全年全省城镇调查失业率均值为5.1%。全员劳动生产率9.92万元/人，比上年提高5.0%（见表4-1）。

表4-1 2017—2022年云南省经济增长形势

| 指标 | 2017年 | 2018年 | 2019年 | 2020年 | 2021年 | 2022年 |
| --- | --- | --- | --- | --- | --- | --- |
| 地区生产总值（亿元） | 16 531.34 | 17 881.12 | 23 223.75 | 24 521.90 | 27 146.76 | 28 954.20 |
| 第一产业增加值（亿元） | 2 310.73 | 2 498.86 | 3 037.62 | 3 598.91 | 3 870.17 | 4 012.18 |
| 第二产业增加值（亿元） | 6 387.53 | 6 957.44 | 7 961.58 | 8 287.54 | 9 589.37 | 10 471.20 |
| 第三产业增加值（亿元） | 7 833.08 | 8 424.82 | 12 224.55 | 12 635.45 | 13 687.22 | 14 470.82 |
| 人均地区生产总值（元） | 34 545 | 37 136 | 47 944 | 50 299 | 57 686 | 61 716 |
| 非公经济增加值占地区生产总值的比重（%） | 47.2 | 47.3 | 47.2 | 46.5 | 47.0 | 47.1 |
| 第三产业增加值占地区生产总值的比重（%） | 47.4 | 47.1 | 52.6 | 51.5 | 50.4 | 50.0 |
| CPI | 100.9 | 101.6 | 102.5 | 103.6 | 103.8 | 105.4 |
| 城镇新增就业人数（万人） | 49.02 | 51.92 | 53.43 | 49.35 | 53.31 | 52.20 |
| 城镇登记失业率（%） | 3.2 | 3.4 | 3.25 | 3.92 | 3.75 | 5.1 |
| 全员劳动生产率（万元/人） | 5.42 | 5.93 | 7.01 | 7.29 | 9.40 | 9.92 |

## 二、云南省农业发展形势

《云南省2017—2022年国民经济和社会发展统计公报》的数据显示：

2017年，云南省农业总产值3 808.84亿元，比2016年增长6.0%。粮食总产量1 929.50万吨，比2016年增长1.4%；蔬菜产量2 077.76万吨，比2016年增长5.54%；烤烟产量82.49万吨，比2016年下降6.14%；鲜切花产量110.29亿枝，比2016年增长9.64%；茶叶产量40.55万吨，比2016年增长5.46%；猪牛羊禽肉总产量385.3万吨，比2016年增长3.4%。

2018年，云南省农业总产值4 108.88亿元，比2017年增长6.3 %。粮食总产量1 860.54万吨，比2017年增长0.9%；蔬菜产量2 205.71万吨，比2017年增长6.2%；烤烟产量82.29万吨，比2017年下降1.9%；鲜切花产量112.24亿枝，比2017年增长1.8%；茶叶产量42.33万吨，比2017年增长7.6%；猪牛羊禽肉总产量425.99万吨，比2017年增长1.9%。

2019年，云南省农业总产值4 935.74亿元，比2018年增长5.6%。粮食总产量1 870.03万吨，比2018年增长0.5%；蔬菜产量2 304.14万吨，比2018年增长4.5%；烤烟产量81.00万吨，比2018年下降1.6%；鲜切花产量139.00亿枝，比2018年增长23.9%；茶叶产量43.72万吨，比2018年增长3.3%；猪牛羊禽肉总产量404.43万吨，比2018年下降5.1%。

2020年，云南省农业总产值5 920.52亿元，比上年增长5.7%。粮食总产量1 895.86万吨，比上年增长1.4%；蔬菜产量2 507.89万吨，比上年增长8.8%；烤烟产量85.46万吨，比上年增长5.5%；鲜切花产量145.76亿枝，比上年增长4.9%；茶叶产量46.32万吨，比上年增长5.9%；猪牛羊禽肉总产量416.04万吨，比上年增长2.9%。

2021年，云南省农业总产值6 351.82亿元，比上年增长10.4%。粮食总产量1 930.30万吨，比上年增长1.4%；蔬菜产量2 748.86万吨，比上年增长9.6%；烤烟产量82.18万吨，比上年增长0.7%；鲜切花产量158.33亿枝，比上年增长8.0%；茶叶产量50.21万吨，比上年增长8.4%；猪牛羊禽肉总产量486.75万吨，比上年增长17.0%。

2022年，云南省农业总产值6 635.80亿元，比上年增长5.5%。粮食总产量1 957.96万吨，比上年增长1.8%；蔬菜产量2 857.92万吨，比上年增长4.0%；烤烟产量83.97万吨，比上年增长2.2%；鲜切花产量180.00亿枝，比上年增长10.9%；茶叶产量53.39万吨，比上年增长6.3%；猪牛羊禽肉总产量520.33万吨，比上年增长6.9%（见表4-2）。

表4-2　　2017—2022年云南省农业发展形势

| 指标 | 2017年 | 2018年 | 2019年 | 2020年 | 2021年 | 2022年 |
|---|---|---|---|---|---|---|
| 农业总产值（亿元） | 3 808.84 | 4 108.88 | 4 935.74 | 5 920.52 | 6 351.82 | 6 635.80 |
| 粮食总产量（万吨） | 1 929.50 | 1 860.54 | 1 870.03 | 1 895.86 | 1 930.30 | 1 957.96 |
| 蔬菜产量（万吨） | 2 077.76 | 2 205.71 | 2 304.14 | 2 507.89 | 2 748.86 | 2 857.92 |
| 烤烟产量（万吨） | 82.49 | 82.29 | 81.00 | 85.46 | 82.18 | 83.97 |
| 鲜切花产量（亿枝） | 110.29 | 112.24 | 139.00 | 145.76 | 158.33 | 180.00 |
| 茶叶（万吨） | 40.55 | 42.33 | 43.72 | 46.32 | 50.21 | 53.39 |
| 猪牛羊禽肉总产量（万吨） | 385.3 | 425.99 | 404.43 | 416.04 | 486.75 | 520.33 |

## 三、云南省工业发展形势

《云南省2017—2022年国民经济和社会发展统计公报》的数据显示：

2017年，云南省工业增加值4 264.70亿元，比2016年增长10.3%；规模以上工业增加值3 876.34亿元，比2016年增长10.6%。规模以上工业中，烟草制品业增加值1 220.48亿元，比2016年增长0.5%；卷烟产量717.87万箱，比2016年下降3.9%。规模以上工业钢材产量1 607.38万吨，比2016年下降2.9%；规模以上工业企业累计实现利税2 105.78亿元，比2016年增长39.6%，其中，实现利润771.99亿元，比2016年增长145.9%。

2018年，云南省工业增加值4 483.96亿元，比2017年增长11.6%；规模以上工业增加值4 333.75亿元，比2017年增长11.8%。规模以上工业中，烟草制品业增加值1 236.35亿元，比2017年增长1.3%；卷烟产量700.30万箱，比2017年下降2.4%。规模以上工业钢材产量1 940.74万吨，比2017年增长20.7%；规模以上工业企业累计实现利税2 428.07亿元，比2017年增长17.0%，其中，实现利润925.21亿元，比2017年增长21.0%。

2019年，云南省工业增加值5 301.51亿元，比2018年增长8.1%；规模以上工业增加值4 684.78亿元，比2018年增长8.1%。规模以上工业中，烟草制品业增加值1 249.95亿元，比2018年增长1.1%；卷烟产量699.29万箱，比2018年下降0.1%。规模以上工业钢材产量2 323.31万吨，比2018年增长19.7%；规模以上工业企业累计实现利税2 459.35亿元，比2018年增长0.5%，其中，实现利润879.86亿元，比2018年下降6.8%。

2020年，云南省工业增加值5 457.96亿元，比上年增长2.4%。

规模以上工业增加值4 797.21亿元，比上年增长2.4%。规模以上工业中，烟草制品业增加值1 259.95亿元，比上年增长0.8%；卷烟产量703.18万箱，比上年增长0.6%。规模以上工业钢材产量2 640.72万吨，比上年增长13.7%；规模以上工业企业累计实现利税2 471.11亿元，比上年增长0.1%，其中，实现利润1 005.43亿元，比上年增长13.2%。

2021年，云南省工业增加值6 555.76亿元，比上年增长7.9%。规模以上工业增加值5 219.37亿元，比上年增长8.8%。规模以上工业中，烟草制品业增加值1 314.13亿元，比上年增长4.3%；卷烟产量706.87万箱，比上年增长0.5%。规模以上工业钢材产量2 646.44万吨，比上年增长0.2%；规模以上工业企业累计实现利税2 768.68亿元，比上年增长11.9%，其中，实现利润1 210.96亿元，比上年增长19.6%。

2022年，云南省工业增加值7 197.08亿元，比上年增长6.0%。规模以上工业增加值5 621.26亿元，比上年增长7.7%。规模以上工业中，烟草制品业增加值1 390.35亿元，比上年增长5.8%；卷烟产量709.06万箱，比上年增长0.3%。规模以上工业企业累计实现利税2 994.30亿元，比上年增长7.3%，其中，实现利润1 330.52亿元，比上年增长8.2%（见表4-3）。

表4-3　　**2017—2022年云南省工业发展形势**

| 指标 | 2017年 | 2018年 | 2019年 | 2020年 | 2021年 | 2022年 |
|---|---|---|---|---|---|---|
| 工业增加值（亿元） | 4 264.70 | 4 483.96 | 5 301.51 | 5 457.96 | 6 555.76 | 7 197.08 |
| 规模以上工业增加值（亿元） | 3 876.34 | 4 333.75 | 4 684.78 | 4 797.21 | 5 219.37 | 5 621.26 |
| 烟草制品业增加值（亿元） | 1 220.48 | 1 236.35 | 1 249.95 | 1 259.95 | 1 314.13 | 1 390.35 |
| 卷烟产量（万箱） | 717.87 | 700.30 | 699.29 | 703.18 | 706.87 | 709.06 |
| 钢材产量（万吨） | 1 607.38 | 1 940.74 | 2 323.31 | 2 640.72 | 2 646.44 | 2 550.74 |
| 企业累计实现利税（亿元） | 2 105.78 | 2 428.07 | 2 459.35 | 2 471.11 | 2 768.68 | 2 994.30 |
| 企业累计实现利润（亿元） | 771.99 | 925.21 | 879.86 | 1 005.43 | 1 210.96 | 1 330.52 |

## 四、云南省固定资产投资形势

《云南省2017—2022年国民经济和社会发展统计公报》的数据显示：

2017年，云南省固定资产投资同比增长18.0%。三次产业的投资增长率分别为42.4%、-0.1%、20.9%。工业投资下降0.1%，民间固定资产投资增长11.0%，基础设施投资增长32.3%。房地产开发投资2 786.25亿元，比2016年增长3.6%。

2018年，云南省固定资产投资比2017年增长11.6%。三次产业的投资增长率分别为36.8%、11.3%、10.6%。工业投资增长11.3%，民间固定资产投资增长20.7%，基础设施投资增长10.9%。房地产开发投资3 247.23亿元，比2017年增长16.5%。

2019年，云南省固定资产投资比2018年增长8.5%。三次产业的投资增长率分别为25.5%、11.8%、7.0%。工业投资增长11.7%，民间固定资产投资增长20.3%，基础设施投资增长6.1%。房地产开发投资4 151.41亿元，比2018年增长27.8%。

2020年，云南省固定资产投资比上年增长7.7%。三次产业的投资增长率分别为37.8%、5.3%、6.3%。工业投资增长5.4%，民间固定资产投资增长12.6%，基础设施投资增长7.3%。房地产开发投资4 505.19亿元，比上年增长8.5%。

2021年，云南省固定资产投资比上年增长4.0%。三次产业的投资增长率分别为30.0%、2.8%、2.1%。工业投资增长2.7%，民间固定资产投资增长5.3%，基础设施投资增长7.5%。房地产开发投资4 309.93亿元，比上年下降4.3%。

2022年，云南省固定资产投资比上年增长7.5%。三次产业的投资增长率分别为22.5%、48.7%、2.3%。工业投资增长48.8%，民间固定资产投资增长5.3%，基础设施投资增长6.9%。房地产开发投资3 152.02亿元，比上年下降26.9%（见表4-4）。

表4-4　　2017—2022年云南省固定资产发展形势

| 指标 | 2017年 | 2018年 | 2019年 | 2020年 | 2021年 | 2022年 |
|---|---|---|---|---|---|---|
| 固定资产投资增长率（%） | 18.0 | 11.6 | 8.5 | 7.7 | 4.0 | 7.5 |
| 第一产业投资增长率（%） | 42.4 | 36.8 | 25.5 | 37.8 | 30.0 | 22.5 |
| 第二产业投资增长率（%） | -0.1 | 11.3 | 11.8 | 5.3 | 2.8 | 48.7 |
| 第三产业投资增长率（%） | 20.9 | 10.6 | 7.0 | 6.3 | 2.1 | 2.3 |
| 工业投资增长率（%） | -0.1 | 11.3 | 11.7 | 5.4 | 2.7 | 48.8 |
| 民间固定资产投资增长率（%） | 11.0 | 20.7 | 20.3 | 12.6 | 5.3 | 5.3 |
| 基础设施投资增长率（%） | 32.3 | 10.9 | 6.1 | 7.3 | 7.5 | 6.9 |
| 房地产开发投资（亿元） | 2 786.25 | 3 247.23 | 4 151.41 | 4 505.19 | 4 309.93 | 3 152.02 |

## 五、云南省国内贸易和对外经济发展形势

《云南省2017—2022年国民经济和社会发展统计公报》的数据显示：

2017年，云南省社会消费品零售总额6 423.06亿元，比2016年增长12.2%。分经营地看，城镇消费品零售额5 534.08亿元，比2016年增长12.1%；乡村消费品零售额888.98亿元，比2016年增长13.1%。其中，食品类零售额比2016年增长22.1%，服饰类零售额比2016年增长8.9%，日用品类增长14.7%，家具类增长27.1%，通信器材类增长17.5%，汽车类增长12.0%。通过互联网实现的零售额26.38亿元，比2016年增长18.0%。外贸进出口总额233.94亿美元，比2016年增长17.6%。其中，出口总额为114.30亿美元，进口总额为119.64亿美元。

2018年，云南省社会消费品零售总额6 825.97亿元，比2017年增长11.1%。其中，城镇消费品零售额5 878.34亿元，比2017年增长11.0%；乡村消费品零售额947.63亿元，比2017年增长11.4%。其中，食品类零售额比2017年增长19.8%，服饰类零售额比2017年增长9.2%，日用品类比2017年增长13.2%，家具类比2017年增长12.3%，通信器材类比2017年增长12.5%，汽车类比2017年增长1.5%。通过互联网实现的零售额33.93亿元，比2017年增长39.7%。外贸进出口总额298.95亿美元，比2017年增长27.5%。其中，出口总额为128.12亿美元，进口总额为170.83亿美元。

2019年，云南省社会消费品零售总额7 539.18亿元，比2018年增长10.4%。分经营地看，城镇消费品零售额6 490.86亿元，比2018年增长10.4%；乡村消费品零售额1 048.31亿元，比2018年增长10.6%。其中，食品类零售额比2018年增长16.7%，服饰类零售额比2018年增长3.7%，日用品类比2018年增长10.9%，家具类比2018年增长16.6%，通信器材类比2018年增长15.4%，汽车类比2018年增长1.6%。通过互联网实现的零售额42.60亿元，比2018年增长28.2%。外贸进出口总额336.92亿美元，比2018年增长12.8%。其中，出口总额为150.22亿美元，进口总额为186.70亿美元。

2020年，云南省社会消费品零售总额9 792.87亿元，比上年下降3.6%。分经营地看，城镇消费品零售额8 530.70亿元，比上年下降3.6%；乡村消费品零售额1 262.17亿元，比上年下降3.3%。其中，食品类零售额比上年增长8.9%，服饰类零售额比上年下降12.5%，日用品类比上年下降1.8%，家具类比上年下降1.3%，通信器材类比上年增长9.0%，汽车类比上年下降1.8%。通过互联网实现的零售额69.56亿元，比上年增长99.6%。外贸进出口总额389.46亿美元，比上年增长15.6%。其中，出口总额为221.40亿美元，进口总额为

168.06亿美元。

2021年，云南省社会消费品零售总额10 731.80亿元，比上年增长9.6%。分经营地看，城镇消费品零售额9 345.38亿元，比上年增长9.6%；乡村消费品零售额1 386.42亿元，比上年增长9.8%。其中，食品类零售额比上年增长17.4%，服饰类零售额比上年增长6.6%，日用品类比上年增长15.4%，家具类比上年增长3.8%，通信器材类比上年增长上13.0%，汽车类比上年增长6.2%。通过互联网实现的零售额90.73亿元，比上年增长37.0%。外贸进出口总额486.59亿美元，比上年增长24.4%。其中，出口总额为273.46亿美元，进口总额为213.13亿美元。

2022年，云南省社会消费品零售总额10 838.84亿元，比上年增长1.0%。分经营地看，城镇消费品零售额9 435.19亿元，比上年增长1.0%；乡村消费品零售额1 403.66亿元，比上年增长1.2%。其中，食品类零售额比上年增长5.5%，服饰类零售额比上年下降14.5%，日用品类比上年增长2.2%，家具类比上年增长9.8%，通信器材类比上年增长上4.7%，汽车类比上年增长0.7%。通过互联网实现的零售额121.22亿元，比上年增长28.2%。外贸进出口总额500.42亿美元，比上年增长2.8%。其中，出口总额为241.39亿美元，进口总额为259.03亿美元（见表4-5）。

表4-5　　**2017—2022年云南省对外经济发展形势**

| 指标 | 2017年 | 2018年 | 2019年 | 2020年 | 2021年 | 2022年 |
|---|---|---|---|---|---|---|
| 社会消费品零售总额（亿元） | 6 423.06 | 6 825.97 | 7 539.18 | 9 792.87 | 10 731.80 | 10 838.84 |
| 城镇消费品零售额（亿元） | 5 534.08 | 5 878.34 | 6 490.86 | 8 530.70 | 9 345.38 | 9 435.19 |
| 乡村消费品零售额（亿元） | 888.98 | 947.63 | 1 048.31 | 1 262.17 | 1 386.42 | 1 403.66 |
| 食品类零售额的增长率（%） | 22.1 | 19.8 | 16.7 | 8.9 | 17.4 | 5.5 |
| 通过互联网实现的零售额（亿元） | 26.38 | 33.93 | 42.60 | 69.56 | 90.73 | 121.22 |
| 外贸进出口总额（亿美元） | 233.94 | 298.95 | 336.92 | 389.46 | 486.59 | 500.42 |
| 出口总额（亿美元） | 114.30 | 128.12 | 150.22 | 221.40 | 273.46 | 241.39 |
| 进口总额（亿美元） | 119.64 | 170.83 | 186.70 | 168.06 | 213.13 | 259.03 |

## 六、云南省旅游业发展形势

《云南省2017—2022年国民经济和社会发展统计公报》的数据显示：

2017年，云南省接待海外入境旅客1 364.66万人次，比2016年增长13.8%；旅游外汇收入35.50亿美元，比2016年增长15.5%。2017年全省接待国内游客5.67亿人次，比2016年增长33.3%；国内旅游收入6 682.58亿元，比2016年增长47.3%；全年实现旅游业总收入6 922.23亿元，比2016年增长46.5%。

2018年，云南省接待海外入境旅客1 416.92万人次，比2017年增长5.8%；旅游外汇收入44.18亿美元，比2017年增长24.4%。2018年接待国内游客6.81亿人次，比2017年增长20.2%；国内旅游收入8 698.97亿元，比2017年增长30.2%；全年实现旅游业总收入8 991.44亿元，比2017年增长29.9%。

2019年，云南省接待海外入境旅客1 484.93万人次，比2018年增长4.8%；实现旅游外汇收入51.47亿美元，比2018年增长16.5%。2019年接待国内游客8.0亿人次，比2018年增长17.4%；国内旅游收入10 679.51亿元，比2018年增长22.8%；全年实现旅游业总收入11 035.20亿元，比2018年增长22.7%。

2020年，云南省接待海外入境旅客148.69万人次，比上年下降92.2%；实现旅游外汇收入4.03亿美元，比上年下降92.2%。全年接待国内游客5.29亿人次，比上年下降33.9%；国内旅游收入6 449.21亿元，比上年下降39.6%；全年实现旅游业总收入6 477.03亿元，比上年下降41.3%。

受新冠肺炎疫情影响，文化和旅游部未开展2021年度入境游客花费调查，无法精准测算国际旅游收入，故旅游总收入不含国际旅游收入，仅含国内旅游收入。2021年，云南省接待海外入境旅客9.03万人次；全年接待国内游客6.49亿人次，比上年增长22.68%；国内旅游收入7 474.62亿元，比上年增长15.90%。2022年，云南省接待海外入境旅客8.91万人次；全年接待国内游客8.41亿人次，比上年增长29.58%；国内旅游收入9 444.43亿元，比上年增长26.35%（见表4-6）。

表4-6　　2017—2022年云南省旅游业发展形势

| 指标 | 2017年 | 2018年 | 2019年 | 2020年 | 2021年 | 2022年 |
| --- | --- | --- | --- | --- | --- | --- |
| 接待海外入境旅客（万人次） | 1 364.66 | 1 416.92 | 1 484.93 | 148.69 | 9.03 | 8.91 |
| 旅游外汇收入（亿美元） | 35.50 | 44.18 | 51.47 | 4.03 | — | — |
| 接待国内游客（亿人次） | 5.67 | 6.81 | 8.0 | 5.29 | 6.49 | 8.41 |
| 国内旅游收入（亿元） | 6 682.58 | 8 698.97 | 10 679.51 | 6 449.21 | 7 474.62 | 9 444.43 |
| 旅游业总收入（亿元） | 6 922.23 | 8 991.44 | 11 035.20 | 6 477.03 | — | — |

## 七、云南省金融、保险和证券业发展形势

《云南省2017—2022年国民经济和社会发展统计公报》的数据显示：

2017年，云南省金融业增加值1 194.67亿元，比2016年增长6.3%。金融机构人民币存款余额29 963.85亿元，比2016年增长8.1%。金融机构人民币各项贷款余额25 398.93亿元，比2016年增长10.2%。2017年，保险公司原保险保费收入613.28亿元，比2016年增长15.85%。支付各类赔款及给付218.05亿元，比2016年增长5.8%。2017年，云南省企业通过证券市场累计融资583.34亿元，年末云南省共有上市公司34家，总市值5 125.98亿元，比2016年增加1 197.33亿元。

2018年，云南省金融业增加值1 222.68亿元，比2017年增长2.2%。金融机构人民币存款余额30 554.00亿元，比2017年增长

1.9%。金融机构人民币各项贷款余额28 085.30亿元，比2017年增长10.4%。2018年，云南省保险公司原保险保费收入667.99亿元，比2017年增长8.9%。支付各类赔款及给付248.60亿元，比上年增长14.0%。2018年，云南省企业通过证券市场累计融资409.27亿元，年末云南省共有上市公司33家，总市值3 554.55亿元，比2017年减少1 571.43亿元。

2019年，云南省金融业增加值1 406.08亿元，比2018年增长6.4%。金融机构人民币存款余额32 821.28亿元，比2018年增长7.4%。金融机构人民币各项贷款余额31 201.01亿元，比2018年增长11.1%。2019年，云南省保险公司原保险保费收入742.10亿元，比2018年增长11.1%。支付各类赔款及给付260.65亿元，增长4.9%。全年云南省企业通过证券市场累计融资1 045.84亿元，年末云南省共有上市公司36家，总市值5 743.70亿元，比2018年增加2 189.15亿元。

2020年，云南省金融业实现增加值1 500.41亿元，比上年增长3.9%。年末金融机构人民币存款余额35 504.28亿元，比上年增长8.2%，年末金融机构人民币各项贷款余额34 717.96亿元，增长11.3%。全年保险公司原保险保费收入756.45亿元，比上年增长1.9%。支付各类赔款及给付277.68亿元，比上年增长6.5%。全年云南企业通过证券市场累计融资632.64亿元，比上年减少413.2亿元。年末全省有上市公司37家，总股本639.67亿股；总市值7 544.26亿元，比上年增加1 800.56亿元。

2021年，云南省金融业实现增加值1 517.92亿元，比上年增长0.9%。年末金融机构人民币存款余额36 357.70亿元，比上年增长2.4%，年末全省金融机构人民币各项贷款余额38 646.50亿元，比上年增长11.3%。全年保险公司原保险保费收入690.20亿元，比上年下降1.7%。支付各类赔款及给付286.00亿元，比上年增长4.6%。全年云南企业通过证券市场累计融资164.81亿元，比上年增加57.59亿元。年末全省有上市公司41家，总股本681.92亿股；总市值10 964.01亿元，增加3 419.75亿元。

2022年，云南省金融业实现增加值1 594.59亿元，比上年增长3.2%。年末金融机构人民币存款余额39 441.11亿元，比上年增长8.5%，年末全省金融机构人民币贷款余额42 338.62亿元，增长比上年9.6%。全年保险公司原保险保费收入725.02亿元，比上年增长5.0%。支付各类赔款及给付314.36亿元，比上年增长9.9%。全年云南企业通过证券市场累计融资326.08亿元，比上年增加3.63亿元。年末全省有上市公司42家，总股本715.58亿股；总市值8 913.80亿元，减少2 050.21亿元（见表4-7）。

表4-7　2017—2022年云南省金融、保险和证券业发展形势企业

| 指标 | 2017年 | 2018年 | 2019年 | 2020年 | 2021年 | 2022年 |
|---|---|---|---|---|---|---|
| 金融业实现增加值（亿元） | 1 194.67 | 1 222.68 | 1 406.08 | 1 500.41 | 1 517.92 | 1 594.59 |
| 金融机构人民币存款余额（亿元） | 29 963.85 | 30 554.00 | 32 821.28 | 35 504.28 | 36 357.70 | 39 441.11 |
| 金融机构人民币贷款余额（亿元） | 25 398.93 | 28 085.30 | 31 201.01 | 34 717.96 | 38 646.50 | 42 338.62 |
| 保险公司原保险保费收入（亿元） | 613.28 | 667.99 | 742.10 | 756.45 | 690.20 | 725.02 |
| 支付各类赔款及给付（亿元） | 218.05 | 248.60 | 260.65 | 277.68 | 286.00 | 314.36 |
| 企业通过证券市场累计融资（亿元） | 583.34 | 409.27 | 1 045.84 | 632.64 | 164.81 | 326.08 |
| 上市公司（家） | 34 | 33 | 36 | 37 | 41 | 42 |
| 上市公司总市值（亿元） | 5 125.98 | 3 554.55 | 5 743.70 | 7 544.26 | 10 964.01 | 8 913.80 |

## 八、云南省教育、科学技术发展形势

《云南省2017—2022年国民经济和社会发展统计公报》的数据显示：

2017年，云南省高等教育招生31.46万人，比2016年增长12.91%，在校生94.54万人，比2016年增长5.52%，毕业生25.35万人，比2016年增长11.07%。中等职业教育在校生64.18万人；普通高中在校生83.41万人；初中在校生187.28万人；普通小学在校生375.20万人；学前教育在园幼儿139.43万人。云南省全年登记科技成果1 224项，专利申请28 695件，获专利授权14 230件。

2018年，云南省高等教育招生36.59万人，比2017年增长16.3%，在校生103.56万人，比2017年增长9.5%，毕业生26.35万人，比2017年增长3.9%。中等职业教育在校生65.01万人；普通高中在校生86.49万人；初中在校生186.15万人；普通小学在校生379.51万人；学前教育在园幼儿143.10万人。高等教育毛入学率达41.73%，高中阶段教育毛入学率达78.43%。云南省全年登记科技成果577项，专利申请36 515件，获得专利授权20 340件。

2019年，云南省高等教育招生40.40万人，比2018年增长10.4%，在校生115.64万人，比2018年增长12.1%，毕业生26.84万人，比2018年增长1.9%。中等职业教育在校生66.49万人；普通高中在校生90.91万人；初中在校生184.54万人；普通小学在校生385.10万人；学前教育在园幼儿149.87万人。高等教育毛入学率达46.05%，高中阶段教育毛入学率达84.33%。云南省全年登记科技成果711项，专利申请35 240件，获得专利授权22 324件。

2020年，云南省高等教育招生45.47万人，比上年增长12.6%，在校生128.38万人，比上年增长11.0%，毕业生31.26万人，比上年增长16.5%。中等职业教育在校生75.94万人；普通高中在校生97.16万人；初中在校生182.37万人；普通小学在校生389.22万人；学前教育在园幼儿167.27万人。高等教育毛入学率达50.1%，高中阶段教育毛入学率达91.0%。云南省全年登记科技成果580项，专利申请45 153件，获专利授权28 943件。

2021年，云南省高等教育招生44.73万人，比上年下降1.6%，在校生135.57万人，比上年增长5.6%，毕业生35.43万人，比上年增长13.3%。中等职业教育在校生55.09万人；普通高中在校生101.57万人；初中在校生183.51万人；普通小学在校生385.23万人；学前教育在园幼儿176.97万人。高等教育毛入学率53.03%，高中阶段教育毛入学率91.24%。云南省全年登记科技成果545项，专利申请47 997件，获专利授权41 167件。

2022年，云南省高等教育招生49.84万人，比上年增长11.4%，在校生145.27万人，比上年增长7.2%，毕业生38.62万人，比上年增长9.0%。中等职业教育在校生64.43万人；普通高中在校生105.29万人；初中在校生186.33万人；普通小学在校生379.73万人；学前教育在园幼儿180.83万人。高等教育毛入学率55.6%，高中阶段教育毛入学率92.0%。云南省全年专利申请52 999件，获专利授权39 497件（见表4-8）。

表4-8　**2017—2022年云南省教育、科学技术发展形势**

| 指标 | 2017年 | 2018年 | 2019年 | 2020年 | 2021年 | 2022年 |
|---|---|---|---|---|---|---|
| 高等教育在校生（万人） | 94.54 | 103.56 | 115.64 | 128.38 | 135.57 | 145.27 |
| 中等职业教育在校生（万人） | 64.18 | 65.01 | 66.49 | 75.94 | 55.09 | 64.43 |
| 普通高中在校生（万人） | 83.41 | 86.49 | 90.91 | 97.16 | 101.57 | 105.29 |
| 初中在校生（万人） | 187.28 | 186.15 | 184.54 | 182.37 | 183.51 | 186.33 |
| 普通小学在校生（万人） | 375.20 | 379.51 | 385.10 | 389.22 | 385.23 | 379.73 |
| 学前教育在园幼儿（万人） | 139.43 | 143.10 | 149.87 | 167.27 | 176.97 | 180.83 |
| 专利申请（件） | 28 695 | 36 515 | 35 240 | 45 153 | 47 997 | 52 999 |
| 获专利授权（件） | 14 230 | 20 340 | 22 324 | 28 943 | 41 167 | 39 497 |

## 九、云南省文化、卫生和体育发展形势

《云南省2017—2022年国民经济和社会发展统计公报》的数据显示：

2017年，云南省有公共图书馆151个，博物馆123个；医疗卫生机构24 688个，医疗卫生机构床位数27.48万张，卫生技术人员28.39万人。全年云南省运动员在国际比赛中获奖牌14枚；在全国比赛中获奖牌208枚。

2018年，云南省有公共图书馆151个，博物馆136个；医疗卫生机构24 958个，医疗卫生机构床位数29.12万张，卫生技术人员30.20万人。全年云南省运动员在国际比赛中获奖牌25枚；在全国比赛中获奖牌296枚。

2019年，云南省有公共图书馆151个，博物馆147个；医疗卫生机构25 582个，医疗卫生机构床位数31.19万张，卫生技术人员33.97万人。全年云南省运动员在国际比赛中获奖牌36枚；在全国比赛中获奖牌481枚。

2020年，云南省有公共图书馆151个，博物馆161个；医疗卫生机构26 627个，医疗卫生机构床位数32.53万张，卫生技术人员36.65万人。全年云南运动员在国际比赛中获奖牌4枚；在全国比赛中获奖牌128枚。

2021年，云南省公共图书馆150个，博物馆169个；医疗卫生机构26 879个，医疗卫生机构床位数33.45万张，卫生技术人员37.95万人。全年云南运动员在国际比赛中获奖牌15枚；在全国比赛中获奖牌208枚。

2022年，云南省公共图书馆151个，博物馆183个；医疗卫生机构27 527个，医疗卫生机构床位数26.34万张，卫生技术人员39.69万

人。全年云南运动员在国际比赛中获奖牌25枚；在全国比赛中获奖牌172枚（见表4-9）。

表4-9　2017—2022年云南省文化、卫生和体育发展形势

| 指标 | 2017年 | 2018年 | 2019年 | 2020年 | 2021年 | 2022年 |
|---|---|---|---|---|---|---|
| 公共图书馆（个） | 151 | 151 | 151 | 151 | 150 | 151 |
| 博物馆（个） | 123 | 136 | 147 | 161 | 169 | 183 |
| 医疗卫生机构（个） | 24 688 | 24 958 | 25 582 | 26 627 | 26 879 | 27 527 |
| 医疗卫生机构床位数（万张） | 27.48 | 29.12 | 31.19 | 32.53 | 33.45 | 26.34 |
| 卫生技术人员（万人） | 28.39 | 30.20 | 33.97 | 36.65 | 37.95 | 39.69 |
| 国际比赛中获奖牌（枚） | 14 | 25 | 36 | 4 | 15 | 25 |
| 全国比赛中获奖牌（枚） | 208 | 296 | 481 | 128 | 208 | 172 |

## 十、云南省资源、环境和应急管理发展形势

《云南省2017—2022年国民经济和社会发展统计公报》的数据显示：

2017年，云南省在规模以上工业主要能源消费量中，电力消费量984.12亿千瓦时，比2016年增长2.67%；焦炭消费量858.16万吨，比2016年下降3.16%。云南省水资源总量为2 208亿立方米；人工造林面积为277 716公顷；城市污水处理率90.58%，比2016年提高2.29%；城市建成区绿地率32.86%，比2016年提高1.47%。全年云南省生产安全事故死亡人数1 441人，比2016年下降37.67%。亿元地区生产总值生产安全事故死亡人数0.087人，比2016年下降44.23%。

2018年，云南省在规模以上工业主要能源消费量中，电力消费量1 020.12亿千瓦时，比2017年增长5.85%；焦炭消费量962.92万吨，比2017年增长12.21%。云南省水资源总量为2 206亿立方米；人工造林面积为261 079公顷；城市污水处理率93%，比2017年提高

2.42%；城市建成区绿地率35%，比2017年提高2.14%。全年云南省生产安全事故死亡人数1 129人，比2017年下降22.6%。亿元地区生产总值生产安全事故死亡人数0.063人，比2017年下降27.6%。

2019年，云南省在规模以上工业主要能源消费量中，电力消费量1 112.40亿千瓦时，比2018年增长6.46%；焦炭消费量1 028.27万吨，比2018年增长6.79%。云南省水资源总量为1 530亿立方米；人工造林面积为263 708公顷；城市污水处理率94.02%，比2018年提高1.71%；城市建成区绿地率33.77%，比2018年提高0.94%。全年云南省生产安全事故死亡人数995人，比2018年下降12.2%。亿元地区生产总值生产安全事故死亡人数0.043人，比2018年下降31.75%。

2020年，云南省在规模以上工业主要能源消费量中，电力消费量1 287.92亿千瓦时，比上年增长16.2%；焦炭消费量1 034.35万吨，比上年增长0.6%。全年水资源总量为1 842亿立方米；人工造林面积为254 181公顷；城市污水处理率95.5%，比上年提高0.5个百分点；城市建成区绿地率35.4%，比上年提高0.6个百分点。全年生产安全事故死亡人数1 591人，比上年下降13.1%。亿元GDP生产安全事故死亡人数0.065人，比上年下降17.7%。

2021年，云南省在规模以上工业主要能源消费量中，电力消费量1 353.73亿千瓦时，比上年增长4.2%；焦炭消费量1 005.14万吨，比上年下降2.8%。全年水资源总量为1 615亿立方米；人工造林面积为111 556公顷；城市污水处理率达到95.9%；城市建成区绿地率36.4%，比上年提高1.8个百分点。全年生产安全事故死亡人数1 563人，比上年下降2.5%。亿元GDP生产安全事故死亡人数0.057人，比上年下降12.3%。

2022年，云南省在规模以上工业主要能源消费量中，电力消费量1 607.7亿千瓦时，比上年增长17.6%；焦炭消费量985.0万吨，比上年下降2.0%。全年水资源总量为1 755亿立方米；人工造林面积为70 167公顷；城市污水处理率97.0%，下降0.9%。城市建成区绿地率38.9%，比上年提高3.4%。全年生产安全事故死亡人数1 157人，比上年下降25.6%。亿元GDP生产安全事故死亡人数0.04人，比上年下降29.8%（见表4-10）。

表4-10　2017—2022年云南省资源、环境和应急管理发展形势

| 指标 | 2017年 | 2018年 | 2019年 | 2020年 | 2021年 | 2022年 |
| --- | --- | --- | --- | --- | --- | --- |
| 电力消费量（亿千瓦时） | 984.12 | 1 020.12 | 1 112.40 | 1 287.92 | 1 353.73 | 1607.7 |
| 焦炭消费量（万吨） | 858.16 | 962.92 | 1 028.27 | 1 034.35 | 1 005.14 | 985.0 |
| 水资源总量（亿立方米） | 2 208 | 2 206 | 1 530 | 1 842 | 1 615 | 1 755 |
| 人工造林面积（公顷） | 277 716 | 261 079 | 263 708 | 254 181 | 111 556 | 70 167 |
| 城市污水处理率（%） | 90.58 | 93 | 94.02 | 95.5 | 95.9 | 97.0 |
| 城市建成区绿地率（%） | 32.86 | 35 | 33.77 | 35.4 | 36.4 | 38.9 |
| 生产安全事故死亡人数（人） | 1 441 | 1 129 | 995 | 1 591 | 1 563 | 1 157 |
| 亿元GDP生产安全事故死亡人数（人） | 0.087 | 0.063 | 0.043 | 0.065 | 0.057 | 0.04 |

## 十一、云南省人口、人民生活与社会保障发展形势

《云南省2017—2022年国民经济和社会发展统计公报》的数据显示：

2017年，云南省常住人口4 800.5万人，比2016年末增加30.0万

人；出生率为13.53‰；死亡率为6.68‰；自然增长率为6.85‰。全省城镇化率46.69%，比2016年提高1.66个百分点。全年全省居民人均可支配收入18 348元，比2016年增长9.7%。按常住地分，城镇居民人均可支配收入30 996元，比2016年增长8.3%；农村居民人均可支配收入9 862元，比2016年增长9.3%。云南省参加城镇职工基本养老保险人数591.45万人，比2016年末增加9.65万人；参加城镇基本医疗保险人数为4 463.81万人。云南省养老服务机构和设施2 064个，养老床位11.6万张。

2018年，云南省常住人口4 829.5万人，比2017年末增加29.0万人；出生率为13.19‰；死亡率为6.32‰；自然增长率为6.87‰。全省城镇化率47.81%，比2017年提高1.12个百分点。全年全省居民人均可支配收入20 084元，比2017年增长9.5%。按常住地分，城镇居民人均可支配收入33 488元，比2017年增长8.0%；农村居民人均可支配收入10 768元，比2017年增长9.2%。云南省参加城镇职工基本养老保险人数616.22万人，比2017年末增加24.76万人；参加城镇基本医疗保险人数4 519.84万人，比2017年增加56.04万人。云南省养老服务机构和设施2 497个，养老床位11.07万张。

2019年，云南省常住人口4 858.3万人，比2018年末增加28.8万人；出生率为12.63‰；死亡率为6.20‰；自然增长率为6.43‰。全省城镇化率48.91%，比2018年提高1.1个百分点。全年全省居民人均可支配收入22 082元，比2018年增长9.9%。按常住地分，城镇居民人均可支配收入36 238元，比2018年增长8.2%；农村居民人均可支配收入11 902元，比2018年增长10.5%。云南省参加城镇职工基本养老保险人数649.88万人，比2018年末增加33.66万人；参加城镇基本医疗保险人数4 532.83万人，比2018年末增加11.91万人。云南省养老服务机构和设施2 889个，养老床位11.4万张。

2020年，云南省常住人口为4 722.0万人。出生率为11.00‰；死亡率为7.9‰；自然增长率为3.1‰；全省城镇化率为50.05%。全年全省居民人均可支配收入23 295元，比上年增长5.5%。按常住地分，城镇居民人均可支配收入37 500元，比上年增长3.5%；农村居民人均可支配收入12 842元，比上年增长7.9%。全省参加城镇职工基本养老保险人数701.34万人，比上年末增加51.46万人。参加城镇基本医疗保险人数4 032.83万人，比上年增加27.37万人。养老服务机构和设施3 271个，养老床位12.9万张。

2021年，云南省常住人口为4 690万人。出生率为9.35‰；死亡率为8.12‰；自然增长率为1.23‰；全省城镇化率为51.05%。全年全省居民人均可支配收入25 666元，比上年增长10.2%。按常住地分，城镇居民人均可支配收入40 905元，比上年增长9.1%；农村居民人均可支配收入14 197元，比上年增长10.6%。云南省参加城镇职工基本养老保险人数为739.35万人；参加城镇基本医疗保险人数为3 952.63万人。云南省养老服务机构和设施4 152个，养老床位13.4万张。

2022年，云南省常住人口4 693万人，比上年末增加3万人；出生率为8.14‰；死亡率为8.21‰；自然增长率为-0.07‰；全省城镇化率为51.72%。全年全省居民人均可支配收入26 937元，比上年增长5.0%。按常住地分，城镇居民人均可支配收入42 168元，比上年增长3.1%；农村居民人均可支配收入15 147元，比上年增长6.7%。云南省参加城镇职工基本养老保险人数为806.96万人；参加城镇基本医疗保险人数为3 975.75万人。云南省养老服务机构和设施4 833个，养老床位13.9万张（见表4-11）。

表4-11　2017—2022年云南省人口、人民生活与社会保障发展形势

| 指标 | 2017年 | 2018年 | 2019年 | 2020年 | 2021年 | 2022年 |
|---|---|---|---|---|---|---|
| 常住人口（万人） | 4 800.5 | 4 829.5 | 4 858.3 | 4 722.0 | 4 690 | 4 693 |
| 出生率（‰） | 13.53 | 13.19 | 12.63 | 11.00 | 9.35 | 8.14 |
| 死亡率（‰） | 6.68 | 6.32 | 6.20 | 7.9 | 8.12 | 8.21 |
| 城镇化率（%） | 46.69 | 47.81 | 48.91 | 50.05 | 51.05 | 51.72 |
| 居民人均可支配收入（元） | 18 348 | 20 084 | 22 082 | 23 295 | 25 666 | 26 937 |
| 城镇居民人均可支配收入（元） | 30 996 | 33 488 | 36 238 | 37 500 | 40 905 | 42 168 |
| 农村居民人均可支配收入（元） | 9 862 | 10 768 | 11 902 | 12 842 | 14 197 | 15 147 |
| 参加城镇职工基本养老保险人数（万人） | 591.45 | 616.22 | 649.88 | 701.34 | 739.35 | 806.96 |
| 参加城镇基本医疗保险人数（万人） | 4 463.81 | 4 519.84 | 4 532.83 | 4 032.83 | 3 952.63 | 3 975.75 |
| 养老服务机构和设施（个） | 2 064 | 2 497 | 2 889 | 3 271 | 4 152 | 4 833 |
| 养老床位（万张） | 11.6 | 11.07 | 11.4 | 12.9 | 13.4 | 13.9 |

## 十二、云南省经济运行态势分析

通过对《云南省2017—2022年国民经济和社会发展统计公报》数据的分析，下面对近6年云南省经济的整体运行态势进行分析。

（一）云南省经济整体呈现上行态势

云南省地区生产总值在全国排名中由第20名上升至第18名，经济增速高于全国平均水平2个百分点，位居全国前列。人均地区生产总值由34 545元上升至61 716元，第三产业增加值占地区生产总值的

比重由47.4%上升至50.0%，经济结构得到进一步优化，产业结构的质量得到明显提升。

云南省不断深化供给侧结构性改革，产业结构调整实现历史性突破，持续巩固提升烟草、电力、有色等优势产业，促进新旧动能接续转换，产业对全省经济的支撑能力明显增强。能源产业成为全省第一大支柱产业，绿色铝、硅产能位居全国前列，工业发展格局已经从原来的烟草“一枝独秀”转变为烟草和能源两大产业双驱动。云南省地区生产总值2019年迈上2万亿元台阶，2022年达到2.86万亿元，经济总量不断实现新突破，全省经济整体呈现稳中有进、进中提质的向好态势。

（二）农业经济平稳增长

云南省农业总产值以每年约6%的增长率逐年稳定增长，农产品产量较为平稳，农业生产状况良好。其中，烤烟产量基本保持稳定，鲜切花产量增幅较大，茶叶产量小幅上涨。目前，全省全产业链产值突破1 200亿元的特色产业有8个，分别是茶叶、花卉、蔬菜、水果、中药材、牛羊、生猪、烟草。农产品出口额多年位居全国第六位、西部第一位。

2015年1月，习近平总书记考察云南时指出，要立足多样性资源这个独特基础，打好高原特色农业这张牌，着力推进现代农业建设。[①]按照习近平总书记重要指示精神，云南省把高原特色现代农业作为着力培育的八大重点产业之一。党的十九大以来，进一步作出打造世界一流“绿色食品牌”的决策部署，推动云南农业发展方式实现革命性转变。

2020年初，习近平总书记再次考察云南，充分肯定云南省为保

① 云南省人民政府办公厅.云南省农业现代化三年行动方案（2022—2024年）[A/OL].（2022-06-21）[2024-11-03]. https://www.yn.gov.cn/zwgk/zcwj/zxwj/202206/t20220621_243467.html.

障国家粮食安全和重要农产品供给所作出的贡献，要求加快农业供给侧结构性改革，做强高原特色农业。[①]云南省委、省政府作出了构建现代化产业体系的决策部署，将高原特色现代农业作为5个万亿级支柱产业之一进行重点打造，为云南农业发展设立了新的目标。

（三）工业经济运行质量较高

云南省工业增加值由4 264.70亿元增长至7 197.08亿元，规模以上工业增加值由3 876.34亿元增长至5 621.26亿元。全省大抓产业、主攻工业，大力推进产业强省行动，加快构建现代化产业体系，新产业、新动能加速崛起，支柱行业形成“多点支撑”的良好格局，工业经济发展水平进一步提升。

2022年，全省规模以上工业增加值比2021年增长7.7%。从三大门类看，采矿业增加值增长4.8%，制造业增加值增长8.7%，电力、热力、燃气及水生产和供应业增加值增长5.3%，制造业较快增长，引领并带动工业高质量发展。

（四）固定资产投资结构趋于合理

云南省三次产业的固定资产投资增长率明显高于全国水平。2022年，全省固定资产投资（不含农户）比2021年增长7.5%。分产业看，第一产业投资增长22.5%，第二产业投资增长48.7%，第三产业投资下降2.3%。产业投资增速和占比均创历史新高。

以持续推进重大产业项目建设为抓手，全省产业投资实现快速增长，投资结构得到进一步优化。产业投资增长42.5%，高于2021年增速30.6个百分点，占全部投资的比重40.6%，比2021年提高10.0个百分点，首次超过房地产与交通投资之和，成为拉动投资增长的主要抓手。

---

① 云南省人民政府办公厅.云南省农业现代化三年行动方案（2022—2024年）［A/OL］.（2022-06-21）［2024-11-03］. https://www.yn.gov.cn/zwgk/zcwj/zxwj/202206/t20220621_243467.html..

2022年工业投资增长48.8%，投资占比达21.2%，在重点行业中位列第一，改变了“一房独大”的投资格局。其中，能源工业投资增长79.8%。农业、旅游业、数字经济投资分别增长32.5%、52.7%、24.0%。

（五）社会消费潜力得到不断释放

得益于全省保供应链稳定政策措施的持续发力，彩云消费券、文旅消费券等促消费政策效应逐步显现，消费市场回暖向好、彰显韧劲，社会消费潜力得到不断释放。2022年，全省实现社会消费品零售总额10 838.84亿元，比2021年增长1.0%。升级类商品销售保持活跃。

限额以上出行类商品消费市场较为活跃，增长9.5%；石油及制品类增长18.2%；新能源汽车补贴政策持续显效，限额以上单位新能源汽车类商品零售额增长1.5倍。限额以上单位建筑及装潢材料类增长19.3%，金银珠宝类增长14.6%，家具类增长9.8%。线上消费保持活跃，限额以上通过公共网络实现的商品零售额由2017年的26.38亿元增长到2022年的121.22亿元。

（六）金融运行总体平稳上升

云南省金融业实现增加值由2017年的1 194.67亿元上升至2022年的1 594.59亿元，年平均增长率达6.7%，整个金融市场运行平稳。2022年全省金融机构人民币存款余额39 441.11亿元，比2021年增加3 083.41亿元，同比增长8.5%。全省金融机构人民币贷款余额42 338.62亿元，比2021年增加3 692.12亿元，同比增长9.6%。云南省上市公司由2017年的34家增长至2022年的42家，总市值由5 125.98亿元增长至8 913.80亿元。

2017年至2022年，经历了新冠肺炎疫情的冲击，面对复杂的形势，云南省坚持以发展为第一要务，高效统筹疫情防控和经济社会发展，快速精准落实稳经济一揽子政策和接续措施，坚持难中求进、干中求进、变中求进、稳中求进，全力稳增长稳市场主体保就业，使全省经济运行稳中有进、进中提质，财政金融运行平稳，物价总体稳定，民生福祉持续改善，经济高质量发展取得新成效。

## 第二节　云南省各地州经济形势分析

云南省辖区内8个地级市、8个自治州，共计16个地级行政区，分别是昆明市、曲靖市、玉溪市、保山市、昭通市、丽江市、普洱市、临沧市、楚雄彝族自治州、红河哈尼族彝族自治州、文山壮族苗族自治州、西双版纳傣族自治州、大理白族自治州、德宏傣族景颇族自治州、怒江傈僳族自治州、迪庆藏族自治州。

分析云南省各地州的经济形势，有利于各地州找准目标，落实任务，实现“十四五”期间高质量的跨越式发展，加快形成滇中崛起、沿边开放、滇东北开发、滇西一体化的发展格局。

### 一、昆明市

昆明市是著名的“春城”，是云南省的省会城市，也是中国西南地区的中心城市之一，正在建设成为辐射南亚、东南亚的区域性国际中心城市。昆明市是云南省的政治、经济、文化中心，位于云南省中部地区，三面环山，南濒滇池，面积2.10万平方千米，市中心海拔约1 900米，2022年末昆明市常住人口860.0万人。昆明市气候宜人，四季如春，市区年平均气温在15℃左右，每年吸引大批游客来昆旅游。

2022年，昆明市实现地区生产总值7 541.37亿元，按可比价格计算，比上年增长3.0%。其中，第一产业增加值326.96亿元，比上年增长4.4%；第二产业增加值2 413.39亿元，比上年增长3.2%；第三产业增加值4 801.02亿元，比上年增长2.7%。三次产业结构为4.3∶32.0∶63.7。居民消费价格总水平上涨1.7%。

固定资产投资（不含农户）比上年下降3.1%，其中，第一产业投资增长111.2%，第二产业投资增长41.1%，第三产业投资下降10.5%。一般公共预算收入（同口径）614.57亿元，比上年下降13.6%；一般公共预算支出863.27亿元，比上年下降7.0%。城镇常住居民人均可支配收入53 832元，比上年增长2.5%；农村常住居民人均可支配收入20 722元，比上年增长6.2%。

2022年末，金融机构（含外资）人民币存款余额17 740.70亿元，比年初增长9.8%，其中，住户存款余额7 391.22亿元，比上年增长13.8%；金融机构（含外资）人民币贷款余额23 867.98亿元，比年初增长9.2%，其中，住户贷款6 006.26亿元，比上年增长5.7%。昆明市实现社会消费品零售总额3 385.26亿元，与上年基本持平。实际利用外资4.77亿美元。

全年接待国内外游客21 806.41万人次，比上年增长25.24%，其中，接待国内游客21 803.45万人次，比上年增长25.3%；实现旅游总收入2 744.79亿元，比上年增长15.0%，其中，国内旅游收入2 741.56亿元，比上年增长14.9%。2022年，昆明市城镇新增就业21.59万人，城镇失业人员实现再就业4.13万人。农村劳动力转移培训15.61万人次，农村劳动力转移就业11.71万人次。

2022年末，全市参加城镇职工基本养老保险人数253.88万人，比上年末增加33.90万人；参加城乡居民基本养老保险人数217.32万人，比上年末减少0.74万人；参加城镇基本医疗保险人数225.22万人，比上年末增加5.89万人；参加城乡基本医疗保险人数442.22万人，比上年末增加9.33万人；参加城镇失业保险人数145.27万人，比上年末增加10.65万人。

2022年，昆明市实施科技计划项目299项，其中重大科技计划项目10项。获专利授权24 822件，有效发明专利拥有量17 134件。全年登记技术合同5 335项，技术合同成交额达84.26亿元。全年共登记科技成果73项。昆明市注册博物馆40个，公共图书馆15家，文化馆15家，乡镇街道文化站141家，村（社区）综合文化服务中心1 776家，新建新型公共文化空间158个。

全市共有卫生机构5 818个，其中，医院321个，乡镇卫生院92个，社区卫生服务中心（站）369个，诊所（卫生所、医务室）3 352个，村卫生室1 266个。卫生技术人员9.88万人，其中，执业医师和执业助理医师3.58万人，注册护士4.90万人。医疗卫生机构实有病床6.65万张。有社区服务站816个。

2022年5月26—27日，昆明市与西双版纳州共同建设磨憨国际口岸城市工作会议在西双版纳州召开，昆明市正式托管西双版纳州磨憨镇，成为全国唯一有“边境线”的省会城市。

## 二、曲靖市

曲靖市位于云南省东部地区，东接贵州省，西与昆明市接界，南连文山州、红河州，北与昭通市毗邻，总面积2.89万平方千米，2022年末，曲靖市户籍总人口674.26万人。曲靖市是云南第二大经济体以及第二大城市，工业基础好，人力资源丰富，是滇中城市群的重要组成部分。曲靖市是进出云南省的重要通道，多条高速公路和高铁贯穿全市。

2022年，曲靖市地区生产总值3 802.20亿元，比上年增长8.1%。其中，第一产业增加值555.02亿元，比上年增长5.0%；第二产业增加值1 595.05亿元，比上年增长10.9%；第三产业增加值1 652.12亿元，比上年增长6.9%。三次产业结构为14.6：42.0：43.4。人均地区生产总值66 373元，比上年增长8.2%。

固定资产投资（不含农户）比上年增长16.3%。财政总收入445.84亿元，扣除增值税留抵退税因素后，比上年同口径增长5.0%，按自然口径计算，则下降7.6%。一般公共预算收入151.14亿元，扣除增值税留抵退税因素后，比上年同口径增长7.2%，按自然口径计算，则下降9.5%；一般公共预算支出507.52亿元，比上年增长1.1%。城镇居民人均可支配收入43 612元，比上年增长2.6%；农村居民人均可支配收入17 502元，比上年增长6.6%。

2022年末，金融机构人民币各项存款余额3 311.86亿元，比年初增加342.26亿元，比上年末增长11.5%；人民币各项贷款余额2 295.76亿元，比年初增加231.44亿元，比上年末增长11.2%。2022年，曲靖市全部工业增加值1 227.55亿元，比上年增长11.7%。社会消费品零售总额1 161.15亿元，比上年增长5.3%。外贸进出口总额96.03亿元，比上年增长22.2%。其中，出口额88.39亿元，比上年增长22.1%；进口额7.64亿元，比上年增长23.8%。

全年接待国内游客6 506.04万人次，比上年增长51.2%；实现旅游总收入661.54亿元，比上年增长49.3%。2022年，曲靖市城镇新增就业4.65万人，农村劳动力转移就业229.75万人。

2022年末，全市基本养老保险参保389.97万人，其中，城镇职工61.19万人，城乡居民328.78万人；基本医疗保险参保587.19万人。有文化艺术表演团体3个，文化馆10个，文化站138个，博物馆12个，公共图书馆11个。

有各类卫生机构2 922个，其中，医院132个，乡镇卫生院102个，社区卫生服务中心（站）28个，卫生机构床位4.2万张，卫生技术人员3.8万人。

曲靖市致力于营造一流的营商环境，率先开展商事制度改革试点。曲靖市聚焦打造“绿色能源”“绿色食品”“健康生活目的地”3张名片。曲靖市重点发展高原特色农业，目前是亚洲最大的烟叶生产基地，全省20%以上的烟叶产量来自曲靖市。

## 三、玉溪市

玉溪市位于云南省中部地区，北面与昆明相邻，周边与红河州、普洱市、楚雄州毗邻，总面积1.5万平方米，2022年末，玉溪市常住人口227.8万人。玉溪市是连接南亚、东南亚的重要交通枢纽。玉溪市具有丰富的矿产资源，铁矿资源储量居云南首位；镍矿储量为全国第二。玉溪拥有“一地四乡”的城市名片，分别是“聂耳故乡”“云烟之乡”“花灯之乡”“高原水乡”。

2022年，玉溪市完地区生产总值2 520.6亿元，按可比价格计算比上年增长4.3%。其中，第一产业增加值247.3亿元，比上年增长5.0%；第二产业增加值1 130.3亿元，比上年增长6.7%；第三产业增加值1 143.0亿元，比上年增长2.0%。三次产业结构为9.8：44.8:45.4。人均地区生产总值11.16万元，比上年增长3.7%。民营经济增加值1 271.6亿元，比上年增长4.6%。

固定资产投资增长10.8%，其中，第一产业投资增长66.8%，第二产业投资增长134.6%，第三产业投资下降15.3%。一般公共财政预算收入120.4亿元，比上年下降16.3%；一般公共预算支出233.2亿元，比上年下降9.5%。城镇居民人均可支配收入47 243元，比上年增长2.7%；农村居民人均可支配收入19 889元，比上年增长6.5%。

2022年，玉溪市完成工业增加值981.0亿元，按可比价格计算比上年增长6.9%。社会消费品零售总额788.9亿元，同比下降8.5%。2022年，玉溪市城镇新增就业4.9万人，帮助1.1万名就业困难人员实现就业，城镇下岗失业人员再就业1.6万人。

全市基本医疗保险参保210.3万人，其中，职工32.0万人，居民178.3万人，参保率稳定在95.0%以上。参加基本养老保险167.3万人，其中，参加城镇职工基本养老保险43.9万人，参加城乡居民基本养老保险123.3万人。全市有医疗卫生机构1 451个，其中医院58个；床位1.45万张；卫生技术人员2.05万人。

2022年，玉溪市持续抓好湖泊保护治理，“三湖”保护条例修订全面启动，流域国土空间保护和科学利用专项规划修编报审，完成“两线三区”划定，组建湖泊联合研究中心，建成61个水质自动监测站，科学治湖基础不断夯实。“三湖”保护70项重点任务和18项标志性工作被加快推进，抚仙湖流域污水收处实现全覆盖，星云湖、杞麓湖15个截污项目实现开工建设。

## 四、保山市

保山市位于云南省西部边境地区，与怒江州、大理州、临沧市、德宏州毗邻，西北、正南同缅甸交界，国境线长170公里，总面积1.96万平方千米，2022年末，保山市常住人口239.7万人。位于保山市境内的腾冲火山群是中国已知的第二大热气田，有温泉89处，热能储量为250万千瓦。保山市的森林覆盖率达65%，年均气温在15至17摄氏度之间，素有“春城中的春城”之美誉。

2022年，保山市地区生产总值1 262.44亿元，按可比价格计算，比上年增长5.7%。其中，第一产业增加值293.67亿元，比上年增长4.9%；第二产业增加值490.14亿元，比上年增长9.8%；第三产业增加值478.63亿元，比上年增长2.6%。三次产业结构为23.3∶38.8∶37.9。人均地区生产总值52 438元，比上年增长6.4%。民营经济增加值830.3亿元，比上年增长7%；非公经济增加值702.2亿元，比上年增长5.9%。

固定资产投资（不含农户）比上年增长14%，其中，第一产业投资增长52.8%，第二产业投资增长22.2%，第三产业投资增长7%。财政总收入83.9亿元，比上年下降17.6%，其中，一般公共预算收入54.6亿元，比上年下降15.8%；财政总支出293.4亿元，比上年增长8.1%，其中，一般公共预算支出232.3亿元，比上年增长6.7%。居民消费价格比上年上涨1.5%，商品零售价格比上年上涨2.3%。城镇居民人均可支配收入40 516元，比上年增长2.0%；农村居民人均可支配收入15 708元，比上年增长6.5%。

2022年，保山市全部工业增加值296.1亿元，比上年增长12.4%。社会消费品零售总额529亿元，比上年增长5.3%。全年接待国内外游客4 037.3万人次，比上年增长41.3%。其中，接待海外旅游者4 936人次，比上年增长75.5%；国内旅游者4 036.8万人次，比上年增长41.3%。旅游业总收入473.1亿元，比上年增长28.5%。其中，旅游外汇收入92.57万美元，比上年增长64.9%；国内旅游收入473亿元，比上年增长28.5%。

2022年，保山市列入国家级科技计划项目4个，安排科研经费支出1 571万元；列入省级科技计划项目12个，安排科研经费支出5 269万元。专利申请授权量756项，其中发明27项；有效发明专利拥有量191项。全市共有艺术表演团体6个，文化馆6个，文物保护管理机构14个，博物馆23个，公共图书馆8个（藏书238.42万册）。全市共有卫生机构1 459个，卫生机构有床位17 065张，卫生技术人员19 720人。

2022年，保山市就瞄准实现咖啡全产业链综合产值100亿元目标和努力把保山打造成为国内一流、世界公认的精品小粒咖啡产业示范区进行全面安排。截至2022年12月，全市小粒咖啡种植面积发展到

0.86万公顷，有咖啡加工企业52户，云南省精品咖啡庄园5个，省级咖啡龙头企业10户；注册产品商标400余个，获得国家专利12项，咖啡精品加工率位居全省第一。2022年，咖啡电商交易额突破4亿元。

## 五、昭通市

昭通市位于云南省东北部，与贵州省、四川省为邻，地处云、贵、川三省的接合部，是“云南省的北大门”，总面积2.30万平方千米，2022年末，昭通市常住人口494.9万人。昭通市区位优势突出，水能资源丰富，矿产资源种类较多，生物资源品质优良，是全国品质最优野生天麻的核心区域、优质苹果基地。然而，昭通市综合交通发展滞后，贫困人口数位居云南省第一位，因此昭通市是云南省乃至全国的脱贫攻坚主战场。

2022年，昭通市地区生产总值1 541.02亿元，按不变价格计算，比上年增长3.7%。其中，第一产业增加值256.02亿元，比上年增长4.6%；第二产业增加值621.71亿元，比上年增长5%；第三产业增加值663.29亿元，比上年增长2.1%。三次产业结构为16.6∶40.4∶43。人均地区生产总值30 935元，比上年增长5.1%。非公经济增加值642.13亿元，比上年增长3.6%。

固定资产投资（不含农户）比上年增长7.3%，其中，第一产业增长18.3%，第二产业下降21.1%，第三产业增长3.1%。地方公共财政预算收入74.3亿元，扣除留抵退税减收22.3亿元因素后，同口径增长3.1%。

地方公共财政预算支出536.24亿元，比上年下降2.6%。其中，一般公共服务支出33.59亿元，比上年下降2.5%；公共安全支出17.75亿元，比上年增长3.8%；教育支出119.46亿元，比上年下降

4.3%；科学技术支出0.81亿元，比上年增长7.9%；社会保障和就业支出79.53亿元，比上年下降2.2%；卫生健康支出71.01亿元，比上年增长5.1%；节能环保支出11.59亿元，比上年下降28.9%；城乡社区支出16.35亿元，比上年增长3.5%。城镇居民人均可支配收入34 733元，比上年增长2.7%；农村居民人均可支配收入13 369元，比上年增长7%。

2022年末，全市金融机构人民币存款余额2 038.6亿元，比上年增长5.6%，其中，住户存款1 317.84亿元，比上年增长12.9%；金融机构人民币贷款余额1 643.13亿元，比上年增长11.6%，其中，住户贷款755.26亿元，比上年增长13.9%。2022年，昭通市工业增加值387.63亿元，比上年增长3%。社会消费品零售总额491.77亿元，比上年增长2.6%。2022年，昭通市居民人均可支配收入19 605元，比上年增长5.3%。人均生活消费支出15 497元，比上年增长3.1%。

全市城乡居民养老保险参保342.14万人，失业保险参保（职工）18.52万人，基本医疗保险参保517.50万人，参加工伤保险职工33.33万人，参加生育保险职工21.4万人。全市有公共图书馆12个，文化馆12个，博物馆（纪念馆）3个，乡镇综合文化站150个，基层综合性文化服务中心1 390个。全市共有医疗卫生机构2 213个，执业（助理）医师10 031人，注册护士14 543人。

“十四五”期间，昭通市应努力建成脱贫致富示范区，实施乡村建设行动，加快推进工业振兴，全链条重塑昭通农业，重点打造滇东北开发开放新高地，实现群众共同致富。

## 六、丽江市

丽江市位于青藏高原东南缘、云南省西北部，与四川省及大理州、楚雄州、怒江州和迪庆州毗邻，总面积2.06万平方千米。丽江市是低纬度高海拔地区，具有“一山分四季、十里不同天”的垂直气候特征。丽江市具有得天独厚、世界级的旅游资源，玉龙雪山、老君山、泸沽湖、程海湖、金沙江、纳西东巴文化和摩梭风情是丽江旅游资源的主要代表。丽江旅游引人入胜，让人流连忘返。

2022年，丽江市地区生产总值620.1亿元，比上年增长6.1%。其中，第一产业增加值86.45亿元，比上年增长4.9%；第二产业增加值224.50亿元，比上年增长12.0%；第三产业增加值309.16亿元，比上年增长2.7%。三次产业结构为13.9∶36.2∶49.9。非公经济增加值343.19亿元，比上年增长6.1%。

固定资产投资（不含农户投资）比上年增长18.7%，其中，第一产业投资增长35.9%，第二产业投资增长63.4%（工业投资增长63.4%），第三产业投资增长11.1%。地方一般公共预算收入53.39亿元，比上年增长16.5%；地方一般公共预算支出171.93亿元，比上年增长2.6%。城镇居民人均可支配收入41 473元，比上年增长2.7%；农村居民人均可支配收入14 753元，比上年增长6.9%。

2022年末，全市金融机构人民币各项存款余额909.31亿元，比年初增长7.33%；各项贷款余额757.61亿元，比年初增长9.55%。2022年，丽江市全部工业增加值126.72亿元，比上年增长10.6%。社会消费品零售总额254.56亿元，比上年增长4.7%。按经营地统计，城镇消费品零售额171.90亿元，比上年增长4.7%；乡村消费品零售额82.65亿元，比上年增长4.6%。

全市基本养老保险参保17.18万人，城乡居民基本养老保险参保65.74万人，参加基本医疗保险114.75万人。全市共有文化馆6个，博物馆7个、公共图书馆6个、文管所3个。全市共有医疗卫生机构536个。

“十四五”期间，丽江市应着力打造世界文化旅游名城，加快发展全域旅游，大力提升旅游产品品质，打造大滇西旅游环线发展先行区；打造乡村振兴示范区，发展高效经济林果产业；建设干热河谷现代农业产业示范园，培育绿色经济新动能。

## 七、普洱市

普洱市位于云南省西南部。与玉溪市、红河州、西双版纳州、临沧市、大理州、楚雄州相连。普洱市有486千米国境线，与越南、老挝、缅甸接壤，总面积4.43万平方千米，居全省之首，是云南省面积最大的地州。北回归线横穿普洱市中部，垂直气候特点明显，普洱市生态条件优越，森林覆盖率高达71.18%，有“天然氧吧”的美誉；同时，资源丰富，有“动植物王国的王宫”之称。

2022年，普洱市地区生产总值1 072.97亿元，按可比价格计算，比上年增长3.1%。其中，第一产业增加值262.88亿元，比上年增长5.4%；第二产业增加值268.32亿元，比上年增长2.3%；第三产业增加值541.77亿元，比上年增长2.2%。三次产业结构为24.5∶25.0∶50.5。人均地区生产总值45 168元，比上年增长3.9%。非公经济增加值505.18亿元，比上年增长3.2%。

固定资产投资（不含农户）比上年增长5.7%。地方一般公共预算收入46.28亿元，扣除留抵退税因素后，同口径增长11.3%，按自然口径计算，则下降16.4%；地方一般公共预算支出308.70亿元，比上年下降10.1%。城镇居民人均可支配收入36 734元，比上年增长3.0%；农村居民人均可支配收入14 619元，比上年增长6.8%。

2022年末，全市金融机构人民币存款余额1 104.24亿元，同比增长4.1%；金融机构人民币贷款余额1 141.46亿元，比上年增长7.3%。2022年，普洱市全部工业增加值164.51亿元，比上年增长2.7%。社会消费品零售总额322.89亿元，比上年增长2.8%。按经营单位所在地分，城镇消费品零售额275.50亿元，比上年增长4.8%；乡村消费品零售额47.39亿元，比上年下降7.6%。

全市参加城镇职工基本养老保险32.86万人，参加城镇职工基本医疗保险24.04万人，参加城乡居民基本医疗保险216.30万人，参加失业保险14.99万人，参加工伤保险27.71万人。全市共有各种艺术表演团体16个，文化馆11个，公共图书馆11个，博物馆9个。全市共有医疗卫生机构实有病床18 215张，卫生技术人员19 752人。

“十四五”期间，普洱市应着力打造成为绿色经济示范区，创建全国碳达峰碳中和先行示范区，使绿色转型发展走在全省前列；打造兴边富民示范区，抓好乡村振兴示范园创建；打造国际生态旅游胜地，打造一批高端景区，进一步挖掘丰富多样的旅游资源。

## 八、临沧市

临沧市位于云南省西南部边境地区，与普洱市、大理州、保山市相邻，临沧市国境线长290.79千米，西南与缅甸交界，总面积2.36万平方千米。临沧市因濒临澜沧江而得名，是茶马古道上的重要节点。临沧市生态条件良好，四季恒春，年平均气温为18.5摄氏度，森林覆盖率为67.5%，空气优良率达100%。临沧市内分布着热带雨林、常绿阔叶林、落叶阔叶林等11种植被类型，有野生植物4 200多种，是滇西南生物多样性重点保护区域。

2022年，临沧市地区生产总值1 000.24亿元，比上年增长4.7%。其中，第一产业增加值307.33亿元，比上年增长5.0%；第二产业增加值261.81亿元，比上年增长7.7%；第三产业增加值431.10亿元，比上年增长2.7%。三次产业结构为30.7：26.2：43.1。

固定资产投资（不含农户）比上年增长16.8%，其中，第一产业投资增长315%，第二产业投资增长126.7%，第三产业投资下降

2.4%；民间固定资产投资增长79.9%，产业投资增长157.7%。非公经济增加值471.73亿元，比上年增长5%。地方财政总收入42.15亿元，比上年下降45.7%，其中，一般公共预算收入41.73亿元，比上年下降16.2%；一般公共预算支出246.01亿元，比上年增长10.1%。城镇居民人均可支配收入35 021元，比上年增长3.9%；农村居民人均可支配收入15 194元，比上年增长7%。

2022年末，金融机构人民币存款余额896.97亿元，比上年增长10.0%；金融机构各项人民币贷款余额775.36亿元，比上年增长11.0%。2022年，临沧市全部工业增加值156.33亿元，比上年增长6.5%。社会消费品零售总额384.13亿元，比上年增长3.5%。全市居民人均消费支出16 110元，比上年增长1.9%。其中，城镇居民人均消费支出21 997元，比上年下降3.7%；农村居民人均消费支出12 673元，比上年增长7.5%。

基本养老保险参保163.36万人，基本医疗保险参保228.61万人。全市有综合档案馆9个，文化馆10个，图书馆9个，博物馆4个。全市有卫生机构1 342个，卫生技术人员1.69万人，实有床位1.40万张。

“十四五”期间，临沧市应着力打造乡村振兴示范区，打造全国知名的品牌产品和一流的企业品牌；打造兴边富民示范区，提升强边固防能力，推进智慧边境建设；打造国家可持续发展示范区，抓好国家水电基地建设、可再生能源综合开发基地建设。

## 九、楚雄彝族自治州

楚雄彝族自治州位于云南省中北部滇中高原地区，与昆明市、玉溪市、普洱市、大理州、丽江市以及四川省毗邻，总面积2.84万平方千米。州政府驻楚雄市城区，距离省会昆明市152千米，与昆明市、曲靖市、玉溪市构成滇中城市群。楚雄州地处滇中干旱区，地形复杂多样，空气质量保持国家一级标准，年平均气温18.0摄氏度。楚雄州矿产资源丰富，生物资源多样，有五十多种较为名贵的药材，并有“全国核桃之乡”的美誉。

2022年，楚雄州地区生产总值1 763.42亿元，比上年增长6.7%。其中，第一产业增加值326.76亿元，比上年增长5.1%，拉动经济增长0.96个百分点；第二产业增加值773.59亿元，比上年增长10.9%，拉动经济增长4.49个百分点；第三产业增加值663.07亿元，比上年增长3.1%，拉动经济增长1.26个百分点。第一、第二、第三产业对生产总值增长的贡献率分别为14.3%、66.9%和18.8%。三次产业结构为18.5∶43.9∶37.6。全州人均地区生产总值7.40万元，比上年增长7.7%。非公有制经济增加值859.90亿元，比上年增长7.1%，占地区生产总值的48.8%。民营经济增加值909.55亿元，比上年增长7.3%，占地区生产总值的51.6%。

全年固定资产投资（不含农户）比上年增长17.5%。全年地方财政总收入180.14亿元，比上年下降12.2%。一般公共预算收入87.76亿元，比上年下降5.7%。一般公共预算支出283.74亿元，比上年下降4.5%。金融机构年末人民币存款余额1 557.47亿元，比年初增长7.9%，其中住户存款余额1 047.08亿元，比年初增长13.4%。金融机构年末人民币贷款余额1 299.41亿元，比年初增长12.0%。

城镇居民人均可支配收入4.39万元，比上年增长4.2%；农村居民人均可支配收入1.54万元，比上年增长7.2%。2022年，楚雄州全部工业增加值482.03亿元，比上年增长11.7%。社会消费品零售总额642.55亿元，比上年增长5.5%。按销售地区分，城镇实现508.70亿元零售总额，比上年增长3.6%；乡村实现133.84亿元零售总额，比上年增长13.5%。

楚雄州参加城乡居民基本养老保险155.27万人，参加基本医疗保险246.08万人，参加工伤保险29.59万人。全州共有公共图书馆11个，文化馆11个，博物馆8个，文管所11个，乡镇文化站103个。医疗卫生机构有床位1.92万张，卫生技术人员2.14万人。

“十四五”期间，楚雄州应着力打造滇中崛起增长极，打造绿色能源与绿色制造融合发展示范区；打造现代农业示范区，全面提升精深加工水平，打造地理标志产品；大力发展冷链物流，完善农村电商物流体系，打造云南省电子商务示范州。

## 十、红河哈尼族彝族自治州

红河哈尼族彝族自治州位于云南省南部，与文山州、玉溪市、普洱市、曲靖市相连，北与昆明市相靠，总面积3.29万平方千米。红河州资源禀赋优越，生态环境宜居，发展潜力巨大，是由中国陆路通往东盟的重要通道。红河州立体气候特征明显，是云南省农业大州，也是国家高原特色现代农业示范区；红河州野生动植物资源丰富，被誉为“滇南生物基因库”；红河州旅游资源丰富，“云上梯田·梦想红河”的品牌日益响亮。

2022年，红河州地区生产总值2 863.1亿元，比上年增长2.1%，经济总量继续保持全省第3位。固定资产投资比上年增长4.5%，居民消费价格指数比上年上涨1.5%。全州一般公共预算收入为136.52亿元，一般公共预算支出为485.46亿元。城乡居民人均可支配收入分别为41 993元、16 030元，分别比上年增长2.6%、6.6%。

全州经济社会发展持续恢复、企稳向好，弥勒、个旧、蒙自3个市获评全省“县域经济10强县”，建水县入选全省“县域跨越发展先进县”。2022年，红河州全部工业增加值775.5亿元，比上年增长0.1%。红河州社会消费品零售总额939.03亿元，比上年增长1.5%。

全州基本医疗保险参保435.22万人，基本养老保险参保293.05万人，失业保险参保25.50万人。全州共有公共图书馆14个，藏书233.49万册。有医疗卫生机构2 537个，专业卫生技术人员35 952人，医疗卫生机构床位35 386张。

2022年，中国（云南）自由贸易试验区红河片区（河口边合区）承担的147项国家和省级改革试点任务全部落地实施，累计上报省自贸办经验案例47项，占全省上报总数的50.5%，获得全省复制推广19项。创新全流程电子化边民互市结算"红河模式"，实现"跨境直通、电子批量"模式在全省的推广，跨境人民币结算量位居全省三片区之首。

"十四五"期间，红河州应着力打造世界一流"三张牌"示范区，建设现代农业示范区；打造沿边开放示范区，高标准建设自由贸易试验区，全面提升沿边开放水平；打造文旅深度融合示范区，推动全域旅游高端发展。

## 十一、文山壮族苗族自治州

文山壮族苗族自治州位于云南省东南部地区，与红河州、曲靖市毗邻，与广西接壤，与越南接界，国境线长438千米，总面积3.15万平方千米。文山州是中药材三七的原产地和主产地，有"世界三七之乡"的美誉。

2022年，文山州地区生产总值1 405.39亿元，按不变价格计算，同比增长6.2%，增速比全国高3.2个百分点，比全省高1.9个百分点，排全省第3位，较上年上升4位。全州实现财政总收入91.75亿元，地方一般公共预算收入57.58亿元，地方一般公共预算支出363.32亿元，比上年增长4.6%，增速排全省第6位。

截至2022年12月末，金融机构人民币存款余额为1 360.72亿元。城镇居民人均可支配收入37 817元，比上年增长2.7%；农村居民人均可支配收入14 145元，比上年增长6.8%。2022年，文山州工业增加值329.20亿元，占地区生产总值的23.4%。社会消费品零售总额612.56亿元，比上年增长0.7%。网络零售额144.96亿元，比上年增长14.64%。

绿色铝实现工业产值421.43亿元，锌铟钨实现工业产值100余亿元，有色金属冶炼和压延加工业增加值同比增长63.9%，对规模以上工业增加值贡献率达80.5%，在全州工业行业中排名第一。举办“中国绿色铝谷论坛”，落地绿色铝产能343万吨，建成产能280万吨，签约和落地精深加工项目21个，累计生产电解铝192.48万吨、铝合金51.93万吨、氧化铝140万吨，绿色铝综合产值437.25亿元，比上年增长178.47%。砚山县、富宁县入选省新型工业化示范基地。以三七为主的生物医药产业综合产值300亿元，比上年增长15%。

“十四五”期间，文山州应推动绿色铝产业深加工、全产业链集群式发展，不断降低综合能耗，着力打造“中国铝谷”核心区；打造世界“三七之都”，抓好三七等中药材基地建设，打造现代农业示范区。

## 十二、西双版纳傣族自治州

西双版纳傣族自治州，首府景洪市，北部与普洱市相邻，南部与老挝、缅甸接壤，国境线长966.3公里，总面积1.91万平方千米。西双版纳州是我国热带生态系统保存最完整的区域，森林覆盖率达80%，有“北回归线上的绿宝石”之称。西双版纳州现有胶园28.67万公顷，是全国第二大天然橡胶生产基地；现有水果种植园面积2万多公顷，是热带水果盛产地。

2022年，西双版纳州地区生产总值721.39亿元，比上年增长4.3%。其中，第一产业增加值165.72亿元，比上年增长4.9%；第二产业增加值189.66亿元，比上年增长6.5%；第三产业增加值366.01亿元，比上年增长3.0%。三次产业结构为23.0：26.3：50.7。全年人均生产总值55 194元，比上年增长4.1%。全员劳动生产率为93 921元/人，比上年提高5.6%。非公有制经济增加值394.32亿元，比上年增长2.0%，占地区生产总值的54.7%。

城镇居民人均可支配收入37 800元，比上年增长4.3%；农村居民人均可支配收入18 283元，比上年增长6.9%。2022年，西双版纳州工业增加值93.7亿元，比上年增长4.1%。社会消费品零售总额271.59亿元，比上年下降2.4%。按经营地统计，城镇消费品零售额224.79亿元，比上年下降2.7%；乡村消费品零售额46.80亿元，比上年下降1.0%。

参加城乡居民基本养老保险48.93万人，参加城镇职工基本医疗保险19.94万人，参加城乡居民基本医疗保险82.73万人。全州共有公共图书馆4个，文化馆4个，博物馆3个，乡镇文化站44个。全州共有医疗卫生机构771个，卫生技术人员12 299人，医疗卫生机构有床位9 046张。

2022年5月26—27日，西双版纳州与昆明市共同建设磨憨国际口岸城市工作会议召开，昆明市全面、整体、长期托管磨憨镇的工作全面启动。2022年7月，西双版纳州获评“中国最美绿色休闲旅游名城”和“中国最美康养度假旅游名城”荣誉称号。

“十四五”期间，西双版纳州应着力打造以热带雨林为依托、康养旅居为特色的世界旅游名城，稳妥推进国家公园的创建；打造碳中和示范城市，抓实绿色低碳发展；积极推进中老经济走廊建设，依托中老铁路，全面提升沿边开放水平。

## 十三、大理白族自治州

大理白族自治州位于云南省西部，与楚雄州、普洱市、临沧市、保山市、怒江州、丽江市相连，是滇西重镇、滇西枢纽。州政府驻地大理市下关，距省会昆明市338千米，总面积2.95万平方千米。大理州境内矿产种类较多，大理石蕴藏量丰富，森林覆盖率达61.22%。大理州风光秀丽，气候宜人，有丰富的旅游资源，全州旅游景点达130多处。

2022年，大理州实现地区生产总值1 699.6亿元。其中，第一产业增加值379.3亿元，比上年增长4.8%；第二产业增加值477.1亿元，比上年增长0.1%；第三产业843.2亿元，比上年增长2.4%。三次产业结构为22.3：28.1：49.6。全州人均地区生产总值51 010元，比上年增长2.3%。一般公共预算收入80.0亿元，比上年增长3.6%；一般公共预算支出343.0亿元，比上年增长13.3%。

规模以上固定资产投资913.5亿元，比上年下降2.3%。非公有制经济增加值827.6亿元，比上年增长2.3%，占全州地区生产总值的48.7%。2022年末，全州金融业增加值81.7亿元，比上年增长2.4%；金融机构人民币各项存款余额2 182.9亿元，比上年增长7.1%；金融机构人民币各项贷款余额2 122.3亿元，比上年增长7.6%。全州保险保费收入49.5亿元，比上年增长4.3%。

城镇、农村居民人均可支配收入分别为42 726元、15 991元，分别比上年增长2.4%、6.4%。2022年，大理州工业增加值334.8亿元，比上年增长2.0%。社会消费品零售总额663.8亿元，比上年增长1.9%。分经营地看，城镇消费品零售额541.8亿元，比上年增长2.2%；乡村消费品零售额122.0亿元，比上年增长0.7%。

全州参加城镇职工基本养老保险45.5万人，参加城乡居民基本养老保险191.9万人，参加失业保险18.8万人，参加工伤保险30.4万人。

全州共有公共图书馆13个，乡镇文化站112个，村（社区）级综合文化服务中心1 157个。全州有医疗机构2 105个，拥有床位23 575张，卫生技术人员28 667人。

“十四五”期间，大理州应着力打造世界级的文旅产业，制定高水平国际旅游名城规划，加快推进康旅项目建设，全面推进智能化旅游；打造世界级的田园综合体和国家级乡村振兴示范园，打造具有影响力的绿色食品名牌产品，推进苍山洱海一体化保护治理工程。

## 十四、德宏傣族景颇族自治州

德宏傣族景颇族自治州位于云南省西部，与保山市毗邻，与缅甸接壤，国境线长达503.8千米，总面积1.12万平方千米，是中国对缅交流交往的重要之地。德宏州政府驻地芒市，距离昆明市649千米，是中国的咖啡之乡，被誉为“孔雀之乡”，是云南省四大旅游景区之一。德宏州正着力推进瑞丽国家重点开发开放试验区和中国（云南）自由贸易试验区德宏片区的建设。

2022年，德宏州地区生产总值587.12亿元，比上年增长3.9%。其中，第一产业增加值126.02亿元，比上年增长5.0%；第二产业增加值121.23亿元，比上年增长4.5%；第三产业增加值339.87亿元，比上年增长3.2%。三次产业结构为21.5∶20.6∶57.9。人均地区生产总值44 530元，比上年增长3.8%。民营经济增加值363.01亿元，比上年增长3.1%，占全州地区生产总值的61.8%，下降0.6个百分点。

全州地方财政总收入38.04亿元，比上年下降46.2%。地方一般公共预算收入29.30亿元，按自然口径计算下降36.6%，扣除留抵退税因素后，比2021年同口径下降22.0%；地方一般公共预算支出

184.06亿元，比上年下降5.9%。2022年，德宏州全部工业增加值73.89亿元，比上年增长3.5%。社会消费品零售总额276.28亿元，比上年下降4.3%。其中，城镇消费品零售额233.63亿元，比上年下降4.3%；乡村消费品零售额42.57亿元，比上年下降4.9%。

城镇职工基本养老保险参保18.27万人，城乡居民基本养老保险参保60.97万人，参加失业保险7.45万人，城镇职工基本医疗保险参保14.54万人，城镇居民基本医疗保险参保107.73万人，参加工伤保险15.73万人。全州共有文化馆7个，文物管理所6个，公共图书馆8个。全州有医疗卫生机构573个，医疗卫生机构床位10 123张，医疗卫生机构技术人员11 219人。

“十四五”期间，德宏州应着力打造乡村振兴示范区，巩固拓展脱贫攻坚成果；打造沿边开放示范区，建设边境立体化防控体系，筑牢边境安全屏障，推动边境贸易创新发展；打造民族团结进步示范区，铸牢中华民族共同体意识。

## 十五、怒江傈僳族自治州

怒江傈僳族自治州位于云南省西北部，与西藏察隅县，及迪庆州、丽江市、大理州、保山市相连，与缅甸接壤。国境线总长达449.47千米，总面积为1.47万平方千米。怒江州是中国唯一的傈僳族自治州，因怒江由北向南纵贯全境而得名。怒江州森林覆盖率为75.31%，拥有“三江并流”的世界自然遗产，自然和人文旅游资源都十分丰富。

贡山县被授予“中国天然氧吧”称号，泸水市被命名为“云南省美丽县城”，其4个乡镇（街道）、2个村（社区）获云南省绿美乡镇、绿美村庄称号，成功申报3个国家级传统村落。

2022年，怒江州地区生产总值249.93亿元，同比增长3.6%。其中，第一产业增加值39.3亿元，比上年增长5%；第二产业增加值94.62亿元，比上年增长2.9%；第三产业增加值116.01亿元，比上年增长3.6%。三次产业结构为15.7：37.9：46.4。

固定资产投资增长4.9%，规模以上工业总产值增长9.8%。地方财政一般公共预算收入15.03亿元，同口径增长5.8%；地方一般公共预算支出134.27亿元，同比增长4.3%。城镇居民人均可支配收入30 638元，比上年增长3.4%；农村居民人均可支配收入9 271元，比上年增长7.8%。怒江州规模以上工业总产值102.14亿元，同比增长9%。社会消费品零售总额41.39亿元，同比增长3.3%。

全州养老保险参保38.26万人，参加工伤保险7.03万人，参加失业保险3.22万人，参加基本医疗保险参保54.09万人，参加城乡居民基本医疗保险48.61万人。全州共有文化馆5个，公共图书馆5个，乡（镇）文化站31个。全州共有356个卫生医疗机构，拥有床位4 111张，卫生人员5 058人。

“十四五”期间，怒江州应着力打造生物多样性保护核心区，建设高黎贡山国家公园；打造世界级高山峡谷旅游胜地，发展全域旅游，打响国际大峡谷旅游品牌；大力发展绿色香料、山地牧业等特色产业，走出具有特色的绿色农业发展之路。

## 十六、迪庆藏族自治州

迪庆藏族自治州位于云南省西北部，是全省海拔最高的地方，是滇、川、藏三省交界之处，全州总面积2.32万平方千米。迪庆州有澜沧江和金沙江自北向南贯穿全境，全州水资源丰富，具有宜农、宜牧的良好环境。迪庆州是“三江并流”水资源最富集的地方，全州水资源总量为119.7亿立方米，可利用量达95.7亿立方米，水能资源开发潜力巨大。迪庆州已初步建成以“香格里拉”品牌为核心，以“三江并流”世界自然遗产为范围，以藏文化为主的以多民族文化相互融合为特征的旅游开发框架。

2022年，迪庆州地区生产总值303.36亿元，按可比价计算（下同），同比增长1.3%。其中，第一产业增加值20.11亿元，比上年增长4.9%；第二产业增加值111.97亿元，比上年下降1.7%；第三产业增加值171.29亿元，比上年增长2.7%。全年民营经济增加值135.37亿元，占地区生产总值的44.6%。人均地区生产总值77 785元，比上年增长3%。三次产业结构为6.6∶36.9∶56.5。

固定资产投资总额（不含农户）280.50亿元，比上年增长4.4%。农村居民人均可支配收入12 303元，比上年增长8.5%；城镇居民人均可支配收入43 898元，比上年增长3.5%。迪庆州全部工业增加值72.68亿元，比上年下降5.3%。社会消费品零售总额74.00亿元，比上年增长6.2%。

迪庆州参加城镇职工基本养老保险50 654人，参加失业保险33 209人，参加城乡基本养老保险21.04万人；参加城镇职工基本医疗保险54 700人，参加城乡居民基本医疗保险30.51万人。全州共有公共图书馆4个，博物馆3个，文化馆4个，乡镇文化站29个，村（社区）综合性文化服务中心197个。全州有卫生机构305个，卫生机构有床位2 321张，卫生技术人员3 386人。

“十四五”期间，迪庆州应实现巩固脱贫攻坚成果与乡村振兴的有效衔接，全面实施乡村建设行动；着力打造民族团结进步示范区的标杆，以铸牢中华民族共同体意识为主线，加快推进民族团结进步；提升旅游智慧化水平，打造一批高A级景区，大力发展全域旅游。

## 十七、各地州经济排名分析

2022年，云南省全省实现生产总值28 954.20亿元，同比增长6.6%。云南省16个地州生产总值见表4-12。生产总值最高的始终是省会昆明市，且其绝对值几乎是位于第二位的曲靖市的两倍。2017年至2022年之间，各地州生产总值前三名排名不变，昆明市排名第一，曲靖市排名第二，红河州排名第三。

从经济总量看，2022年，昆明、曲靖、红河、玉溪共4个地州的生产总值超过两千亿元，而2017年时，仅有昆明一地。从2017年和2022年的排名看，大部分地州的位次没有发生变化，仅楚雄州和丽江市的位次上升一名，大理州和德宏州的位次下降一名。

表4-12　2017—2022年云南省各地州生产总值

| 2017年排名 | 2022年排名 | 地区 | 2017年生产总值（亿元） | 2018年生产总值（亿元） | 2019年生产总值（亿元） | 2020年生产总值（亿元） | 2021年生产总值（亿元） | 2022年生产总值（亿元） |
|---|---|---|---|---|---|---|---|---|
| — | — | 全省 | 18 486.00 | 20 880.63 | 23 223.75 | 24 555.72 | 27 161.62 | 28 954.20 |
| 1 | 1 | 昆明 | 4 857.64 | 5 206.89 | 6 475.88 | 6 733.79 | 7 222.50 | 7 541.37 |
| 2 | 2 | 曲靖 | 1 941.12 | 2 013.35 | 2 637.59 | 2 959.35 | 3 393.91 | 3 802.20 |
| 4 | 4 | 玉溪 | 1 415.14 | 1 493.03 | 1 949.71 | 2 058.14 | 2 352.30 | 2 520.57 |
| 9 | 9 | 保山 | 678.94 | 738.14 | 960.68 | 1 052.58 | 1 165.54 | 1 262.44 |
| 7 | 7 | 昭通 | 832.45 | 889.54 | 1 194.20 | 1 288.74 | 1 462.06 | 1 541.02 |
| 14 | 13 | 丽江 | 339.48 | 350.76 | 472.51 | 512.75 | 570.49 | 620.10 |
| 10 | 10 | 普洱 | 624.59 | 662.47 | 875.28 | 945.42 | 1 029.15 | 1 072.97 |
| 11 | 11 | 临沧 | 604.06 | 630.01 | 759.26 | 821.32 | 908.48 | 1 000.24 |
| 6 | 5 | 楚雄 | 937.37 | 1 024.32 | 1 251.90 | 1 372.16 | 1 608.12 | 1 763.42 |
| 3 | 3 | 红河 | 1 478.57 | 1 593.76 | 2 211.99 | 2 417.48 | 2 742.12 | 2 863.08 |
| 8 | 8 | 文山 | 809.11 | 859.06 | 1 081.60 | 1 185.12 | 1 298.77 | 1 405.39 |
| 12 | 12 | 西双版纳 | 393.84 | 417.78 | 568.09 | 604.18 | 676.15 | 721.39 |
| 5 | 6 | 大理 | 1 066.55 | 1 122.44 | 1 374.93 | 1 484.04 | 1 632.99 | 1 699.62 |
| 13 | 14 | 德宏 | 356.97 | 381.06 | 513.66 | 575.54 | 556.21 | 587.12 |
| 16 | 16 | 怒江 | 141.50 | 161.56 | 192.51 | 210.73 | 234.11 | 249.93 |
| 15 | 15 | 迪庆 | 198.65 | 217.52 | 251.20 | 266.94 | 293.27 | 303.36 |

2022年，云南省人均地区生产总值61 716元，同比增长6.9%。云南省16个地州人均地区生产总值见表4-13。2017年至2022年之间，各地州人均地区生产总值排名有明显变化。其中，昆明市人均地区生产总值排名由2017年的第一名降至2022年的第二名，玉溪市人均地区生产总值排名由2017年的第二名升至2022年的第一名，第三名始终是迪庆州，保持不变。

2017年至2022年之间，人均地区生产总值排名上升的地州有：玉溪、曲靖、保山、普洱、红河、怒江。排名保持不变的地州有：迪庆、楚雄、丽江、临沧、文山、昭通。

表4-13　2017—2022年云南省各地州人均地区生产总值

| 2017年排名 | 2022年排名 | 地区 | 2017年人均地区生产总值（元） | 2018年人均地区生产总值（元） | 2019年人均地区生产总值（元） | 2020年人均地区生产总值（元） | 2021年人均地区生产总值（元） | 2022年人均地区生产总值（元） |
|---|---|---|---|---|---|---|---|---|
| — | — | 全省 | 39 458 | 44 446 | 49 323 | 52 047 | 57 717 | 61 716 |
| 1 | 2 | 昆明 | 71 906 | 76 387 | 93 853 | 80 586 | 85 146 | 88 193 |
| 6 | 5 | 曲靖 | 31 806 | 32 798 | 42 772 | 51 244 | 59 194 | 66 373 |
| 2 | 1 | 玉溪 | 59 510 | 62 641 | 81 667 | 91 290 | 104 780 | 111 579 |
| 11 | 8 | 保山 | 26 058 | 28 168 | 36 548 | 43 200 | 48 074 | 52 438 |
| 16 | 16 | 昭通 | 15 119 | 15 987 | 21 255 | 25 255 | 28 932 | 30 935 |
| 10 | 10 | 丽江 | 26 368 | 27 128 | 36 369 | 40 841 | 45 475 | 49 768 |
| 14 | 12 | 普洱 | 23 821 | 25 170 | 33 097 | 39 172 | 43 007 | 45 168 |
| 13 | 13 | 临沧 | 23 942 | 24 892 | 29 926 | 36 213 | 40 458 | 44 723 |
| 4 | 4 | 楚雄 | 34 192 | 37 303 | 45 499 | 56 433 | 66 893 | 74 046 |
| 7 | 6 | 红河 | 31 479 | 33 706 | 46 475 | 53 925 | 61 524 | 64 768 |
| 15 | 15 | 文山 | 22 299 | 23 568 | 29 528 | 33 798 | 37 391 | 40 748 |

续表

| 2017年排名 | 2022年排名 | 地区 | 2017年人均地区生产总值（元） | 2018年人均地区生产总值（元） | 2019年人均地区生产总值（元） | 2020年人均地区生产总值（元） | 2021年人均地区生产总值（元） | 2022年人均地区生产总值（元） |
|---|---|---|---|---|---|---|---|---|
| 5 | 7 | 西双版纳 | 33 490 | 35 286 | 47 659 | 46 619 | 51 812 | 55 194 |
| 8 | 9 | 大理 | 29 846 | 31 251 | 38 095 | 44 346 | 49 046 | 51 302 |
| 9 | 14 | 德宏 | 27 427 | 29 033 | 38 914 | 43 817 | 42 233 | 44 530 |
| 12 | 11 | 怒江 | 25 940 | 29 375 | 34 686 | 38 141 | 42 297 | 45 441 |
| 3 | 3 | 迪庆 | 48 334 | 52 669 | 61 690 | 68 711 | 75 488 | 77 785 |

## 第三节　昆明市经济形势分析

作为云南省的省会城市，昆明市在2022年的生产总值达到7 541.37亿元，比2021年增长3.0%。2019年，昆明市的地区生产总值总量位于西部省会城市中的第3位，位于全国27个省会城市的第12位，比2018年的位次跃进了5位。2022年，昆明市的地区生产总值总量位于全国27个省会城市的第13位。2022年，昆明市的地区生产总值总量位于全国地区生产总值百强城市的第33位。

### 一、综合经济发展

昆明市地区生产总值由2017年的4 857.64亿元增长至2022年的7 541.37亿元（如图4-1所示），人均地区生产总值由2017年的71 906元增长至88 193元，涨幅明显。地区生产总值增长速度稳中有降，2017年至2019年增速均高于6%，由于受新冠肺炎疫情影响，2019年增速回落至2.3%。2017年，三次产业结构之比为4.3：38.4：57.3，2022年，三次产业结构之比调整为4.3：32.0：63.7，第三产业占比逐年上升，产业结构持续优化，产业特色更加鲜明，昆明市的优势产业竞争力不断增强。

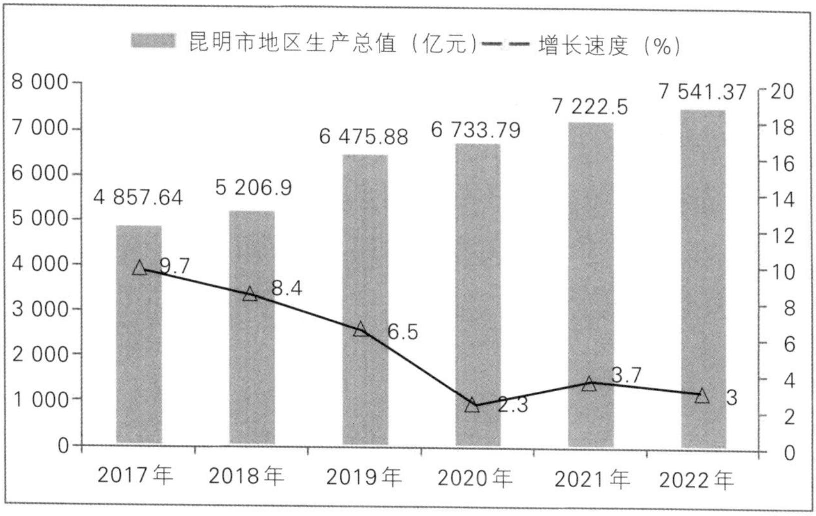


**图4-1　2017—2022年昆明市地区生产总值及增长速度**

## 二、工业及建筑业发展

昆明市全部工业增加值由2017年的1 159.20亿元增长至2022年的1 652.25亿元，规模以上工业增加值的增速由2017年的10.4%下降至2022年的3%（如图4-2所示）。其中，2017年增速为10.4%，2018年增速为14%，昆明市该指标增速连续两年名列前茅，在全国省会城市中排名第一，由于受新冠肺炎疫情影响，2020年增速降至0.9%，疫情过后增速稳步回升。2017至2022年，规模以上工业企业的资产负债率由55.10%下降为54.5%，每百元主营业务收入中的成本由81.28元上升为82.66元。

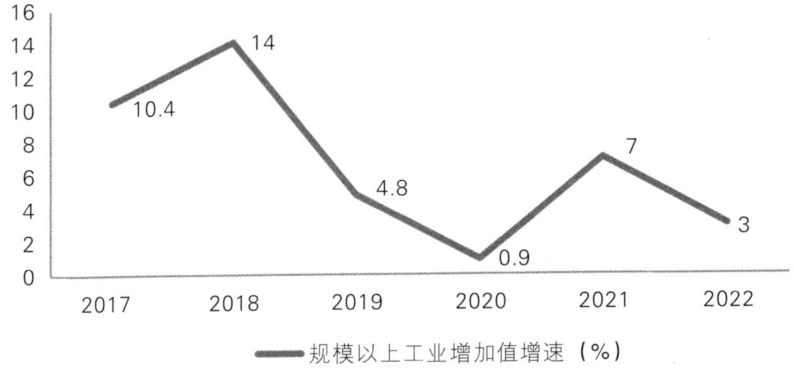


**图4-2　2017—2022年昆明市规模以上工业增加值增速**

昆明市建筑业实现总产值由2017年的2 945.82亿元增长至2022年的4 055.97亿元，保持了较大的涨幅。建筑业企业房屋建筑施工面积由2017年的10 132.03万平方米下降至2022年的7 420.20万平方米。

## 三、固定资产投资

昆明市固定资产投资（不含农户）增速总体呈现下降趋势，由2017年的增长7.6%降低至2022年的下降3.1%（如图4-3所示）。分

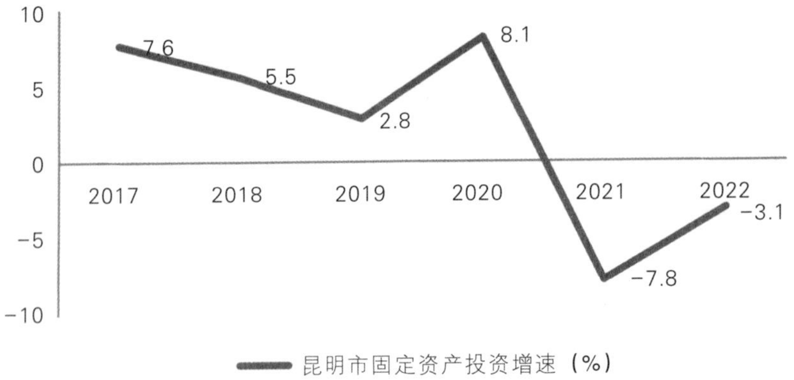


**图4-3　2017—2022年昆明市固定资产投资（不含农户）增速**

产业看，第一产业投资增长111.2%，第二产业投资增长41.1%，第三产业投资下降10.5%。从重点领域看，工业投资增长41.4%，基础设施投资增长22.4%，房地产投资下降30.8%。从重点行业看，农业投资增长116.7%，水利投资增长73.8%，教育投资增长78.1%，交通投资增长1.4%，文化投资增长155.2%，商贸投资增长24.7%。

## 四、国内贸易和对外经济

昆明市社会消费品零售总额由2017年的2 590.95亿元增长至2022年的3 385.26亿元，受新冠肺炎疫情影响，2020年，昆明市社会消费品零售总额出现负增长，其他年份基本保持稳定增长。2022年，按经营地统计，城镇消费品零售额3 178.32亿元，比上年增长0.0%；乡村消费品零售额206.94亿元，比上年增长0.2%。按消费类型统计，商品零售额2 779.59亿元，比上年下降0.1%；餐饮收入605.67亿元，比上年增长0.1%（如图4-4所示）。

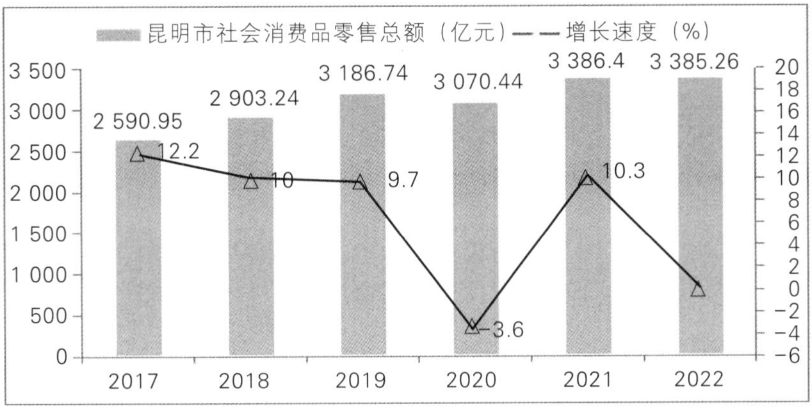


图4-4　2017—2022年昆明市社会消费品零售总额及增长速度

2017年，昆明市海关进出口贸易总额78.3亿美元，2022年该指标为300.7亿美元，进出口贸易总额保持较大幅度的增长，但进出口占比有明显变化（如图4-5所示）。2017年，出口占进出口总额的37.6%，进口占比为62.4%。而2022年，出口占进出口总额的47.4%，进口占比为52.6%。坚持对外开放，是经济实现快速发展的重要前提，也是经济实现高质量发展的必然要求。昆明市先后出台了多个文件，以增强昆明市的创新驱动力，加快构建开放型的经济发展新格局。

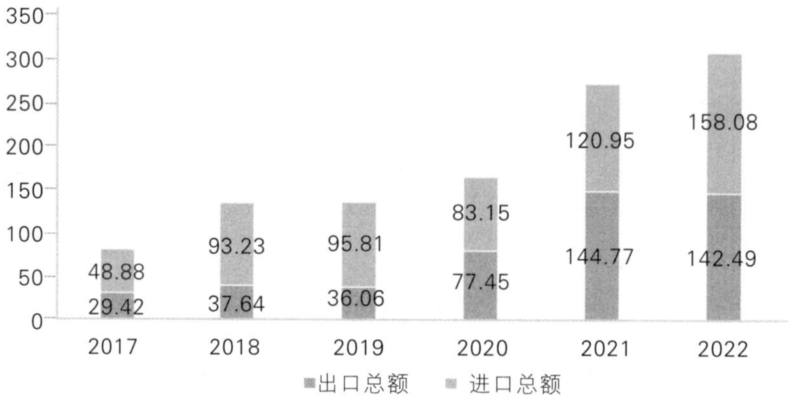


图4-5　2017—2022年昆明市海关进出口贸易总额（亿美元）

## 五、金融业发展

昆明市2017年末金融机构（含外资）人民币各项存款余额13 466.56亿元，比上年增长6.4%。2022年末，金融机构（含外资）人民币各项存款余额17 740.70亿元，比年初增长9.8%（如图4-6所示）。

昆明市2017年末金融机构（含外资）人民币各项贷款余额14 789.35亿元，比上年增长9.4%。2022年末，金融机构（含外资）人民币各项贷款余额23 867.98亿元，比年初增长9.2%（如图4-7所示）。

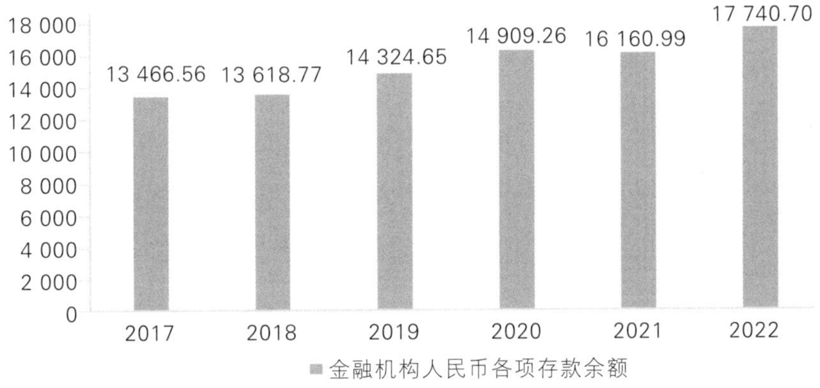


**图4-6 2017—2022年昆明市金融机构（含外资）人民币各项存款余额（亿元）**

**图4-7 2017—2022年昆明市金融机构（含外资）人民币各项贷款余额（亿元）**

## 六、教育科技发展

2017年末，昆明市有普通高等院校49所，在校生50.35万人。普通中学314所，在校生32.72万人。普通小学755所，在校生48.57万人。普通初中毛入学率达114.14%。高中阶段毛入学率达93.52%。2022年末，昆明市有普通高等院校52所，在校生77.72万人。普通中学349所，在校生37.24万人。普通小学717所，在校生55.15万人。普通初中毛入学率达104.42%。高中阶段毛入学率达98.84%。

2017年，昆明市受理专利申请16 925件，获专利授权8 217件，有效发明专利拥有量为7 557件。2022年，昆明市获专利授权24 822件，有效发明专利拥有量为17 134件。

## 七、人民生活水平

居民收入的增长能够体现经济的高质量发展。昆明市2017年城镇常住居民人均可支配收入39 788元，2022年城镇常住居民人均可支配收入53 832元，这一期间增长了35.30%；昆明市2017年农村常住居民人均可支配收入13 698元，2022年农村常住居民人均可支配收入20 722元，这一期间增长了51.28%（如图4-8所示）。农村常住居民人均可支配收入增长速度高于城镇常住居民。

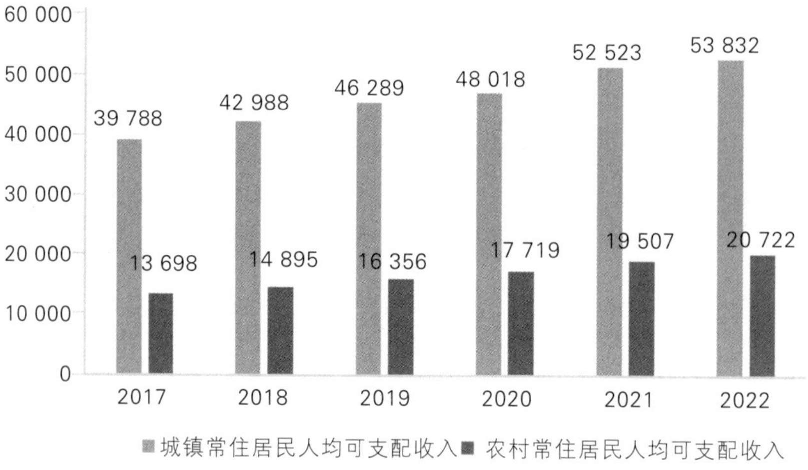


**图4-8　2017—2022年昆明市居民人均可支配收入（亿元）**

昆明市2017年末参加城镇职工基本养老保险157.23万人，2022年参加城镇职工基本养老保险253.88万人，期间增长了61.47%。2017年，共有8.0万人享受城市居民最低生活保障，10.42万人享受农村居民最低生活保障，而2022年末，享受城市居民最低生活保障人数为4.49万人，享受农村居民最低生活保障人数为5.96万人。享受低保人数大幅下降，说明脱贫攻坚战取得可喜成绩。

### 八、卫生医疗发展

2017年，昆明市共有卫生机构4 823个，卫生技术人员7.60万人，医疗卫生机构实有病床6.09万张。2022年，昆明市共有卫生机构5 818个，卫生技术人员9.88万人，医疗卫生机构实有病床6.65万张。卫生机构数增长20.63%，卫生技术人员数增长30%，医疗卫生机构实有病床数增长9.20%，可见卫生系统人才数量增长较快。

### 九、资源环境和安全

2017年，昆明市主城区空气质量优良天数达到360天，空气质量优良率达到98.6%。2022年，昆明市主城区空气质量优良天数达到365天，空气质量优良率达到100%，空气质量始终保持较高水平。2017年，昆明市完成营造林3.80万公顷，义务植树1 182万株。2022年，昆明市完成营造林3.69万公顷，义务植树1 205万株，生态环境得到进一步改善。优越的生态资源环境为昆明市经济的高质量发展奠定了基础。2017年，昆明市亿元地区生产总值生产安全事故死亡率为0.08。2022年，昆明市亿元地区生产总值生产安全事故死亡率下降至0.03，安全生产工作取得一定成效。

从以上2017年至2022年昆明市的经济发展数据可以看出，昆明始终保持较快的发展速度，同时保持了较高的发展质量。作为云南省的省会城市以及滇中城市群核心城市，昆明市是支撑云南省经济高质量发展的重要力量，也是辐射带动云南省其他地州高质量发展的核心力量。

第五章

# 高质量发展评价指标体系构建

# 第一节　指标体系概述

指标体系是指由若干个反映社会经济现象总体数量特征的相对独立又相互联系的统计指标所组成的有机整体。社会经济现象往往是复杂多变的，使用一个指标只能反映总体某一个方面的特征，很难说明总体的全貌。因此，在进行社会经济现象评价时，通常使用多个相对独立又有联系的指标组成一个统一的整体，这个有机整体就是指标体系。

## 一、指标体系的分类

指标体系主要有三种分类形式：单层指标体系、树形多层指标体系和非树形多层指标体系。

（一）单层指标体系

除总目标外，单层指标体系只有一层指标层，每个指标直接对总目标进行解释和说明。单层指标体系是最简单的指标体系，一般适用于简单社会经济现象的解释。单层指标体系结构图如图5-1所示。

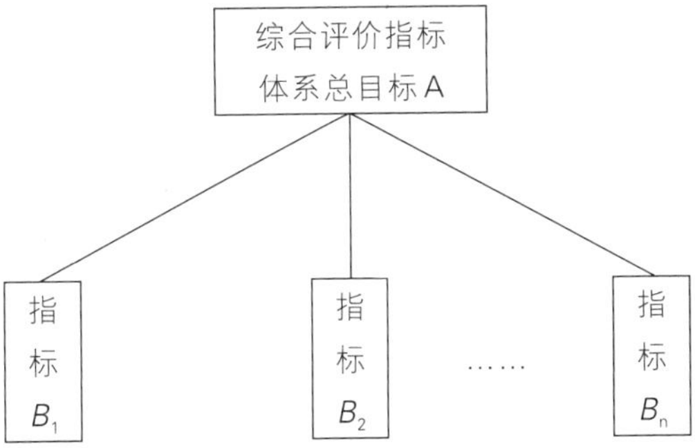


**图5-1　单层指标体系结构图**

（二）树形多层指标体系

除总目标外，树形多层指标体系含有两个或者两个以上的指标层。属于同一层次的不同指标之间是并列的关系，而且下一层的指标只属于上一层指标中的一个。如图5-2所示，整个指标体系呈现出树形结构。一般情况下，所研究问题的复杂程度决定了树形指标体系的层数，研究问题越复杂，树形指标体系的层数越多。

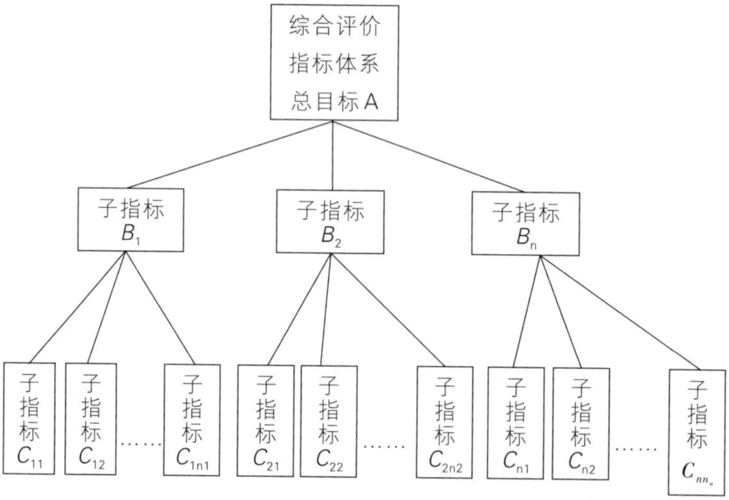


**图5-2　树形多层指标体系结构图**

（三）非树形多层指标体系

非树形多层指标体系是指标体系中最为复杂的一种形式。除总目标外，非树形多层指标体系含有两个或者两个以上的指标层。属于同一层次的不同指标之间也是并列的关系，但是与树形多层指标体系不同的是，非树形多层指标体系下一层的指标可以隶属于上一层的多个指标。社会经济现象是复杂多变的，因此实践中非树形多层指标体系与实际情况更为贴近。非树形多层指标体系结构图如图5-3所示。

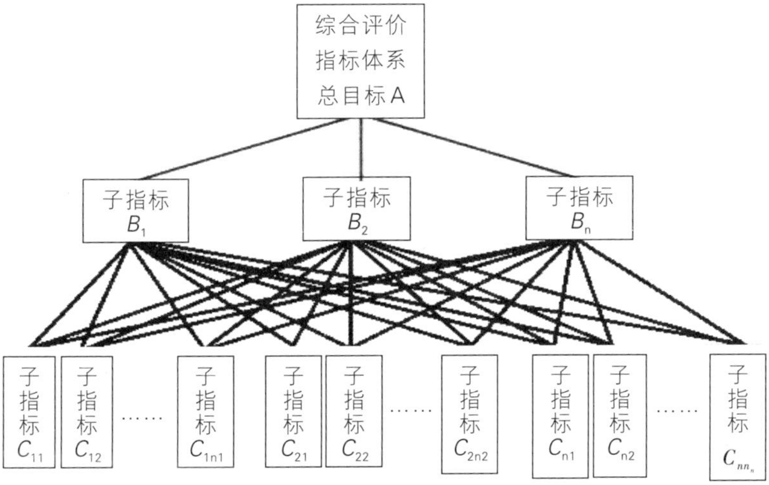


**图 5-3　非树形多层指标体系结构图**

根据云南省经济高质量发展的实际情况，结合数据的可得性，本研究选择树形多层指标体系的构建方式，构建了高质量发展评价指标体系。

## 二、指数的编制过程

在评价指标体系时，评价指标通常有几十个，一般情况下，每个指标的重要性程度各不相同。因此，在指数的编制过程中，通常要对每个指标赋予不同的权数进行加权处理。指数的编制过程如下：

（一）筛选指标

在评价指标体系建立的初期，首先要考察评价对象，根据研究内容，初选评价指标。

（二）完善指标

进行数据的搜集时，要剔除数据不可得的指标，对指标的完善性进行判断，扩充、删除、修改指标，确定好指标体系中所涉及的各项指标。

（三）构建指标体系

根据选取的指标体系进一步搜集数据、整理数据，进行必要的数据推算，对数据进行标准化，进而构建完善的指标体系。

（四）确定权数

确定权数的方法有很多种，通常有经验判断法、层次分析法、专家打分法、熵权法等。

（五）计算总指数

根据对各指标的整理分析后的数据，结合每个指标不同的权数，进行加权汇总，最终计算出评价对象的总指数，并根据总指数的具体数值进行排名，进而得出分析的结论。

## 第二节 经济发展特色指数

经济发展的景气度与国家地区的经济兴衰以及民生情况息息相关，因此关于经济发展的特色指数层出不穷，本节选取一些比较有代表性的特色指数进行简单介绍。

### 一、克强指数

克强指数（Li keqiang index）是2010年末由英国著名杂志《经济学人》推出，以时任中国国务院副总理李克强的名字命名，主要用于评价中国GDP增长量的一种经济发展指数。克强指数主要包括三项指标，分别是工业用电量、银行已放中长期贷款余额和铁路货运量。克强指数计算公式如下：

$$\text{克强指数}=\frac{\text{工业用}}{\text{电量增速}}\times 40\%+\frac{\text{银行已放中长期}}{\text{贷款余额增速}}\times 35\%+\frac{\text{铁路货}}{\text{运量增速}}\times 25\%$$

克强指数中涉及的三项指标几乎不存在作假的可能性，因此数据比较可靠，这也是有些机构会舍弃官方的GDP数据而选择克强指数来反映经济发展情况的原因。克强指数能够比较精确地反映经济运行现状：工业用电量反映工业生产的活跃情况；银行已放中长期贷款余额反映市场对当前经济运行的信心；铁路货运量则反映经济运行的效率。

该指数也存在一定的缺陷，从指数计算所选择的三项指标可以看出，克强指数主要反映的是工业发展的现状，这与该指数的提出是在李克强总理认为辽宁省以工业生产为主的背景下有着密切联系，随着我国第三产业占比的不断提高，该指数不能全面反映整个国家经济发展状况的问题逐渐显现。

2015年，李克强总理亲自修正“克强指数”，新增了三项指标，分别是就业、居民收入和单位能耗等环保指标。“克强指数”变为“新克强指数”，一方面说明我国经济结构发生了变化；另一方面印证了我国经济进入新常态的新发展阶段，同时也反映了决策思想不断与时俱进。

## 二、榨菜指数

“榨菜指数”是根据涪陵榨菜这一畅销全国的产品在各地区销售份额变化的情况，从而对人口流动趋势进行推断的一种理论。涪陵榨菜是一种低值易耗品，收入的增长对于榨菜这一商品的消费几乎没有任何影响。2009年至2012年，榨菜在华中地区、西北地区的销售份额逐年上升，与该地区的农民工回流增长的情况相吻合。又如华南地区，涪陵榨菜的销售份额由2007年约50%下降至2011年的30%，这一数据表明在2007至2011年华南地区的人口流出速度非常快。

改革开放以来，我国沿海发达地区低附加值的加工制造业吸引了大批农民，随着中国经济的发展进入结构转型和产业升级的新阶段，沿海发达地区的新兴行业越来越多地使用新技术，使用人工智能，即以这种“机器换人”的方式代替了传统的劳动力。因此，出现了农民工回流中西部地区的情况。通过“榨菜指数”所反映的涪陵榨菜销售份额的变化可以在一定程度上反映农民工的流动趋势，该指数的使用为中西部地区明确农民工回流现状提供了依据。

## 三、摩天大楼指数

1999年，安德鲁·劳伦斯发现某些新的高楼落成之时往往会出现经济衰退或者股市萧条的现象，并首次提出“摩天大楼指数”的概念。因此，“摩天大楼指数”也被称为“劳伦斯魔咒”。“摩天大楼指数”并无科学依据，却在历史上有数次惊人的巧合。

20世纪30年代初，美国的克莱斯勒大厦和帝国大厦相继完工，同时，纽约股市崩盘，股价一泻千里；20世纪70年代中期，纽约世界贸易中心、芝加哥西尔斯大厦相继落成，与此同时，第四次中东战争爆发，发生全球石油危机的同时，爆发全球经济危机；1997年，吉隆坡的双子塔楼成为全球最高的建筑，彼时也发生了亚洲金融危机；2000年，中国台北建成101大楼，同时高科技产业泡沫破灭，全球股市大跌；2007年，迪拜塔成为世界最高建筑物，与此同时，次贷危机席卷欧美主要国家。

上述历史现象反映出的共同之处在于：往往摩天大楼刚刚落成，经济就步入衰退，而当摩天大楼投入使用时，经济已经陷入困境。摩天大楼的建成与经济危机似乎总是如影随形，这是“摩天大楼指数”所反映的主要内容，该指数为人们进行更理性的投资敲响了警钟。

## 四、麦当劳巨无霸指数

20世纪80年代末，由《经济学人》推出的麦当劳“巨无霸指数”享誉全球，人们用“巨无霸指数”来衡量一个国家或地区的购买力现状。“巨无霸指数”计算公式如下：

$$巨无霸指数=\frac{一个国家巨无霸以当地货币的售价}{另一个国家巨无霸以当地货币的售价}$$

通常将“巨无霸指数”与实际的汇率进行比较。如果“巨无霸指数”小于汇率，表明公式中第一个国家的货币价值被低估了；如果“巨无霸指数”大于汇率，表明公式中第一个国家的货币价值被高估了。该指数是将一个国家麦当劳巨无霸汉堡的价格，根据汇率折换成美元，然后对比美国麦当劳巨无霸汉堡的价格，从而得出该国货币价值被低估或者高估的结论。

但是，“巨无霸指数”没有考虑各国家发达程度的差异，没有考虑不同国家消费者偏好的差异，仅用汉堡这一单一商品代替对汇率产生影响的众多商品具有一定的片面性，无法从总体上反映一国的汇率水平。

## 五、星巴克指数

“星巴克指数”也是《经济学人》于2004年推出的，该指数是对各个国家星巴克一杯中杯拿铁价格的描述，它在一定程度上可以反映各个国家的物价水平以及消费水平的高低。“星巴克指数”与之前的“巨无霸指数”计算原理类似，只是用星巴克的中杯拿铁代替了巨无霸汉堡。同样，用一杯咖啡来判定汇率，也具有较大的局限性。

## 六、iPhone指数

2016年，一家日资金融机构推出了全新的“iPhone指数”，该指数以苹果手机iPhone在不同国家的售价计算，其全面取代了“巨无霸指数”。理论上讲，“iPhone指数”比“巨无霸指数”更为可靠。iPhone作为数码时代的全球标志性产品，具有更强的主导性。

当某个国家的iPhone手机价格被换算为美元后高于其在美国的售价时，表明美元对比该国货币价值被低估；而如果当某国的iPhone手机价格被换算为美元后低于其在美国的售价，则表明美元对比该国货币价值被高估了。

## 七、挖掘机指数

“挖掘机指数”是由三一重工利用大数据技术、物联网技术，将一台台机器设备进行网络连接，机器设备的每一个动作都被大数据所记录，将机械使用场景淋漓尽致地展现在我们面前，并成为判断经济走向的参考以及有关部门制定经济政策的依据。

挖掘机销量是中国经济情况的重要衡量尺度，“挖掘机指数”与基础设施建设具有高度的正相关关系。近年，中国“挖掘机指数”持续攀升，反映了市场对经济的信心，并为经济复苏注入了强大的动力。

## 八、全球清廉指数

“全球清廉指数”是反映各个国家政府工作人员的廉洁程度以及受贿状况的指数。该指数通常以企业家、一般民众为对象进行调查，根据他们的经验对各国的廉洁程度进行量化评分。评分是百分制，满分100分代表最廉洁，通常50分以下代表腐败情况比较严重。

根据2019年“全球清廉指数”，排名最靠前的是丹麦、新西兰、芬兰等国家。从指数得分上看，超过2/3的国家“全球清廉指数”低于50分，说明腐败现象阻碍了经济的长期发展。

### 九、全球微笑指数

“全球微笑指数”主要用来评估各行业员工在为顾客服务时的微笑程度。该指数编制者认为，员工的微笑指数与经济发展状况有着直接联系。通常，当经济进入衰退期时，居民的消费欲望会下降，这会对服务业员工产生较大压力，从而导致“微笑指数”下降。根据其2018年发布的报告，“全球微笑指数”最高的国家是英国，其次是希腊、波多黎各，而“全球微笑指数”最低的国家是巴基斯坦。

### 十、口红指数

口红是爱美女性日常必备的化妆品之一，“口红指数”是将口红销量与经济景气度联系在了一起。在美国，在经济衰退景气度不高的情况下，口红的销售量反而会上升。因为经济不景气时，人们的收入会减少，但其强烈的消费欲望仍需满足，所以人们会购买一些比较廉价的商品来满足自己的消费欲望，而口红恰好满足这一条件，可以对消费者起到“安抚”的作用。因此，当口红销量大增时，往往会出现经济不景气及衰退的情况。

## 第三节　指标体系构建的基本原则

为了建立一个可行的经济高质量发展的评价指标体系，首要问题是要明确指标选择的基本原则。确立一个地区经济高质量发展的评价指标体系，是综合评价地区经济发展的核心和关键。指标体系所涵盖指标的选择，直接关系到评价质量。因此，为了构建更加真实、准确地反映经济高质量发展的内涵及本质的评价指标体系，在设计指标体系的过程中，需要遵循如下原则。

## 一、全面代表性原则

经济高质量发展涉及经济、社会、科技、就业、生态、环境等多个方面，因此评价体系中指标的选择要体现全面性，更要具有代表性。指标的选取要既全面又有代表性地反映经济高质量发展的基本内涵，各指标的选取要力求形成一个有机整体。

指标体系构成一个整体，从而反映经济高质量发展的主要方面和主要特征。因此，不能盲目堆砌指标，应该根据云南省16个地州的特征构建出最能体现云南省地州特色的、具有代表性的综合评价指标体系。

## 二、科学系统性原则

要准确、客观地反映被评价对象的特征，必须满足科学系统性的原则。一方面，要理解每个评价指标的内涵，指标含义必须明确可知；另一方面，构建指标体系的方法必须具有科学性。在指标选取过程中，要坚持科学性原则，具备一定的理论基础，同时结合评价对象的实际情况，建立更为系统的指标体系。

科学系统性原则要求指标数据必须真实可靠，保证整个指标体系的准确度。经济发展是一个复杂综合的系统，因此在构建指标体系时，应该统筹兼顾，科学系统地选取各层次的指标，同时应注意各层次之间的指标关系，从而给出最符合实际状况的评价结果。

### 三、可测可行性原则

指标的选取数量不宜过大，在满足全面代表性的前提下，应尽可能地缩减指标数量，以便于操作。由于评价对象涉及云南省16个地州，若个别指标在某些地州数据缺失或者无法获得或者获取渠道不可靠，就说明该指标在研究过程中可操作性差，因此应在指标体系中删除或者用相似指标进行替代，以满足编制指标体系时的可测可行性原则，保持数据的完整性。

### 四、动态可持续性原则

经济发展是一个动态变化的过程，因此在进行指标选取时，既要包含绝对量指标，又要包含相对量指标。只有进行更加全面的动态分析，才能更好地把握云南省经济高质量发展的过去和未来，掌握其经济发展演变的趋势，从而为云南省经济高质量发展提出对策。

## 第四节　指标及评价方法的选取

### 一、指标选取

本研究在遵循上述指标体系构建基本原则的前提下，结合已有文献的研究结果，基于新发展理念的内涵，将经济高质量发展的评价指标体系划分为5个一级指标，分别是创新发展指数、协调发展指数、绿色发展指数、开放发展指数和共享发展指数；15个二级指标以及40个三级指标，从而构建了经济高质量发展的评价指标体系，见表5-1。具体选取指标如下：

（一）创新发展指数

创新发展指数的编制采用了9个指标，分别从创新环境、创新投入、创新产出和创新成效4个方面评价创新发展质量。这些指标分别是人均R&D经费支出（+）、[①]人均地区生产总值（+）、每万人普通高校在校生数（+）、R&D研发经费占生产总值比重（+）、每万人R&D人员全时当量（+）、每万人专利申请数（+）、发明占专利申请数比重（+）、新产品销售收入占主营业务收入比重（+）、新产品项目数（+）。

（二）协调发展指数

协调发展指数的编制采用了7个指标，分别从产业协调、区域协调和城乡协调3个方面评价协调发展质量。它们分别是第二、第三产业增加值占生产总值比重（+），第三产业增加值占第二、第三产业增加值比重（+），人均地区生产总值与全省人均地区生产总值比（+），人均可支配收入与全省人均可支配收入比（+），职工平均工资（+），城乡居民收入水平比（-），城乡居民消费水平比（-）。

（三）绿色发展指数

绿色发展指数的编制采用了9个指标，分别从节能减排、资源环境和环境治理3个方面评价绿色发展质量。它们分别是单位地区生产总值废水排放（-）、单位地区生产总值废气排放（-）、单位地区生产总值固体废物产生量（-）、人均水资源量（+）、人均公园绿地面积（+）、空气质量二级以上天数（+）、城市污水处理率（+）、建成区绿化覆盖率（+）、一般工业固体废物综合利用率（+）。

（四）开放发展指数

开放发展指数的编制采用了7个指标，分别从开放深度和开放成效2个方面评价开放发展质量。它们分别是进出口总额占生产总值比

① 各指标后面括号内是指标对经济高质量发展的影响方向。

重（+）、出口额占进出口总额比重（+）、财政支出占地区生产总值比重（+）、利用外商投资金额（+）、非公经济增加值占生产总值比重（+）、全年接待国内外游客（+）、旅游业总收入（+）。

（五）共享发展指数

共享发展指数的编制采用了8个指标，分别从公共服务、医疗卫生和人民生活3个方面评价共享发展质量。它们分别是人均财政支出（+）、人均拥有公共图书馆藏书量（+）、每万人公共交通车辆（+）、每万人拥有病床数（+）、每万人拥有卫生技术人员（+）、城镇登记失业率（-）、亿元地区生产总值生产安全事故死亡率（-）、等级公路密度（+）。

表5-1　**经济高质量发展评价指标体系**

| 综合指标 | 一级指标 | 二级指标 | 三级指标 |
|---|---|---|---|
| 经济高质量发展的评价指标体系 | 创新发展指数 | 创新环境 | 人均R&D经费支出（+） |
| | | | 人均地区生产总值（+） |
| | | | 每万人普通高校在校生数（+） |
| | | 创新投入 | R&D研发经费占生产总值比重（+） |
| | | | 每万人R&D人员全时当量（+） |
| | | 创新产出 | 每万人专利申请数（+） |
| | | | 发明占专利申请数比重（+） |
| | | 创新成效 | 新产品销售收入占主营业务收入比重（+） |
| | | | 新产品项目数（+） |
| | | 产业协调 | 第二、第三产业增加值占生产总值比重（+） |

续表

| 综合指标 | 一级指标 | 二级指标 | 三级指标 |
| --- | --- | --- | --- |
| 经济高质量发展的评价指标体系 | 协调发展指数 | 产业协调 | 第三产业增加值占第二、第三产业增加值比重（+） |
| | | 区域协调 | 人均地区生产总值与全省人均地区生产总值之比（+） |
| | | | 人均可支配收入与全省人均可支配收入之比（+） |
| | | | 职工平均工资（+） |
| | | 城乡协调 | 城乡居民收入水平比（-） |
| | | | 城乡居民消费水平比（-） |
| | 绿色发展指数 | 节能减排 | 单位地区生产总值废水排放率（-） |
| | | | 单位地区生产总值废气排放率（-） |
| | | | 单位地区生产总值固体废物产生量（-） |
| | | 资源环境 | 人均水资源量（+） |
| | | | 人均公园绿地面积（+） |
| | | | 空气质量二级以上天数（+） |
| | | 环境治理 | 城市污水处理率（+） |
| | | | 建成区绿化覆盖率（+） |
| | | | 一般工业固体废物综合利用率（+） |

续表

| 综合指标 | 一级指标 | 二级指标 | 三级指标 |
| --- | --- | --- | --- |
| 经济高质量发展的评价指标体系 | 开放发展指数 | 开放深度 | 进出口总额占生产总值比重（+） |
| | | | 出口额占进出口总额比重（+） |
| | | | 财政支出占地区生产总值比重（+） |
| | | 开放成效 | 利用外商投资金额（+） |
| | | | 非公经济增加值占生产总值比重（+） |
| | | | 全年接待国内外游客（+） |
| | | | 旅游业总收入（+） |
| | 共享发展指数 | 公共服务 | 人均财政支出（+） |
| | | | 人均拥有公共图书馆藏书量（+） |
| | | | 每万人公共交通车辆（+） |
| | | 医疗卫生 | 每万人拥有病床数（+） |
| | | | 每万人拥有卫生技术人员（+） |
| | | 人民生活 | 城镇登记失业率（-） |
| | | | 亿元地区生产总值生产安全事故死亡率（-） |
| | | | 等级公路密度（+） |

## 二、评价方法的选择

通常用于经济发展评价的方法很多，主要分为两大类：一类是主观赋权法；另一类是客观赋权法。主观赋权法主要是根据研究者的主观判断来赋予指标权重，常见的主观赋权法有专家打分法（德尔菲法）、层次分析法（AHP）、模糊综合评价法等。主观赋权法往往依靠定性分析以及专家打分的方法，因此存在主观性强、精确性较低等问题。

客观赋权法主要是通过统计方法进行数据处理，常见的有因子分析法、主成分分析法、熵值法等。熵值法是根据各指标值所提供的信息量的大小来确定权重，它比较适合分析综合指标在每年的变化趋势。熵值法具有较高的可信度和精确度等优点，该方法受主观因素的影响比较小，能够减少人为因素所带来的偏差，操作也比较方便。但是，熵值法也存在智能化程度不高、对样本依赖性比较大等缺点。

主观赋权法与客观赋权法均有各自的优缺点，只有将两种方法结合起来才能更好地发挥两者的优势，使得评价结果与实际情况更加符合。因此，本研究将熵值法与专家打分法相结合来确定指标权数，运用熵值法对底层指标赋权，运用专家打分法对上层指标赋权。

## 三、熵值法原理

熵值法属于客观赋权法，某项指标的指标值差距越大，则该指标对综合评价结果的影响越大，所赋予的权重也越大；反之，某项指标的指标值差距较小或者几乎没有差距，则该指标对综合评价结果的影响越小，所赋予的权重也就越小。

（一）数据平移

熵值法是计算某一指标与同一指标总和的比率，因此不存在量纲化的影响，但是求熵值的过程中需要求对数，为了避免求对数时无意义，需要进行数据平移。

如果指标对经济高质量发展的影响是正方向的，则指标数值越大越好，此时数据平移公式如下：

$$X'_{ij}=\frac{X_{ij}-\min\left(X_{1j},\ X_{2j},\ \cdots,\ X_{nj}\right)}{\max\left(X_{1j},\ X_{2j},\ \cdots,\ X_{nj}\right)-\min\left(X_{1j},\ X_{2j},\ \cdots,\ X_{nj}\right)}+1(i=1,\ 2\cdots,\ n;\ j=1,\ 2\cdots,\ m)$$

如果指标对经济高质量发展的影响是反方向的，则指标数值越小越好，此时数据平移公式如下：

$$X'_{ij}=\frac{\max\left(X_{1j},\ X_{2j},\ \cdots,\ X_{nj}\right)-X_{ij}}{\max\left(X_{1j},\ X_{2j},\ \cdots,\ X_{nj}\right)-\min\left(X_{1j},\ X_{2j},\ \cdots,\ X_{nj}\right)}+1(i=1,\ 2\cdots,\ n;\ j=1,\ 2\cdots,\ m)$$

式中：$X_{ij}$代表第$i$个地区第$j$个指标的数值。

（二）计算指标比重

计算第$j$个指标下第$i$个地区指标值占该指标值总和的比重，公式如下：

$$P_{ij}=\frac{X_{ij}}{\sum_{i=1}^{n}X_{ij}}(j=1,\ 2\cdots,\ m)$$

（三）计算熵值

根据如下公式计算第$j$项指标的熵值，其中，$k$是一个与样本数$m$相关的常数：

$$e_j=-k\cdot\sum_{i=1}^{n}P_{ij}\log(P_{ij}),\ k=\frac{1}{\ln m}$$

（四）计算信息熵冗余度

根据如下公式计算信息熵冗余度，指标值的差异越大，则对方案评价的作用就越大，得到的熵值越小，但信息熵冗余度越大：

$$g_j=1-e_j(j=1,\ 2\cdots,\ m)$$

（五）计算各指标的权数

权数是由第$j$项指标的差异系数占差异系数总和的比重计算而得，

公式如下：

$$W_j = \frac{g_j}{\sum_{j=1}^{m} g_j} \quad (j = 1, 2\cdots, m)$$

（六）计算各地区综合得分

综合得分由权数 $W$ 和 $P$ 矩阵计算得到，公式如下：

$$U_i = \sum_{j=1}^{m} W_j \cdot X_{ij} \quad (i = 1, 2\cdots, n)$$

运用熵值法进行评价权数的确定没有引入决策者的主观判断，而是直接利用数学矩阵所提供的信息进行统计计算，具有一定的客观性和准确性。

## 第五节　指标体系动态更新机制

在全球经济环境快速变化的背景下，经济高质量发展已经成为各国经济政策的重要目标。然而，经济发展的复杂性和不确定性使得我们必须建立一种动态的、适应性强的评价指标体系，以确保能够及时反映经济运行状态，指导政策调整和资源配置。因此，本节将探讨指标体系动态更新的必要性，如何建立动态更新机制的框架，以及如何构建适应性调整模型。

### 一、动态更新的必要性

（一）经济环境的快速变化

近年来，全球经济环境发生了深刻的变化，金融危机、贸易摩擦、新冠肺炎疫情等因素都对经济增长产生了显著影响。随着我国经济发展进入新常态，传统的评价指标体系可能无法充分反映经济活动的真实状况。因此，建立指标体系的动态更新机制以适应经济环境的变化是必要的。

（二）政策导向的变化

随着国家战略的调整，经济高质量发展的内涵也在不断丰富和深化。例如，国家对于绿色发展的重视、科技创新的推动等，都可能导致原有评价指标适用性的下降。因此，需要根据政策导向的变化，及时更新指标体系，确保其与国家战略目标的一致性。

（三）新兴产业的快速发展

数字经济、绿色经济等新兴产业的崛起，给传统的产业结构带来了巨大冲击。这些新兴产业的发展要求我们在评价指标上进行相应的调整，以准确评估其对经济高质量发展的贡献。

（四）数据可用性的提高

随着大数据、云计算等技术的发展，其获取和分析数据的能力显著增强。通过对新数据源的利用，可以实现对经济活动更精细化的分析，从而推动指标体系的动态更新，提高其科学性和实用性。

## 二、指标体系动态更新机制的框架

为有效应对经济高质量发展过程中的动态变化，我们需要建立一个系统的动态更新机制。该机制应包括以下几个核心要素：

（一）反馈机制

动态更新机制的核心是建立有效的反馈机制。通过对经济运行数据的实时监测，及时识别影响经济高质量发展的关键因素，并根据这些因素的变化情况，调整相应的评价指标。例如，可以通过设立经济监测中心，收集和分析各类经济数据，并定期发布经济运行报告，形成反馈链条。

（二）动态调整流程

指标体系的动态调整应遵循一定的流程，包括指标的评估、选择、调整和再评估。具体而言，首先，要对现有指标进行定期评估，判断其适用性和有效性；其次，针对经济运行的变化，选择需要调整或新增的指标；再次，在新指标制定的过程中，充分考虑相关利益方的意见，确保指标的科学性和可操作性；最后，再次对更新后的指标进行评估，以验证其在实际应用中的效果。

（三）数据驱动与智能化分析

随着数据技术的进步，运用大数据分析和人工智能技术对指标进行动态更新已经成为可能。通过数据挖掘和分析，建立经济运行的预测模型，可以对指标的调整方向和幅度进行科学决策。例如，可利用机器学习算法分析经济数据变化的趋势，从而为指标调整提供依据，实现数据驱动的智能化更新。

（四）利益相关者的参与

动态更新机制的有效性还依赖利益相关者的积极参与。政府、企业、高校和社会组织等各方应共同参与指标体系的构建和更新过程。通过召开研讨会、征集意见和调研等方式，充分听取各方的意见和建议，确保指标体系能够兼顾各方面的需求和实际情况。

## 三、适应性调整模型

在建立动态更新机制的基础上，我们需要构建适应性调整模型，以便在经济高质量发展的不同阶段，对指标体系进行科学的调整。该模型可以从以下几个方面进行设计：

（一）多维度评估模型

在经济高质量发展过程中，其涉及的因素往往是多维度的。因此，构建多维度评估模型以涵盖经济、社会、环境等多个层面的指标，是非常重要的。可以采用层次分析法（AHP）或模糊综合评判法，对各类指标进行综合评价，从而为动态调整提供依据。

（二）动态权重分配机制

在适应性调整模型中，考虑到不同阶段经济发展的重点和侧重，动态权重分配机制将非常重要。可以根据宏观经济形势、政策导向和行业发展趋势等因素，灵活调整各指标的权重。例如，在经济复苏期，可能更加关注创新和投资指标；而在环保政策强化期，则需要提高生态环境指标的权重。

（三）预测与模拟功能

适应性调整模型还应具备预测与模拟功能。通过建立经济运行的预测模型，可以根据不同经济情境下的模拟结果，提前对指标进行调整。这种预测功能能够帮助决策者在政策实施前进行合理的风险评估，提高政策的有效性和适应性。

（四）情境分析与决策支持

在经济发展过程中，可能会遇到多种情境变化，如政策调整、市场波动等。适应性调整模型应具备情境分析的能力，通过对不同情境下的经济指标进行分析，帮助决策者制定相应的应对措施。例如，通过设定不同的经济情境（如乐观、悲观、中性），分析相应的指标表现，为政策调整提供决策支持。

## 四、动态更新机制与适应性调整模型的实施策略

在实际操作中，动态更新机制与适应性调整模型的有效实施需要以下策略的支持：

（一）政策引导与支持

政府应通过政策引导，为指标体系的动态更新提供必要的支持。可以设立专项资金，鼓励高校和科研机构开展相关研究，推动动态更新机制的落地。同时，建立激励机制，鼓励企业和社会组织积极参与指标体系的调整和反馈。

（二）数据平台建设

为实现动态更新机制，必须建设高效的数据平台。该平台应具备数据采集、分析和展示等功能，能够及时提供经济运行的实时数据，为动态调整提供数据支撑。同时，平台应具备开放性，鼓励社会各方参与数据的采集和利用，形成数据共享的良好氛围。

（三）培训与能力建设

为提高动态更新机制的有效性，应加强对相关人员的培训，提升其在指标评估、数据分析和政策制定等方面的能力。通过定期举办培训班、研讨会等形式，增强各部门和机构的合作与沟通，提高动态更新的整体水平。

（四）监督与评估机制

动态更新机制的实施需要将监督与评估相结合。应建立定期评估机制，对指标体系的更新效果进行评估，及时发现问题并进行调整。同时，应鼓励社会监督，接受各方对动态更新过程的监督和建议，以确保机制的透明度和公正性。

在经济高质量发展的新阶段，建立动态更新机制和适应性调整模型对于构建科学有效的指标体系至关重要。通过动态更新，可以确保指标体系始终与经济发展的实际需求保持一致，为政策的制定和实施提供有力支持。

同时，适应性调整模型的构建，将为应对经济变化带来的挑战提供科学依据，促进云南省经济的高质量发展。未来，随着经济形势的不断演变和技术的进步，动态更新机制与适应性调整模型的实践探索将持续深化，从而为云南省经济高质量发展提供更为坚实的保障。

第六章

# 云南省经济高质量发展测度

## 第一节　创新发展测度

### 一、创新发展指标体系构建

创新是指人们出于发展需要，运用已知的信息和条件，打破常规，发现或产生某种新颖、独特的有价值的新事物、新思想的活动。创新是促进地区经济高质量发展的重要动力。新发展理念的核心内容就是创新发展。坚持深化科技创新体制改革，坚持开放的创新人才的培育，坚持将发展基点放在创新上，才能将创新引领发展落到实处。

创新发展指标体系从创新环境、创新投入、创新产出和创新成效4个方面，选取人均R&D经费支出、人均地区生产总值、每万人普通高校在校生数、R&D研发经费占生产总值比重、每万人R&D人员全时当量、每万人专利申请数、发明占专利申请数比重、新产品销售收入占主营业务收入比重、新产品项目数共9个指标，对云南省16个地州的创新发展情况进行综合评价和分析。

### 二、创新发展指标说明

创新发展指数的编制采用了9个指标，分别从创新环境、创新投入、创新产出和创新成效4个方面评价创新发展质量。

（一）创新环境

创新环境方面选择人均R&D经费支出（元/人）、人均地区生产总值（元/人）、每万人普通高校在校生数（人）3个指标进行评价。其中：

人均R&D经费支出=R&D经费支出÷总人口数

R&D经费支出是指调查单位用于内部开展R&D活动的实际支出。

人均地区生产总值=地区生产总值÷总人口数

地区生产总值是指按市场价格计算的一个地区所有常住单位在一定时期内生产活动的最终结果。

每万人普通高校在校生数=各地区普通高校在校生数÷总人口数

（二）创新投入

创新投入方面选择R&D研发经费占生产总值比重（%）、每万人R&D人员全时当量（人年）两个指标进行评价。其中：

R&D研发经费占生产总值比重=R&D研发经费÷地区生产总值×100%

每万人R&D人员全时当量=R&D人员全时当量÷总人口数

R&D人员全时当量是指全时人数加非全时人数按照工作量折算为全时人数的总和，该指标是目前国际上为对比科技人力投入而制定的可比指标。

（三）创新产出

创新产出方面选择每万人专利申请数（件/人）、发明占专利申请数比重（%）两个指标进行评价。其中：

每万人专利申请数=专利申请数÷总人口数

专利是对发明人的发明创造经审查合格后，由专利局依据专利法授予发明人和设计人对该项发明创造享有的专有权，反映拥有自主知识产权的科技和设计成果情况。

发明占专利申请数比重=发明专利÷专利申请数×100%

发明是指对产品、方法或者其相关改进所提出的新的技术方案，是国际上通行的反映拥有自主知识产权技术的核心指标。

（四）创新成效

创新成效方面选择规模以上工业企业新产品销售收入占主营业务收入比重（%）、新产品项目数（个）两个指标进行评价。其中：

$$\text{新产品销售收入占主营业务收入比重}=\frac{\text{规模以上工业企业}}{\text{新产品销售收入}}\div\frac{\text{规模以上工业企业}}{\text{主营业务收入}}$$

新产品销售收入是指企业销售新产品实现的收入。

新产品项目数系《云南统计年鉴》中的相关绝对数。新产品是指采用新技术、新设计研制、生产的全新产品，或在某一方面比原有产品有明显改进，从而显著提高了产品性能或增加了使用功能的产品。

## 三、创新发展指标权数分析

根据熵值法计算各指标权数，将云南省16个地州2017年至2022年上述9个指标的原始数据进行数据平移，计算熵值、信息熵冗余度，最终得到各级指标的权数，见表6-1。

表6-1 创新发展指数二级指标权数

| 一级指标 | 二级指标 | 2017年权数 | 2018年权数 | 2019年权数 | 2020年权数 | 2021年权数 | 2022年权数 | 平均权数 |
|---|---|---|---|---|---|---|---|---|
| 创新发展指数 | 创新环境 | 0.30 | 0.33 | 0.31 | 0.29 | 0.32 | 0.30 | 0.31 |
| | 创新投入 | 0.28 | 0.28 | 0.25 | 0.22 | 0.23 | 0.26 | 0.25 |
| | 创新产出 | 0.20 | 0.17 | 0.20 | 0.22 | 0.24 | 0.21 | 0.21 |
| | 创新成效 | 0.22 | 0.21 | 0.24 | 0.27 | 0.21 | 0.24 | 0.23 |

在创新发展指数的4个二级指标中，创新环境的权数最高，6年的平均权数达到0.31；其次是创新投入，平均权数达到0.25；创新产出和创新成效的权数相对较低。

在创新发展指数的9个三级指标中，R&D研发经费占生产总值比重、新产品销售收入占主营业务收入比重、人均R&D经费支出、每万人R&D人员全时当量4个指标的权数较高（见表6-2）。其中，R&D研发经费占生产总值比重和新产品销售收入占主营业务收入比重的权数最高，但R&D研发经费占生产总值比重呈现总体下降的趋势，说明云南省各地州的R&D研发经费占生产总值比重近年来差距逐渐缩小，各地政府对创新的投入逐渐加大。

表6-2 创新发展指数三级指标权数

| 一级指标 | 二级指标 | 三级指标 | 2017年权数 | 2018年权数 | 2019年权数 | 2020年权数 | 2021年权数 | 2022年权数 | 平均权数 |
|---|---|---|---|---|---|---|---|---|---|
| 创新发展指数 | 创新环境 | 人均R&D经费支出（+） | 0.12 | 0.14 | 0.13 | 0.11 | 0.14 | 0.12 | 0.12 |
| | | 人均地区生产总值（+） | 0.09 | 0.09 | 0.09 | 0.09 | 0.09 | 0.09 | 0.09 |
| | | 每万人普通高校在校生数（+） | 0.10 | 0.10 | 0.09 | 0.10 | 0.09 | 0.09 | 0.10 |
| | 创新投入 | R&D研发经费占生产总值比重（+） | 0.17 | 0.16 | 0.13 | 0.11 | 0.11 | 0.12 | 0.13 |
| | | 每万人R&D人员全时当量（+） | 0.11 | 0.12 | 0.12 | 0.11 | 0.12 | 0.14 | 0.12 |
| | 创新产出 | 每万人专利申请数（+） | 0.09 | 0.11 | 0.10 | 0.11 | 0.11 | 0.10 | 0.11 |
| | | 发明占专利申请数比重（+） | 0.11 | 0.07 | 0.11 | 0.10 | 0.13 | 0.10 | 0.10 |
| | 创新成效 | 新产品销售收入占主营业务收入比重（+） | 0.11 | 0.11 | 0.14 | 0.17 | 0.10 | 0.14 | 0.13 |
| | | 新产品项目数（+） | 0.11 | 0.10 | 0.10 | 0.10 | 0.10 | 0.10 | 0.10 |

## 四、创新发展程度评价

### （一）创新环境发展评价

2017—2022年，云南省各地州人均R&D经费支出这一指标明显得到改善，全省人均R&D经费支出的平均值增长速度为185.05%，其中增长速度最快的是保山市，2022年比2017年增长1 218.22%（见表6-3）。6年来，人均R&D经费支出增长速度超过300%的有保山市、丽江市、文山州、怒江州和迪庆州，增长速度较慢的是昆明市、德宏州、普洱市。根据2022年的人均R&D经费支出，全省平均值为376.66元，各地州排名第一的是玉溪市1 295元，第二名是保山市888.61元，第三名是曲靖市592.43元。

表6-3　2017—2022年云南省各地州人均R&D经费支出

| 地区 | 2017年人均R&D经费支出（元） | 2022年人均R&D经费支出（元） | 期末比期初增长（%） | 评价 |
|---|---|---|---|---|
| 昆明 | 542.62 | 548.84 | 1.15 | 改善 |
| 曲靖 | 249.54 | 592.43 | 137.41 | 改善 |
| 玉溪 | 335.02 | 1 295.00 | 286.54 | 改善 |
| 保山 | 67.41 | 888.61 | 1 218.22 | 改善 |
| 昭通 | 28.11 | 111.13 | 295.34 | 改善 |
| 丽江 | 61.83 | 411.95 | 566.26 | 改善 |
| 普洱 | 69.10 | 88.61 | 28.23 | 改善 |
| 临沧 | 45.41 | 98.21 | 116.27 | 改善 |
| 楚雄 | 62.04 | 231.87 | 273.74 | 改善 |
| 红河 | 240.46 | 499.43 | 107.70 | 改善 |
| 文山 | 74.48 | 393.75 | 428.67 | 改善 |
| 西双版纳 | 62.28 | 152.91 | 145.52 | 改善 |

续表

| 地区 | 2017年人均R&D经费支出（元） | 2022年人均R&D经费支出（元） | 期末比期初增长（%） | 评价 |
|---|---|---|---|---|
| 大理 | 98.18 | 166.41 | 69.49 | 改善 |
| 德宏 | 71.68 | 75.70 | 5.61 | 改善 |
| 怒江 | 36.38 | 164.84 | 353.11 | 改善 |
| 迪庆 | 69.71 | 306.91 | 340.27 | 改善 |
| 全省平均 | 132.14 | 376.66 | 185.05 | 改善 |

2017—2022年云南省各地州人均地区生产总值这一指标明显得到改善，全省人均地区生产总值平均值的增长速度为77.41%，其中增长速度最快的是楚雄州，2022年比2017年增长116.56%（见表6-4）。6年来，人均地区生产总值增长速度超过100%的有曲靖市、保山市、昭通市、楚雄州、红河州；增长速度较慢的是昆明市、迪庆州、德宏州和西双版纳州。

表6-4　2017—2022年云南省各地州人均地区生产总值

| 地区 | 2017年人均地区生产总值（元） | 2022年人均地区生产总值（元） | 期末比期初增长（%） | 评价 |
|---|---|---|---|---|
| 昆明 | 71 906 | 88 193 | 22.65 | 改善 |
| 曲靖 | 31 806 | 66 373 | 108.68 | 改善 |
| 玉溪 | 59 510 | 111 579 | 87.50 | 改善 |
| 保山 | 26 058 | 52 438 | 101.24 | 改善 |
| 昭通 | 15 119 | 30 935 | 104.61 | 改善 |
| 丽江 | 26 368 | 49 768 | 88.74 | 改善 |
| 普洱 | 23 821 | 45 168 | 89.61 | 改善 |
| 临沧 | 23 942 | 44 723 | 86.80 | 改善 |
| 楚雄 | 34 192 | 74 046 | 116.56 | 改善 |
| 红河 | 31 479 | 64 768 | 105.75 | 改善 |
| 文山 | 22 299 | 40 748 | 82.73 | 改善 |

续表

| 地区 | 2017年人均地区生产总值（元） | 2022年人均地区生产总值（元） | 期末比期初增长（%） | 评价 |
|---|---|---|---|---|
| 西双版纳 | 33 490 | 55 194 | 64.81 | 改善 |
| 大理 | 29 846 | 51 302 | 71.89 | 改善 |
| 德宏 | 27 427 | 44 530 | 62.36 | 改善 |
| 怒江 | 25 940 | 45 441 | 75.18 | 改善 |
| 迪庆 | 48 334 | 77 785 | 60.93 | 改善 |
| 全省平均 | 33 221 | 58 936 | 77.41 | 改善 |

根据2022年的人均地区生产总值，全省平均值为58 936元，排名第一的是玉溪市111 579元，第二名是昆明市88 193元，第三名是迪庆州77 785元，且远高于全省平均水平。

截至2020年6月，云南省共有普通高等学校82所，分布在全省14个地州，其中迪庆州和怒江州没有普通高等学校，因此这两个地州选取了中等专业学校的在校生人数同其他地州进行比较。2017—2022年云南省各地州每万人普通高校在校生数这一指标有所改善，全省每万人普通高校在校生数平均值的增长速度为38.65%，其中增长速度最快的是西双版纳州，其每万人普通高校在校生数由2017年的35.59人增长至2022年的87.16人，增长速度为144.89%（见表6-5）。

6年来，每万人普通高校在校生数增长速度较快的有西双版纳州、保山市、大理州；该指标出现负增长的地州分别是迪庆州和怒江州。根据2022年的每万人普通高校在校生数，全省平均值为143.22人，排名第一的是昆明市904人，第二名是丽江市237人，第三名是德宏州153人，其中昆明市的指标值远高于其他地州，即云南省绝大多数普通高校集中在省会昆明，昆明市人才优势凸显。

表6-5　2017—2022年云南省各地州每万人普通高校在校生数

| 地区 | 2017年每万人普通高校在校生数（人） | 2022年每万人普通高校在校生数（人） | 期末比期初增长（%） | 评价 |
|---|---|---|---|---|
| 昆明 | 742.30 | 903.72 | 21.75 | 改善 |
| 曲靖 | 47.70 | 71.23 | 49.33 | 改善 |
| 玉溪 | 67.62 | 110.62 | 63.60 | 改善 |
| 保山 | 52.03 | 106.80 | 105.27 | 改善 |
| 昭通 | 23.48 | 43.65 | 85.88 | 改善 |
| 丽江 | 174.42 | 237.48 | 36.15 | 改善 |
| 普洱 | 43.01 | 55.70 | 29.50 | 改善 |
| 临沧 | 34.44 | 62.05 | 80.18 | 改善 |
| 楚雄 | 64.14 | 118.89 | 85.36 | 改善 |
| 红河 | 50.50 | 92.40 | 82.96 | 改善 |
| 文山 | 46.48 | 63.12 | 35.79 | 改善 |
| 西双版纳 | 35.59 | 87.16 | 144.89 | 改善 |
| 大理 | 63.06 | 119.82 | 90.01 | 改善 |
| 德宏 | 83.27 | 152.91 | 83.64 | 改善 |
| 怒江 | 56.67 | 54.95 | -3.04 | 恶化 |
| 迪庆 | 67.96 | 11.00 | -83.82 | 恶化 |
| 全省平均 | 103.29 | 143.22 | 38.65 | 改善 |

综合上述三个指标的数据变化趋势，显然昆明市具有较大的创新环境优势，而创新环境的好坏直接影响地区经济发展，因此创新环境的相关指标对于地区经济的高质量发展评价具有重要作用。

（二）创新投入发展评价

2017—2022年云南省大部分地州R&D研发经费占生产总值比重

这一指标有所提高，全省R&D研发经费占生产总值比重平均值的增长速度为70.23%，其中增长速度最快的是保山市，其R&D研发经费占生产总值比重由2017年的0.26%增长至2022年的1.69%，增长速度为548.93%（见表6-6）。

表6-6 2017—2022年云南省各地州R&D研发经费占生产总值比重

| 地州 | 2017年R&D研发经费占生产总值比重（%） | 2022年R&D研发经费占生产总值比重（%） | 期末比期初增长（%） | 评价 |
|---|---|---|---|---|
| 昆明 | 0.76 | 0.63 | -17.65 | 恶化 |
| 曲靖 | 0.79 | 0.90 | 13.53 | 改善 |
| 玉溪 | 0.56 | 1.17 | 108.99 | 改善 |
| 保山 | 0.26 | 1.69 | 548.93 | 改善 |
| 昭通 | 0.19 | 0.36 | 87.85 | 改善 |
| 丽江 | 0.23 | 0.82 | 257.59 | 改善 |
| 普洱 | 0.29 | 0.20 | -32.51 | 恶化 |
| 临沧 | 0.19 | 0.22 | 15.76 | 改善 |
| 楚雄 | 0.18 | 0.31 | 73.27 | 改善 |
| 红河 | 0.77 | 0.77 | -0.21 | 恶化 |
| 文山 | 0.33 | 0.97 | 193.24 | 改善 |
| 西双版纳 | 0.19 | 0.28 | 45.92 | 改善 |
| 大理 | 0.33 | 0.32 | -1.94 | 恶化 |
| 德宏 | 0.26 | 0.17 | -34.49 | 恶化 |
| 怒江 | 0.14 | 0.36 | 157.21 | 改善 |
| 迪庆 | 0.14 | 0.40 | 182.55 | 改善 |
| 全省平均 | 0.35 | 0.60 | 70.23 | 改善 |

6年来，R&D研发经费占生产总值比重增长速度较快的有保山市、丽江市、文山州、迪庆州；而增长速度下降的地州也有5个，分别是昆明市、普洱市、红河州、大理州和德宏州。根据2022年的R&D研发经费占生产总值比重，全省平均值为0.60%，排名第一的是保山市1.69%，第二名是玉溪市1.17%，第三名是文山州0.97%，可以看出保山市在创新方面投入了大量资金，为保山市经济的高质量发展奠定了资金基础。

2017—2022年云南省大部分地州每万人R&D人员全时当量这一指标有所提高，全省每万人R&D人员全时当量的平均值增长速度为79%，其中增长速度最快的是迪庆州，每万人R&D人员全时当量由2017年的0.44人年增长至2022年的5.12人年，增长速度为1 062.52%（见表6-7）。

表6-7　2017—2022年云南省各地州每万人R&D人员全时当量

| 地区 | 2017年每万人R&D人员全时当量（人年） | 2022年每万人R&D人员全时当量（人年） | 期末比期初增长（%） | 评价 |
|---|---|---|---|---|
| 昆明 | 14.48 | 9.56 | -34.00 | 恶化 |
| 曲靖 | 5.85 | 7.66 | 31.00 | 改善 |
| 玉溪 | 7.95 | 16.70 | 110.10 | 改善 |
| 保山 | 1.64 | 6.14 | 274.20 | 改善 |
| 昭通 | 0.47 | 1.37 | 190.62 | 改善 |
| 丽江 | 0.77 | 1.98 | 157.01 | 改善 |
| 普洱 | 1.89 | 1.99 | 5.15 | 改善 |
| 临沧 | 1.05 | 2.25 | 114.71 | 改善 |
| 楚雄 | 1.59 | 4.25 | 167.53 | 改善 |
| 红河 | 4.21 | 7.51 | 78.38 | 改善 |

续表

| 地区 | 2017年每万人R&D人员全时当量（人年） | 2022年每万人R&D人员全时当量（人年） | 期末比期初增长（%） | 评价 |
|---|---|---|---|---|
| 文山 | 1.60 | 4.65 | 190.42 | 改善 |
| 西双版纳 | 0.84 | 1.22 | 45.62 | 改善 |
| 大理 | 3.06 | 2.44 | −20.11 | 恶化 |
| 德宏 | 1.15 | 1.65 | 43.50 | 改善 |
| 怒江 | 3.20 | 15.35 | 379.62 | 改善 |
| 迪庆 | 0.44 | 5.12 | 1 062.52 | 改善 |
| 全省平均 | 3.14 | 5.61 | 79.00 | 改善 |

6年来，每万人R&D人员全时当量指标增长速度较快的有迪庆州、怒江州、保山市、文山州和昭通市；而增长速度下降的地州也有两个，分别是昆明市和大理州。根据2022年的每万人R&D人员全时当量，全省平均值为5.61人年，排名第一的是玉溪市16.70人年，第二名是怒江州15.35人年，第三名是昆明市9.56人年。

综合上述两个指标的数据变化趋势，玉溪市在创新投入方面在云南省名列前茅，无论是资金的投入，还是人才的投入，均已超过省会昆明市名列全省首位。

（三）创新产出发展评价

2017—2022年云南省各地州每万人专利申请数这一指标涨跌情况各不相同，全省每万人专利申请数平均值的增长速度为68.02%，其中增长速度最快的是昭通市，其每万人专利申请数由2017年的0.1件增长至2022年的0.34件，增长速度为239.46%，但昭通市每万人专利申请数的绝对数值在2017年仅为0.1件，是全省最低的，因此上涨空间较大（见表6-8）。

表6-8　2017—2022年云南省各地州每万人专利申请数

| 地区 | 2017年每万人专利申请数（件） | 2022年每万人专利申请数（件） | 期末比期初增长（%） | 评价 |
|---|---|---|---|---|
| 昆明 | 4.16 | 8.09 | 94.52 | 改善 |
| 曲靖 | 1.19 | 1.72 | 44.53 | 改善 |
| 玉溪 | 2.00 | 3.81 | 90.74 | 改善 |
| 保山 | 0.53 | 0.91 | 70.81 | 改善 |
| 昭通 | 0.10 | 0.34 | 239.46 | 改善 |
| 丽江 | 0.47 | 0.44 | -7.19 | 恶化 |
| 普洱 | 0.35 | 0.36 | 3.68 | 改善 |
| 临沧 | 0.32 | 0.65 | 102.29 | 改善 |
| 楚雄 | 0.93 | 2.28 | 145.24 | 改善 |
| 红河 | 0.34 | 0.86 | 154.39 | 改善 |
| 文山 | 0.27 | 0.91 | 236.70 | 改善 |
| 西双版纳 | 0.79 | 0.90 | 14.20 | 改善 |
| 大理 | 0.63 | 0.78 | 23.43 | 改善 |
| 德宏 | 0.40 | 0.07 | -82.97 | 恶化 |
| 怒江 | 0.38 | 0.20 | -46.98 | 恶化 |
| 迪庆 | 0.73 | 0.51 | -29.93 | 恶化 |
| 全省平均 | 0.85 | 1.43 | 68.02 | 改善 |

6年来，每万人专利申请数指标增长速度较快的有昭通市、文山州、红河州、楚雄州和临沧市；而增长速度下降的地州也有4个，分别是丽江市、德宏州、怒江州和迪庆州，特别是德宏州，其指数下降非常明显，该指标由2017年的0.40件下降至2022年的0.07件。根据

2022年的每万人专利申请数，全省平均值为1.43件，排名第一的是昆明市8.09件，第二名是玉溪3.81件、第三名是楚雄州2.28件。

2017—2022年云南省各地州发明占专利申请数比重这一指标涨跌情况各不相同，全省发明占专利申请数比重平均值的增长速度为-28.13%，即出现了负增长的情况。其中增长速度最快的是怒江州，其发明占专利申请数比重由2017年的14.29%增长至2022年的54.55%，增长速度为281.70%（见表6-9）。

表6-9　**2017—2022年云南省各地州发明占专利申请数比重**

| 地区 | 2017年发明占专利申请数比重（%） | 2022年发明占专利申请数比重（%） | 期末比期初增长（%） | 评价 |
|---|---|---|---|---|
| 昆明 | 39.74 | 37.81 | -4.86 | 恶化 |
| 曲靖 | 22.25 | 20.10 | -9.66 | 恶化 |
| 玉溪 | 29.62 | 15.77 | -46.77 | 恶化 |
| 保山 | 16.67 | 7.83 | -53.00 | 恶化 |
| 昭通 | 20.00 | 23.81 | 19.05 | 改善 |
| 丽江 | 45.90 | 37.04 | -19.31 | 恶化 |
| 普洱 | 54.35 | 8.14 | -85.02 | 恶化 |
| 临沧 | 30.49 | 13.10 | -57.02 | 恶化 |
| 楚雄 | 40.00 | 27.17 | -32.07 | 恶化 |
| 红河 | 34.18 | 29.40 | -14.00 | 恶化 |
| 文山 | 41.84 | 22.29 | -46.72 | 恶化 |
| 西双版纳 | 49.46 | 18.64 | -62.30 | 恶化 |
| 大理 | 23.79 | 17.90 | -24.76 | 恶化 |
| 德宏 | 42.31 | 11.11 | -73.74 | 恶化 |

续表

| 地区 | 2017年发明占专利申请数比重（%） | 2022年发明占专利申请数比重（%） | 期末比期初增长（%） | 评价 |
|---|---|---|---|---|
| 怒江 | 14.29 | 54.55 | 281.70 | 改善 |
| 迪庆 | 23.33 | 35.00 | 50.02 | 改善 |
| 全省平均 | 33.01 | 23.73 | −28.13 | 恶化 |

6年来，发明占专利申请数比重指标呈现增长态势的有怒江州、昭通市、迪庆州共3个地州；而其他13个地州该指标均呈现下降态势，特别是普洱市，其指数下降比较明显，由54.35%下降至8.14%。根据2022年的发明占专利申请数比重，全省平均值为23.73%，排名第一的是怒江州54.55%，第二名是昆明市37.81%，第三名是丽江市37.04%。

综合上述两个指标的数据变化趋势，昆明市在创新产出方面在云南省内名列前茅，发明和专利情况在云南省内占绝对优势。

（四）创新成效发展评价

2017—2022年云南省大部分地州新产品销售收入占主营业务收入比重这一指标涨跌情况各不相同，全省新产品销售收入占主营业务收入比重平均值的增长速度为68.82%。其中增长速度最快的是迪庆州，新产品销售收入占主营业务收入比重由2017年的0.06%增长至2022年的1.58%，增长速度为2 530.40%，涨势惊人；而该指标下降最快的是丽江市，由2017年的2.26%降低至2022年的0.87%（见表6-10）。

6年来，新产品销售收入占主营业务收入比重指标增长速度较快的有迪庆州、西双版纳州、昭通市、保山市和玉溪市；而增长速度下降的地州也有8个，其中丽江市、红河州、普洱市下降幅度较大。根据2022年的新产品销售收入占主营业务收入比重，全省平均值为7.66%，排名第一的是怒江州20.63%，第二名是玉溪市19.56%，第三名是西双版纳州13.61%。

表6-10　2017—2022年云南省各地州新产品销售收入占主营业务收入比重

| 地区 | 2017年新产品销售收入占主营业务收入比重（%） | 2022年新产品销售收入占主营业务收入比重（%） | 期末比期初增长（%） | 评价 |
|---|---|---|---|---|
| 昆明 | 9.04 | 7.81 | -13.56 | 恶化 |
| 曲靖 | 10.87 | 8.72 | -19.75 | 恶化 |
| 玉溪 | 4.94 | 19.56 | 295.85 | 改善 |
| 保山 | 3.68 | 13.41 | 264.47 | 改善 |
| 昭通 | 1.41 | 8.17 | 479.70 | 改善 |
| 丽江 | 2.26 | 0.87 | -61.59 | 恶化 |
| 普洱 | 5.24 | 2.82 | -46.25 | 恶化 |
| 临沧 | 3.12 | 2.95 | -5.60 | 恶化 |
| 楚雄 | 3.71 | 8.74 | 135.67 | 改善 |
| 红河 | 8.04 | 4.31 | -46.39 | 恶化 |
| 文山 | 2.02 | 1.75 | -13.23 | 恶化 |
| 西双版纳 | 1.10 | 13.61 | 1 137.23 | 改善 |
| 大理 | 4.10 | 3.40 | -17.16 | 恶化 |
| 德宏 | 3.01 | 4.29 | 42.59 | 改善 |
| 怒江 | 10.03 | 20.63 | 105.64 | 改善 |
| 迪庆 | 0.06 | 1.58 | 2 530.40 | 改善 |
| 全省平均 | 3.14 | 7.66 | 68.82 | 改善 |

2017—2022年云南省大部分地州新产品项目数这一指标有所提高，全省新产品项目数平均值的增长速度为54.42%，其中增长速度最快的是文山州，其新产品项目数由2017年的95个增长至2022年的342个，增长速度为260%（见表6-11）。

6年来，新产品项目数指标增长速度超过100%的有文山州、昭通市、迪庆州、西双版纳州共4个地州；而指标值下降的地州也有4个，分别是曲靖市、丽江市、楚雄州和怒江州。根据2022年的新产品项目数，全省平均值为406个，排名第一的是昆明市3 370个，第二名是玉溪市660个，第三名是曲靖市611个，其中昆明市的新产品项目数遥遥领先。

表6-11　　2017—2022年云南省各地州新产品项目数

| 地区 | 2017年新产品项目数（个） | 2022年新产品项目数（个） | 期末比期初增长（%） | 评价 |
| --- | --- | --- | --- | --- |
| 昆明 | 1 885 | 3 370 | 78.78 | 改善 |
| 曲靖 | 789 | 611 | -22.56 | 恶化 |
| 玉溪 | 390 | 660 | 69.23 | 改善 |
| 保山 | 140 | 245 | 75.00 | 改善 |
| 昭通 | 51 | 146 | 186.27 | 改善 |
| 丽江 | 44 | 35 | -20.45 | 恶化 |
| 普洱 | 82 | 128 | 56.10 | 改善 |
| 临沧 | 53 | 104 | 96.23 | 改善 |
| 楚雄 | 221 | 156 | -29.41 | 恶化 |
| 红河 | 199 | 338 | 69.85 | 改善 |
| 文山 | 95 | 342 | 260.00 | 改善 |

续表

| 地区 | 2017年新产品项目数（个） | 2022年新产品项目数（个） | 期末比期初增长（%） | 评价 |
|---|---|---|---|---|
| 西双版纳 | 31 | 73 | 135.48 | 改善 |
| 大理 | 172 | 209 | 21.51 | 改善 |
| 德宏 | 39 | 49 | 25.64 | 改善 |
| 怒江 | 5 | 0 | -100.00 | 恶化 |
| 迪庆 | 12 | 32 | 166.67 | 改善 |
| 全省平均 | 263 | 406 | 54.42 | 改善 |

综合上述两个指标的数据变化趋势，在创新成效方面，云南省各地州各有特点，总体来说新产品项目数增长显著，但有较多地州新产品销售收入占主营业务收入比重这一指标有所下降。其中，玉溪市在创新成效方面的表现较为突出，另外云南省很多地州的主营业务收入有较大提升的同时，其新产品销售收入增长的速度没有跟上主营业务发展的速度。

## 五、创新发展指数分析

基于上文构建的云南省经济高质量发展评价指标体系，创新发展指标体系从创新环境、创新投入、创新产出、创新成效4个方面用9个指标对云南省各地州的创新发展状况进行了综合评价和分析。对上述指标进行标准化、数据平移、计算熵值、信息熵冗余度等得到各指标权数，将指标赋权求和后得到云南省16个地州的创新发展综合指数得分，并按照创新发展综合指数得分对各地州进行排名，具体数据见表6-12、表6-13。

表6-12　2017—2022年云南省各地州创新发展综合指数得分

| 地区 | 2017年创新发展综合指数得分 | 2018年创新发展综合指数得分 | 2019年创新发展综合指数得分 | 2020年创新发展综合指数得分 | 2021年创新发展综合指数得分 | 2022年创新发展综合指数得分 |
|---|---|---|---|---|---|---|
| 昆明 | 0.93 | 0.92 | 0.88 | 0.79 | 0.79 | 0.63 |
| 曲靖 | 0.48 | 0.46 | 0.44 | 0.41 | 0.46 | 0.33 |
| 玉溪 | 0.47 | 0.66 | 0.68 | 0.68 | 0.64 | 0.64 |
| 保山 | 0.13 | 0.20 | 0.26 | 0.33 | 0.27 | 0.39 |
| 昭通 | 0.04 | 0.13 | 0.18 | 0.18 | 0.25 | 0.12 |
| 丽江 | 0.19 | 0.12 | 0.09 | 0.25 | 0.36 | 0.21 |
| 普洱 | 0.24 | 0.26 | 0.19 | 0.12 | 0.07 | 0.05 |
| 临沧 | 0.12 | 0.14 | 0.15 | 0.16 | 0.07 | 0.07 |
| 楚雄 | 0.20 | 0.24 | 0.21 | 0.21 | 0.23 | 0.24 |
| 红河 | 0.40 | 0.42 | 0.45 | 0.39 | 0.40 | 0.28 |
| 文山 | 0.18 | 0.20 | 0.14 | 0.16 | 0.15 | 0.20 |
| 西双版纳 | 0.17 | 0.21 | 0.17 | 0.20 | 0.14 | 0.17 |
| 大理 | 0.20 | 0.23 | 0.20 | 0.20 | 0.18 | 0.12 |
| 德宏 | 0.19 | 0.13 | 0.08 | 0.04 | 0.12 | 0.06 |
| 怒江 | 0.17 | 0.17 | 0.11 | 0.12 | 0.22 | 0.39 |
| 迪庆 | 0.11 | 0.12 | 0.18 | 0.13 | 0.28 | 0.20 |

表6-13　2017—2022年云南省各地州创新发展综合指数排名

| 地区 | 2017年排名 | 2018年排名 | 2019年排名 | 2020年排名 | 2021年排名 | 2022年排名 | 排名变化 |
|---|---|---|---|---|---|---|---|
| 昆明 | 1 | 1 | 1 | 1 | 1 | 2 | 下降 |
| 曲靖 | 2 | 3 | 4 | 3 | 3 | 5 | 下降 |

续表

| 地区 | 2017年排名 | 2018年排名 | 2019年排名 | 2020年排名 | 2021年排名 | 2022年排名 | 排名变化 |
|---|---|---|---|---|---|---|---|
| 玉溪 | 3 | 2 | 2 | 2 | 2 | 1 | 上升 |
| 保山 | 13 | 10 | 5 | 5 | 7 | 3 | 上升 |
| 昭通 | 16 | 14 | 10 | 10 | 8 | 13 | 上升 |
| 丽江 | 8 | 15 | 15 | 6 | 5 | 8 | 不变 |
| 普洱 | 5 | 5 | 8 | 14 | 16 | 16 | 下降 |
| 临沧 | 14 | 12 | 12 | 11 | 15 | 14 | 不变 |
| 楚雄 | 6 | 6 | 6 | 7 | 9 | 7 | 下降 |
| 红河 | 4 | 4 | 3 | 4 | 4 | 6 | 下降 |
| 文山 | 10 | 9 | 13 | 12 | 12 | 9 | 上升 |
| 西双版纳 | 11 | 8 | 11 | 8 | 13 | 11 | 不变 |
| 大理 | 7 | 7 | 7 | 9 | 11 | 12 | 下降 |
| 德宏 | 9 | 13 | 16 | 16 | 14 | 15 | 下降 |
| 怒江 | 12 | 11 | 14 | 15 | 10 | 4 | 上升 |
| 迪庆 | 15 | 16 | 9 | 13 | 6 | 10 | 上升 |

根据2022年创新发展综合指数得分，排名前三的地州分别是玉溪市、昆明市和保山市，上述三个地州在创新发展方面取得较好成绩。从2017年至2022年的创新发展综合指数排名数据看，昆明市除2022年被玉溪市超越之外，始终排名第一；玉溪市的排名逐步由2017年的第三上升至第二，最后在2022年上升至第一名，以0.01分的微弱优势战胜昆明市；保山市创新发展综合指数排名由2017年的

第十三一路上升至2022年的第三，排名上升情况最为突出。

创新发展综合指数排名上升的地州共有6个，分别是玉溪市、保山市、昭通市、文山州、怒江州和迪庆州；创新发展综合指数排名不变的地州有3个，分别是丽江市、临沧市和西双版纳州；创新发展综合指数排名下降的地州共有7个，分别是昆明市、曲靖市、普洱市、楚雄州、红河州、大理州和德宏州。

## 第二节　协调发展测度

### 一、协调发展指标体系构建

经济协调发展是指在经济发展过程中，各个部门、各个地区、各个层次之间的协调和平衡。协调发展能够促进经济增长的质量和效益，提高经济社会发展的综合效益和可持续性；促进社会公平正义，缩小收入差距，改善民生福祉，增强社会凝聚力和稳定性；促进生态文明建设，保护自然资源和环境，实现人与自然的和谐共生。

协调发展指标体系从产业协调、区域协调、城乡协调3个方面，选取第二、第三产业增加值占生产总值比重，第三产业增加值占第二、第三产业增加值比重，人均地区生产总值与全省人均地区生产总值之比，人均可支配收入与全省人均可支配收入之比，职工平均工资，城乡居民收入水平比，城乡居民消费水平比共7个指标，对云南省16个地州的协调发展情况进行了综合评价和分析。

## 二、协调发展指标说明

协调发展指数的编制采用了7个指标，分别从产业协调、区域协调、城乡协调3个方面评价协调发展质量。

（一）产业协调

产业协调方面选择第二、第三产业增加值占生产总值比重（%），第三产业增加值占第二、第三产业增加值比重（%）2个指标进行评价。其中：

第二、第三产业增加值占生产总值比重=（第二产业增加值+第三产业增加值）÷地区生产总值×100%

第三产业增加值占第二、第三产业增加值比重=第三产业增加值÷（第二产业增加值+第三产业增加值）×100%

我国的三次产业划分分别是：第一产业是指农、林、牧、渔业；第二产业是指采矿业，制造业，电力、热力、燃气及水生产和供应业，建筑业；第三产业即服务业，是指除第一产业、第二产业以外的其他行业。

（二）区域协调

区域协调方面选择人均地区生产总值与全省人均地区生产总值之比、人均可支配收入与全省人均可支配收入之比、职工平均工资（万元）3个指标进行评价。其中：

人均地区生产总值=地区生产总值÷总人口数

人均地区生产总值是衡量一个地区经济发展状况的重要指标。

人均地区生产总值与全省人均地区生产总值之比=各地州人均地区生产总值÷全省人均地区生产总值

人均可支配收入与全省人均可支配收入之比=各地州人均可支配收入÷全省人均可支配收入

职工平均工资=全部职工工资总额÷职工平均人数

平均工资是指企事业、机关单位的职工在一定时期内平均每人的货币工资数额，是反映工资水平的重要指标。

（三）城乡协调

城乡协调方面选择城乡居民收入水平比（倍）、城乡居民消费水平比（倍）2个指标进行评价。其中：

$$\frac{\text{城乡居民}}{\text{收入水平比}}=\frac{\text{城镇常住居民}}{\text{人均可支配收入}}\div\text{农村常住居民人均可支配收入}$$

人均可支配收入反映居民能够安排用于家庭日常生活的那部分收入，运用城镇和农村的数据进行对比，能够反映城乡之间收入差距的基本情况。

城乡居民消费水平比=城镇人均消费÷乡村人均消费

人均消费水平是指一定时期内平均每人占有和享受的物质生活资料和服务的数量。运用城镇和农村的数据进行对比，能够反映城乡之间居民消费差距的基本情况。

## 三、协调发展指标权数分析

根据熵值法计算各指标权数，运用云南省16个地州2017至2022年上述7个指标的原始数据进行数据平移，计算熵值、信息熵冗余度，最终得到二级指标的权数，见表6-14。

在协调发展指数3个二级指标中，区域协调的权数最大，6年间的平均权数达到0.43，且有逐年上升的趋势，说明区域之间的差距在不断加大；其次是产业协调，平均权数达到0.34，说明经济发展过程中第一、二、三产业之间的差距也在加大；城乡协调的权数最小，6年间的平均权数为0.23，随着城镇化水平越来越高，城乡之间的差距在不断缩小，因此城乡协调的权数没有增长趋势。

表6-14　　　　　　　　协调发展指数二级指标权数

| 一级指标 | 二级指标 | 2017年权数 | 2018年权数 | 2019年权数 | 2020年权数 | 2021年权数 | 2022年权数 | 平均权数 |
|---|---|---|---|---|---|---|---|---|
| 协调发展指数 | 产业协调 | 0.35 | 0.35 | 0.36 | 0.35 | 0.33 | 0.31 | 0.34 |
| | 区域协调 | 0.42 | 0.41 | 0.44 | 0.42 | 0.43 | 0.45 | 0.43 |
| | 城乡协调 | 0.23 | 0.24 | 0.20 | 0.23 | 0.24 | 0.24 | 0.23 |

在协调发展指数的7个三级指标（见表6-15）中，第三产业增加值占第二、第三产业增加值比重，第二、第三产业增加值占生产总值比重，人均地区生产总值与全省人均地区生产总值之比3个指标所占权数较大。其中，第三产业增加值占第二、第三产业增加值比重的权数最大，说明云南省各地州的第三产业增加值不断增长，各地州之间的差距较大；第二、第三产业增加值占生产总值比重的权数逐渐降低，说明各地州之间的差距在逐渐缩小。

表6-15　　　　　　　　协调发展指数三级指标权数

| 一级指标 | 二级指标 | 三级指标 | 2017年权数 | 2018年权数 | 2019年权数 | 2020年权数 | 2021年权数 | 2022年权数 | 平均权数 |
|---|---|---|---|---|---|---|---|---|---|
| 协调发展指数 | 产业协调 | 第二、第三产业增加值占生产总值比重（+） | 0.19 | 0.18 | 0.15 | 0.15 | 0.15 | 0.13 | 0.16 |
| | | 第三产业增加值占第二、第三产业增加值比重（+） | 0.16 | 0.17 | 0.22 | 0.20 | 0.18 | 0.17 | 0.18 |
| | 区域协调 | 人均地区生产总值与全省人均地区生产总值之比（+） | 0.16 | 0.16 | 0.17 | 0.16 | 0.16 | 0.15 | 0.16 |

续表

| 一级指标 | 二级指标 | 三级指标 | 2017年权数 | 2018年权数 | 2019年权数 | 2020年权数 | 2021年权数 | 2022年权数 | 平均权数 |
|---|---|---|---|---|---|---|---|---|---|
| 协调发展指数 | 区域协调 | 人均可支配收入与全省人均可支配收入之比（+） | 0.13 | 0.13 | 0.14 | 0.13 | 0.13 | 0.13 | 0.13 |
| | | 职工平均工资（+） | 0.12 | 0.12 | 0.14 | 0.13 | 0.14 | 0.17 | 0.14 |
| | 城乡协调 | 城乡居民收入水平比（－） | 0.11 | 0.11 | 0.11 | 0.11 | 0.10 | 0.10 | 0.11 |
| | | 城乡居民消费水平比（－） | 0.13 | 0.13 | 0.09 | 0.13 | 0.13 | 0.14 | 0.12 |

## 四、协调发展程度评价

### （一）产业协调

2017—2022年云南省各地州第二、第三产业增加值占生产总值比重这一指标涨跌情况各不相同，全省第二、第三产业增加值占生产总值比重平均值的增长速度为0.61%。其中，增长速度最快的是曲靖市，其第二、第三产业增加值占生产总值比重由2017年的81.88%增长至2022年的85.40%，增长速度为4.3%；该指标下降的地州共有6个，分别是昆明市、临沧市、楚雄州、大理州、怒江州、迪庆州，其中昆明市和迪庆州指标的绝对值很高，虽然其增长速度略有下降，但省内排名仍然很靠前；其他9个地州的指标均呈现上升趋势。

根据2022年的第二、第三产业增加值占生产总值比重，全省平均值为82.77%，排名第一的是昆明市95.66%，第二名是迪庆州93.37%，第三名是玉溪市90.19%（见表6-16）。

表6-16　　2017—2022年云南省各地州第二、第三产业增加值占生产总值比重

| 地区 | 2017年第二、第三产业增加值占生产总值比重（%） | 2022年第二、第三产业增加值占生产总值比重（%） | 期末比期初增长（%） | 评价 |
|---|---|---|---|---|
| 昆明 | 95.67 | 95.66 | -0.01 | 恶化 |
| 曲靖 | 81.88 | 85.40 | 4.30 | 改善 |
| 玉溪 | 89.97 | 90.19 | 0.24 | 改善 |
| 保山 | 76.57 | 76.74 | 0.22 | 改善 |
| 昭通 | 81.21 | 83.39 | 2.68 | 改善 |
| 丽江 | 85.39 | 86.06 | 0.78 | 改善 |
| 普洱 | 74.41 | 75.50 | 1.46 | 改善 |
| 临沧 | 73.14 | 69.27 | -5.29 | 恶化 |
| 楚雄 | 81.76 | 81.47 | -0.35 | 恶化 |
| 红河 | 84.78 | 86.74 | 2.31 | 改善 |
| 文山 | 79.85 | 82.95 | 3.88 | 改善 |
| 西双版纳 | 75.42 | 77.03 | 2.13 | 改善 |
| 大理 | 79.85 | 77.68 | -2.72 | 恶化 |
| 德宏 | 77.07 | 78.54 | 1.90 | 改善 |
| 怒江 | 85.26 | 84.28 | -1.15 | 恶化 |
| 迪庆 | 93.95 | 93.37 | -0.62 | 恶化 |
| 全省平均 | 82.26 | 82.77 | 0.61 | 改善 |

2017—2022年云南省大部分地州第三产业增加值占第二、第三产业增加值比重这一指标是增长的，全省第三产业增加值占第二、第三产业增加值比重平均值的增长速度为6.47%。其中增长速度最快

的是大理州，第三产业增加值占第二、第三产业增加值比重由2017年的51.90%增长至2022年的63.86%，增长速度为23.05%。该指标下降的地州有5个，分别是曲靖市、保山市、楚雄州、文山州、怒江州，这几个地州的第三产业增加值在近3年中有所下降；其他11个地州的指标均呈现上升趋势。

根据2022年的第三产业增加值占第二、第三产业增加值比重，全省平均值为58%，排名第一的是德宏州73.71%，第二名是普洱市66.88%，第三名是昆明市66.55%（见表6-17）。

表6-17　**2017—2022年云南省各地州第三产业增加值占第二、第三产业增加值比重**

| 地区 | 2017年第三产业增加值占第二、第三产业增加值比重（%） | 2022年第三产业增加值占第二、第三产业增加值比重（%） | 期末比期初增长（%） | 评价 |
|---|---|---|---|---|
| 昆明 | 59.85 | 66.55 | 11.19 | 改善 |
| 曲靖 | 52.38 | 50.88 | -2.87 | 恶化 |
| 玉溪 | 42.71 | 50.28 | 17.72 | 改善 |
| 保山 | 52.74 | 49.41 | -6.32 | 恶化 |
| 昭通 | 47.06 | 51.62 | 9.69 | 改善 |
| 丽江 | 52.69 | 57.93 | 9.95 | 改善 |
| 普洱 | 52.04 | 66.88 | 28.51 | 改善 |
| 临沧 | 52.95 | 62.22 | 17.50 | 改善 |
| 楚雄 | 52.23 | 46.15 | -11.63 | 恶化 |
| 红河 | 45.12 | 53.31 | 18.16 | 改善 |
| 文山 | 54.86 | 53.81 | -1.91 | 恶化 |

续表

| 地区 | 2017年第三产业增加值占第二、第三产业增加值比重（%） | 2022年第三产业增加值占第二、第三产业增加值比重（%） | 期末比期初增长（%） | 评价 |
|---|---|---|---|---|
| 西双版纳 | 64.10 | 65.87 | 2.76 | 改善 |
| 大理 | 51.90 | 63.86 | 23.05 | 改善 |
| 德宏 | 67.58 | 73.71 | 9.07 | 改善 |
| 怒江 | 64.15 | 55.08 | -14.14 | 恶化 |
| 迪庆 | 59.29 | 60.47 | 1.99 | 改善 |
| 全省平均 | 54.48 | 58.00 | 6.47 | 改善 |

综合上述两个指标的数据变化趋势，昆明在产业协调方面始终保持领先，其他地州各有特点，均在产业协调方面保持较好的发展趋势。

（二）区域协调

2017—2022年云南省大部分地州人均地区生产总值与全省人均地区生产总值之比这一指标是增长的，虽然昆明市该指标是负增长的，但指标绝对值远高于全省平均水平。全省来说，人均地区生产总值与全省人均地区生产总值之比的平均值降低1.61%。

该指标保持增长的地州有10个，其中增长速度最快的是楚雄州，其人均地区生产总值与全省人均地区生产总值之比由2017年的1增长至2022年的1.20，增长速度为19.98%；出现负增长的地州有6个，分别是昆明市、西双版纳州、大理州、德宏州、怒江州、迪庆州。根据2022年的人均地区生产总值与全省人均地区生产总值之比，全省平均值为0.95，排名第一的是玉溪市1.81，第二名是昆明市1.43，第三名是迪庆州1.26（见表6-18）。

表6-18　　2017—2022年云南省各地州人均地区生产总值与全省人均地区生产总值之比

| 地区 | 2017年人均地区生产总值与全省人均地区生产总值之比 | 2022年人均地区生产总值与全省人均地区生产总值之比 | 期末比期初增长（%） | 评价 |
| --- | --- | --- | --- | --- |
| 昆明 | 2.10 | 1.43 | -31.95 | 恶化 |
| 曲靖 | 0.93 | 1.08 | 15.64 | 改善 |
| 玉溪 | 1.74 | 1.81 | 3.90 | 改善 |
| 保山 | 0.76 | 0.85 | 11.80 | 改善 |
| 昭通 | 0.44 | 0.50 | 13.92 | 改善 |
| 丽江 | 0.77 | 0.81 | 4.73 | 改善 |
| 普洱 | 0.70 | 0.73 | 4.55 | 改善 |
| 临沧 | 0.70 | 0.72 | 3.52 | 改善 |
| 楚雄 | 1.00 | 1.20 | 19.98 | 改善 |
| 红河 | 0.92 | 1.05 | 14.07 | 改善 |
| 文山 | 0.65 | 0.66 | 1.58 | 改善 |
| 西双版纳 | 0.98 | 0.89 | -8.74 | 恶化 |
| 大理 | 0.87 | 0.83 | -4.45 | 恶化 |
| 德宏 | 0.80 | 0.72 | -9.81 | 恶化 |
| 怒江 | 0.76 | 0.74 | -3.12 | 恶化 |
| 迪庆 | 1.41 | 1.26 | -10.61 | 恶化 |
| 全省平均 | 0.97 | 0.95 | -1.61 | 恶化 |

2017—2022年云南省各地州人均可支配收入与全省人均可支配收入之比这一指标涨跌情况各不相同，全省来说，人均可支配收入与

全省人均可支配收入之比的平均值降低0.44%。共有7个地州的指标值基本保持不变，分别是昆明市、曲靖市、昭通市、丽江市、普洱市、文山州和怒江州；有5个地州指标值保持增长，增长速度最快的是临沧市，其人均可支配收入与全省人均可支配收入之比由2017年的0.81增长至2022年的0.83，增长速度为2.53%；该指标下降的地州有4个，分别是玉溪市、保山市、大理州和德宏州。

根据2022年的人均可支配收入与全省人均可支配收入之比，全省平均值为0.96，排名第一的是昆明市1.28，第二名是玉溪市1.12，（并列）第三名是楚雄州和迪庆州1.04（见表6-19）。

表6-19　**2017—2022年云南省各地州人均可支配收入与全省人均可支配收入之比**

| 地州 | 2017年人均可支配收入与全省人均可支配收入之比 | 2022年人均可支配收入与全省人均可支配收入之比 | 期末比期初增长（%） | 评价 |
|---|---|---|---|---|
| 昆明 | 1.28 | 1.28 | 0.00 | 不变 |
| 曲靖 | 1.03 | 1.03 | 0.00 | 不变 |
| 玉溪 | 1.16 | 1.12 | -3.42 | 恶化 |
| 保山 | 0.97 | 0.96 | -0.95 | 恶化 |
| 昭通 | 0.82 | 0.82 | 0.00 | 不变 |
| 丽江 | 0.98 | 0.98 | 0.00 | 不变 |
| 普洱 | 0.87 | 0.87 | 0.00 | 不变 |
| 临沧 | 0.81 | 0.83 | 2.53 | 改善 |
| 楚雄 | 1.02 | 1.04 | 2.11 | 改善 |
| 红河 | 0.99 | 1.00 | 0.59 | 改善 |

续表

| 地州 | 2017年人均可支配收入与全省人均可支配收入之比 | 2022年人均可支配收入与全省人均可支配收入之比 | 期末比期初增长（%） | 评价 |
|---|---|---|---|---|
| 文山 | 0.90 | 0.90 | 0.00 | 不变 |
| 西双版纳 | 0.88 | 0.90 | 1.87 | 改善 |
| 大理 | 1.03 | 1.01 | -1.63 | 恶化 |
| 德宏 | 0.87 | 0.79 | -9.15 | 恶化 |
| 怒江 | 0.73 | 0.73 | 0.00 | 不变 |
| 迪庆 | 1.03 | 1.04 | 1.07 | 改善 |
| 全省平均 | 0.96 | 0.96 | -0.44 | 恶化 |

2017—2022年云南省各地州职工平均工资这一指标均是增长的，全省职工平均工资的增长速度为40.23%。其中，增长速度最快的是曲靖市，其职工平均工资这一指标由2017年的6.36万元增长至2022年的10.08万元，增长速度为58.56%。该指标增长较快的地州还有怒江州和昆明市。该指标增长最慢的三个地州，分别是迪庆州、楚雄州和西双版纳州。

根据2022年的职工平均工资，全省平均值为10.66万元，排名第一的是迪庆州13.78万元，第二名是怒江州12.02万元，第三名是昆明市11.87万元（见表6-20）。

表6-20　2017—2022年云南省各地州职工平均工资

| 地区 | 2017年职工平均工资（万元） | 2022年职工平均工资（万元） | 期末比期初增长（%） | 评价 |
|---|---|---|---|---|
| 昆明 | 7.64 | 11.87 | 55.34 | 改善 |
| 曲靖 | 6.36 | 10.08 | 58.56 | 改善 |
| 玉溪 | 7.01 | 10.86 | 54.88 | 改善 |

续表

| 地区 | 2017年职工平均工资（万元） | 2022年职工平均工资（万元） | 期末比期初增长（%） | 评价 |
|---|---|---|---|---|
| 保山 | 6.22 | 9.53 | 53.28 | 改善 |
| 昭通 | 7.18 | 10.32 | 43.78 | 改善 |
| 丽江 | 7.39 | 11.43 | 54.62 | 改善 |
| 普洱 | 8.09 | 10.72 | 32.46 | 改善 |
| 临沧 | 7.31 | 10.05 | 37.52 | 改善 |
| 楚雄 | 8.05 | 10.04 | 24.73 | 改善 |
| 红河 | 7.42 | 9.79 | 31.98 | 改善 |
| 文山 | 7.64 | 10.28 | 34.50 | 改善 |
| 西双版纳 | 7.54 | 9.80 | 30.00 | 改善 |
| 大理 | 7.53 | 10.33 | 37.18 | 改善 |
| 德宏 | 6.87 | 9.73 | 41.64 | 改善 |
| 怒江 | 7.72 | 12.02 | 55.68 | 改善 |
| 迪庆 | 11.71 | 13.78 | 17.67 | 改善 |
| 全省平均 | 7.61 | 10.66 | 40.23 | 改善 |

综合上述三个指标的数据变化趋势，昆明市、玉溪市和迪庆州在区域协调方面始终保持领先，同时具有较快的增长速度，说明上述地区的区域协调性较好。

（三）城乡协调

城乡居民收入水平比的指标值越小，代表该地区的城乡协调性越好。2017—2022年云南省各地州城乡居民收入水平比这一指标均呈现不断改善的态势，全省城乡居民收入水平比的平均值降低11.68%。其中，改善最明显的是怒江州，其城乡居民收入水平比由2017年的3.86下降至2022年的3.30。该指标下降较快的地州还有玉溪市和迪庆州，说明这两个地州的城乡协调性改善较明显。

根据2022年的城乡居民收入水平比数据，指标值越低，说明城乡协调性越好，全省平均值为2.66，排名第一的是西双版纳州2.07，第二名是临沧市2.30，第三名是玉溪市2.38（见表6-21）。

表6-21　2017—2022年云南省各地州城乡居民收入水平比

| 地区 | 2017年城乡居民收入水平比 | 2022年城乡居民收入水平比 | 期末比期初增长（%） | 评价 |
|---|---|---|---|---|
| 昆明 | 2.90 | 2.60 | -10.56 | 改善 |
| 曲靖 | 2.81 | 2.49 | -11.47 | 改善 |
| 玉溪 | 2.76 | 2.38 | -13.79 | 改善 |
| 保山 | 2.92 | 2.58 | -11.75 | 改善 |
| 昭通 | 2.95 | 2.60 | -11.82 | 改善 |
| 丽江 | 3.19 | 2.81 | -11.98 | 改善 |
| 普洱 | 2.83 | 2.51 | -11.25 | 改善 |
| 临沧 | 2.55 | 2.30 | -9.72 | 改善 |
| 楚雄 | 3.15 | 2.85 | -9.67 | 改善 |
| 红河 | 2.97 | 2.62 | -11.94 | 改善 |
| 文山 | 3.05 | 2.67 | -12.29 | 改善 |
| 西双版纳 | 2.26 | 2.07 | -8.46 | 改善 |
| 大理 | 3.02 | 2.67 | -11.51 | 改善 |
| 德宏 | 2.85 | 2.53 | -11.37 | 改善 |
| 怒江 | 3.86 | 3.30 | -14.33 | 改善 |
| 迪庆 | 4.10 | 3.57 | -12.90 | 改善 |
| 全省平均 | 3.01 | 2.66 | -11.68 | 改善 |

城乡居民消费水平比的指标值越小，代表该地区的城乡协调性越好。2017—2022年云南省大部分地州城乡居民消费水平比这一指标涨跌情况各不相同，全省乡居民消费水平比的平均值降低30.16%。共有10个地州该指标有所改善，其中改善最明显的是临沧市，其城

乡居民消费水平比由2017年的7.01下降至2022年的1.49。该指标下降较快的地州还有怒江州和保山市，说明这两个地州的城乡协调性改善较明显。

根据2022年的城乡居民消费水平比数据，指标值越低，说明城乡协调性越好，全省平均值为4.32，排名第一的是临沧市1.49，第二名是曲靖市1.85，第三名是怒江州2.00（见表6-22）。

表6-22　**2017—2022年云南省各地州城乡居民消费水平比**

| 地区 | 2017年城乡居民消费水平比 | 2022年城乡居民消费水平比 | 期末比期初增长（%） | 评价 |
|---|---|---|---|---|
| 昆明 | 7.24 | 3.58 | -50.56 | 改善 |
| 曲靖 | 2.99 | 1.85 | -38.13 | 改善 |
| 玉溪 | 5.80 | 4.05 | -30.27 | 改善 |
| 保山 | 11.22 | 3.08 | -72.55 | 改善 |
| 昭通 | 12.43 | 8.95 | -27.99 | 改善 |
| 丽江 | 5.42 | 2.14 | -60.47 | 改善 |
| 普洱 | 6.87 | 8.03 | 16.93 | 恶化 |
| 临沧 | 7.01 | 1.49 | -78.80 | 改善 |
| 楚雄 | 5.63 | 4.86 | -13.58 | 改善 |
| 红河 | 5.27 | 4.10 | -22.19 | 改善 |
| 文山 | 3.29 | 3.48 | 5.87 | 恶化 |
| 西双版纳 | 4.19 | 5.12 | 22.06 | 恶化 |
| 大理 | 5.40 | 5.59 | 3.68 | 恶化 |
| 德宏 | 5.54 | 5.56 | 0.25 | 恶化 |
| 怒江 | 6.87 | 2.00 | -70.94 | 改善 |
| 迪庆 | 3.83 | 5.26 | 37.49 | 恶化 |
| 全省平均 | 6.19 | 4.32 | -30.16 | 改善 |

综合上述两个指标的数据变化趋势，临沧市在城乡居民收入水平比和城乡居民消费水平比方面的指标值均较小，其呈现出城乡协调发展的较好趋势。

## 五、协调发展指数分析

基于上文构建的云南省经济高质量发展评价指标体系，本研究从产业协调、区域协调、城乡协调3个方面用7个指标对云南省各地州的协调发展状况进行了综合评价和分析。对上述指标进行标准化、数据平移、计算熵值、信息熵冗余度等得到各指标权数，将指标赋权求和后得到云南省16个地州的协调发展综合指数得分，按照协调发展综合指数得分对各地州进行评价分析并排名。具体数据见表6-23、表6-24。

表6-23 2017—2022年云南省各地州协调发展综合指数得分

| 地区 | 2017年协调发展综合指数得分 | 2018年协调发展综合指数得分 | 2019年协调发展综合指数得分 | 2020年协调发展综合指数得分 | 2021年协调发展综合指数得分 | 2022年协调发展综合指数得分 |
|---|---|---|---|---|---|---|
| 昆明 | 0.75 | 0.73 | 0.76 | 0.77 | 0.76 | 0.77 |
| 曲靖 | 0.45 | 0.46 | 0.42 | 0.44 | 0.46 | 0.48 |
| 玉溪 | 0.53 | 0.52 | 0.57 | 0.60 | 0.60 | 0.62 |
| 保山 | 0.27 | 0.26 | 0.31 | 0.31 | 0.32 | 0.33 |
| 昭通 | 0.20 | 0.21 | 0.22 | 0.23 | 0.23 | 0.24 |
| 丽江 | 0.42 | 0.43 | 0.49 | 0.49 | 0.50 | 0.50 |
| 普洱 | 0.33 | 0.31 | 0.38 | 0.37 | 0.37 | 0.37 |
| 临沧 | 0.31 | 0.36 | 0.39 | 0.41 | 0.40 | 0.39 |
| 楚雄 | 0.44 | 0.43 | 0.36 | 0.35 | 0.35 | 0.37 |
| 红河 | 0.40 | 0.40 | 0.40 | 0.41 | 0.42 | 0.44 |

续表

| 地区 | 2017年协调发展综合指数得分 | 2018年协调发展综合指数得分 | 2019年协调发展综合指数得分 | 2020年协调发展综合指数得分 | 2021年协调发展综合指数得分 | 2022年协调发展综合指数得分 |
|---|---|---|---|---|---|---|
| 文山 | 0.41 | 0.40 | 0.38 | 0.37 | 0.38 | 0.37 |
| 西双版纳 | 0.51 | 0.50 | 0.51 | 0.45 | 0.45 | 0.44 |
| 大理 | 0.41 | 0.40 | 0.44 | 0.43 | 0.42 | 0.42 |
| 德宏 | 0.45 | 0.46 | 0.48 | 0.47 | 0.42 | 0.42 |
| 怒江 | 0.40 | 0.38 | 0.27 | 0.36 | 0.36 | 0.39 |
| 迪庆 | 0.68 | 0.64 | 0.60 | 0.58 | 0.59 | 0.61 |

表6-24 2017—2022年云南省各地州协调发展综合指数排名

| 地区 | 2017年排名 | 2018年排名 | 2019年排名 | 2020年排名 | 2021年排名 | 2022年排名 | 排名变化 |
|---|---|---|---|---|---|---|---|
| 昆明 | 1 | 1 | 1 | 1 | 1 | 1 | 不变 |
| 曲靖 | 6 | 6 | 8 | 7 | 5 | 5 | 上升 |
| 玉溪 | 3 | 3 | 3 | 2 | 2 | 2 | 上升 |
| 保山 | 15 | 15 | 14 | 15 | 15 | 15 | 不变 |
| 昭通 | 16 | 16 | 16 | 16 | 16 | 16 | 不变 |
| 丽江 | 8 | 7 | 5 | 4 | 4 | 4 | 上升 |
| 普洱 | 13 | 14 | 11 | 11 | 12 | 14 | 下降 |
| 临沧 | 14 | 13 | 10 | 9 | 10 | 11 | 上升 |
| 楚雄 | 7 | 8 | 13 | 14 | 14 | 13 | 下降 |
| 红河 | 11 | 10 | 9 | 10 | 7 | 7 | 上升 |
| 文山 | 10 | 9 | 12 | 12 | 11 | 12 | 下降 |
| 西双版纳 | 4 | 4 | 4 | 6 | 6 | 6 | 下降 |

续表

| 地区 | 2017年排名 | 2018年排名 | 2019年排名 | 2020年排名 | 2021年排名 | 2022年排名 | 排名变化 |
|---|---|---|---|---|---|---|---|
| 大理 | 9 | 11 | 7 | 8 | 8 | 8 | 上升 |
| 德宏 | 5 | 5 | 6 | 5 | 9 | 9 | 下降 |
| 怒江 | 12 | 12 | 15 | 13 | 13 | 10 | 上升 |
| 迪庆 | 2 | 2 | 2 | 3 | 3 | 3 | 下降 |

根据2022年协调发展综合指数得分，排名前三的地州分别是昆明市、玉溪市和迪庆州，上述3个地州在协调发展方面取得较好成绩。从2017年至2022年的协调发展综合指数排名数据看，昆明市始终排名第一，迪庆州由排名第二下降至第三，玉溪市在6年间实现反超，指数排名由第三上升至第二。

协调发展综合指数排名上升的地州共有7个，包括曲靖市、玉溪市、丽江市、临沧市、红河州、大理州和怒江州；协调发展综合指数排名不变的地州有3个，分别是昆明市、保山市和昭通市；协调发展综合指数排名下降的地州共有6个，包括普洱市、楚雄州、文山州、西双版纳州、德宏州和迪庆州。

## 第三节 绿色发展测度

### 一、绿色发展指标体系构建

经济绿色发展是指在经济增长的过程中，注重保护环境资源，实现经济、社会和生态系统的协调发展。绿色发展能够促进经济结构的优化，提高资源利用效率，减少污染排放，改善人民生活质量，增强国家竞争力，实现可持续发展。

绿色发展指标体系从节能减排、资源环境和环境治理3个方面选取单位地区生产总值废水排放、单位地区生产总值废气排放、单位地区生产总值固体废物产生量、人均水资源量、人均公园绿地面积、空气质量二级以上天数、城市污水处理率、建成区绿化覆盖率、一般工业固体废物综合利用率共9个指标，对云南省16个地州的绿色发展情况进行综合评价和分析。

## 二、绿色发展指标说明

绿色发展指数的编制采用了9个指标，分别从节能减排、资源环境和环境治理3个方面评价绿色发展质量。

（一）节能减排

节能减排方面，选择单位地区生产总值废水排放（万吨/亿元）、单位地区生产总值废气排放（亿立方米/亿元）、单位地区生产总值固体废物产生量（万吨/亿元）3个指标进行评价。其中：

单位地区生产总值废水排放=废水排放总量÷地区生产总值

工业废水排放量是指报告期内经过企业厂区所有排放口排放到企业外部的工业废水量。

单位地区生产总值废气排放=废气排放总量÷地区生产总值

工业废气排放量是指报告期内企业厂区内燃烧燃料和生产工艺过程中所产生的各种排入大气的含有污染物的气体总量。

单位地区生产总值固体废物产生量=工业固体废物排放总量÷地区生产总值

工业固体废物排放量是指报告期内企业将所产生的固体废物排到固体废物污染防治设施、场所以外的数量，但不包括矿山开采和掘进的废石。

（二）资源环境

资源环境方面选择人均水资源量（立方米/人）、人均公园绿地面积（平方米）、空气质量二级以上天数（天）3个指标进行评价。其中：

人均水资源量=水资源总量÷总人口数

水资源总量是指各地区内由于降水形成的地下产水总量，不包括过境水量。

人均公园绿地面积=公园绿地面积÷总人口数×100%

人均公园绿地面积是指报告期末区域内城区人口平均每人拥有的公园绿地面积数。

《环境空气质量指数（AQI）技术规定（试行）》将空气污染指数划分为6个等级，等级越高，说明环境污染越严重，即空气质量越差。空气质量二级以上天数也就是空气质量优良的天数。

（三）环境治理

环境治理方面选择城市污水处理率（%）、建成区绿化覆盖率（%）、一般工业固体废物综合利用率（%）3个指标进行评价。其中：

城市污水处理率=城市污水处理厂污水处理量÷城市污水排放总量×100%

城市污水处理量是指城市污水处理厂以及其他处理装置实际处理的污水总量。城市污水排放量既包括城市生活污水，也包括工业废水的排放总量，还包括从排水管道和排水沟渠排出的污水量。

建成区绿化覆盖率=建成区绿化覆盖面积÷建成区面积×100%

绿化覆盖面积是指城市中的草坪、乔木、灌木等所有植被所覆盖的垂直投影面积。建成区面积是指城市行政区内、实际已经成片开发建设、市政公用设施和公共设施基本具备的区域面积。

$$\text{一般工业固体废物综合利用率}=\text{工业固体废物综合利用量}\div(\text{工业固体废物产生量}+\text{综合利用往年贮存量})\times100\%$$

工业固体废物综合利用量是指报告期内企业通过回收、加工、循环、交换等方式，从固体废物中提取或者使其转化为可以利用的资源、能源和其他原材料的固体废物量（包括当年利用往年的工业固体废物贮存量）。

## 三、绿色发展指标权数分析

根据熵值法计算各指标权数，将云南省16个地州2017年至2022年上述9个指标的原始数据进行数据平移，计算熵值、信息熵冗余度，最终得到各级指标的权数，见表6-25。在绿色发展指数3个二级指标中，资源环境的权数最大，6年的平均权数达到0.38，说明云南省各地州资源环境差距较大；其次是环境治理，平均权数达到0.33；节能减排的平均权数最小，只有0.29。

表6-25　　绿色发展指数二级指标权数

| 一级指标 | 二级指标 | 2017年权数 | 2018年权数 | 2019年权数 | 2020年权数 | 2021年权数 | 2022年权数 | 平均权数 |
|---|---|---|---|---|---|---|---|---|
| 绿色发展指数 | 节能减排 | 0.24 | 0.30 | 0.33 | 0.32 | 0.30 | 0.23 | 0.29 |
| | 资源环境 | 0.44 | 0.35 | 0.37 | 0.32 | 0.39 | 0.44 | 0.38 |
| | 环境治理 | 0.32 | 0.35 | 0.29 | 0.37 | 0.31 | 0.33 | 0.33 |

在绿色发展指数的9个三级指标（见表6-26）中，人均水资源量、一般工业固体废物综合利用率两个指标所占权数较大。其中，人均水资源量平均权数达到0.17，一般工业固体废物综合利用率平均权数为0.14，这两个指标近3年呈现下降趋势，说明云南省各地州的人均水资源量和一般工业固体废物综合利用率的差距在逐渐缩小。

表6-26　　绿色发展指数三级指标权数

| 一级指标 | 二级指标 | 三级指标 | 2017年权数 | 2018年权数 | 2019年权数 | 2020年权数 | 2021年权数 | 2022年权数 | 平均权数 |
|---|---|---|---|---|---|---|---|---|---|
| 绿色发展指数 | 节能减排 | 单位地区生产总值废水排放率（-） | 0.10 | 0.09 | 0.16 | 0.11 | 0.06 | 0.06 | 0.10 |
| | | 单位地区生产总值废气排放率（-） | 0.07 | 0.14 | 0.09 | 0.11 | 0.17 | 0.08 | 0.11 |
| | | 单位地区生产总值固体废物产生量（-） | 0.07 | 0.07 | 0.08 | 0.10 | 0.07 | 0.09 | 0.08 |
| | 资源环境 | 人均水资源量（+） | 0.17 | 0.17 | 0.19 | 0.16 | 0.15 | 0.16 | 0.17 |
| | | 人均公园绿地面积（+） | 0.11 | 0.11 | 0.09 | 0.09 | 0.11 | 0.13 | 0.11 |
| | | 空气质量二级以上天数（+） | 0.16 | 0.07 | 0.10 | 0.07 | 0.12 | 0.15 | 0.11 |
| | 环境治理 | 城市污水处理率（+） | 0.08 | 0.07 | 0.07 | 0.12 | 0.09 | 0.09 | 0.08 |

续表

| 一级指标 | 二级指标 | 三级指标 | 2017年权数 | 2018年权数 | 2019年权数 | 2020年权数 | 2021年权数 | 2022年权数 | 平均权数 |
|---|---|---|---|---|---|---|---|---|---|
| 绿色发展指数 | 环境治理 | 建成区绿化覆盖率（+） | 0.09 | 0.12 | 0.09 | 0.12 | 0.09 | 0.10 | 0.10 |
| | | 一般工业固体废物综合利用率（+） | 0.15 | 0.17 | 0.13 | 0.13 | 0.13 | 0.14 | 0.14 |

## 四、绿色发展程度评价

### （一）节能减排

单位地区生产总值废水排放率越小，代表该地区的绿色发展程度越高。2017—2022年云南省16个地州中，15个地州的单位地区生产总值废水排放率这一指标呈现不断改善的态势，全省单位地区生产总值废水排放率的平均值降低27.54%。其中改善最明显的是德宏州，其单位地区生产总值废水排放率由2017年的5.80万吨/亿元下降至2022年的1.21万吨/亿元。

该指标下降幅度较大的地州还有昆明市和昭通市，说明其单位地区生产总值废水排放情况改善明显，绿色发展程度得到明显改善。单位地区生产总值废水排放率指标唯一上升的地州是迪庆州，由2017年的1.22万吨/亿元上升至2022年的9.64万吨/亿元，说明迪庆州的单位地区生产总值废水排放率在持续上升，节能减排情况不断恶化。

根据2022年的单位地区生产总值废水排放率数据，指标值越低，说明绿色发展程度越好，全省平均值为1.29万吨/亿元，排名第一的是昆明市0.20万吨/亿元，第二名是红河州0.30万吨/亿元，第三名是大理州0.36万吨/亿元。指标值越高，说明其绿色发展程度越差，其中迪庆州的单位地区生产总值废水排放率最高，为9.64万吨/亿元（见表6-27）。

表6-27　　2017—2022年云南省各地州单位地区生产总值废水排放率

| 地区 | 2017年单位地区生产总值废水排放率（万吨/亿元） | 2022年单位地区生产总值废水排放率（万吨/亿元） | 期末比期初增长（%） | 评价 |
|---|---|---|---|---|
| 昆明 | 0.69 | 0.20 | -70.93 | 改善 |
| 曲靖 | 0.77 | 0.76 | -1.34 | 改善 |
| 玉溪 | 1.38 | 0.60 | -56.85 | 改善 |
| 保山 | 1.21 | 0.48 | -60.66 | 改善 |
| 昭通 | 2.19 | 0.76 | -65.46 | 改善 |
| 丽江 | 0.62 | 0.40 | -35.86 | 改善 |
| 普洱 | 4.17 | 1.52 | -63.59 | 改善 |
| 临沧 | 1.66 | 0.88 | -47.26 | 改善 |
| 楚雄 | 0.49 | 0.47 | -3.90 | 改善 |
| 红河 | 0.81 | 0.30 | -63.29 | 改善 |
| 文山 | 1.56 | 0.64 | -59.23 | 改善 |
| 西双版纳 | 1.37 | 0.51 | -63.22 | 改善 |
| 大理 | 0.89 | 0.36 | -59.14 | 改善 |
| 德宏 | 5.80 | 1.21 | -79.05 | 改善 |
| 怒江 | 3.76 | 2.01 | -46.55 | 改善 |
| 迪庆 | 1.22 | 9.64 | 687.75 | 恶化 |
| 全省平均 | 1.79 | 1.29 | -27.54 | 改善 |

单位地区生产总值废气排放率指标越小，代表该地区的绿色发展程度越好。2017—2022年云南省16个地州中除文山州外，单位地区生产总值废气排放率这一指标均呈现不断改善的态势，全省单位地区生产总值废气排放率的平均值降低38.51%。其中改善最明显的是昭通市，其单位地区生产总值废气排放率由2017年的3.57亿立方米/亿元下降至2022年的0.60亿立方米/亿元。该指标下降较快的地州还有普洱市和怒江州，说明其单位地区生产总值废气排放率降低明显，绿色发展程度得到明显改善。

全省该指标唯一上升的是文山州，其指标数值由2017年的0.65亿立方米/亿元上升至2022年的1.54亿立方米/亿元。根据2022年的单位地区生产总值废气排放率数据，指标值越低，说明绿色发展程度越强，全省平均值为0.56亿立方米/亿元，排名第一的是西双版纳州0.11亿立方米/亿元，第二名是普洱市0.25亿立方米/亿元，第三名是临沧市0.26亿立方米/亿元。指标值越高，说明绿色发展程度越差，其中文山州的单位地区生产总值废气排放率最高，为1.54亿立方米/亿元（见表6-28）。

表6-28　**2017—2022年云南省各地州单位地区生产总值废气排放率**

| 地区 | 2017年单位地区生产总值废气排放率（亿立方米/亿元） | 2022年单位地区生产总值废气排放率（亿立方米/亿元） | 期末比期初增长（%） | 评价 |
|---|---|---|---|---|
| 昆明 | 0.65 | 0.55 | -16.52 | 改善 |
| 曲靖 | 1.31 | 0.96 | -26.85 | 改善 |
| 玉溪 | 1.06 | 0.99 | -6.93 | 改善 |
| 保山 | 0.48 | 0.43 | -10.91 | 改善 |

续表

| 地区 | 2017年单位地区生产总值废气排放率（亿立方米/亿元） | 2022年单位地区生产总值废气排放率（亿立方米/亿元） | 期末比期初增长（%） | 评价 |
|---|---|---|---|---|
| 昭通 | 3.57 | 0.60 | -83.09 | 改善 |
| 丽江 | 0.52 | 0.28 | -46.34 | 改善 |
| 普洱 | 0.89 | 0.25 | -72.37 | 改善 |
| 临沧 | 0.44 | 0.26 | -40.85 | 改善 |
| 楚雄 | 0.48 | 0.46 | -3.85 | 改善 |
| 红河 | 1.10 | 0.68 | -38.22 | 改善 |
| 文山 | 0.65 | 1.54 | 136.26 | 恶化 |
| 西双版纳 | 0.12 | 0.11 | -11.41 | 改善 |
| 大理 | 0.77 | 0.48 | -37.12 | 改善 |
| 德宏 | 1.11 | 0.63 | -42.99 | 改善 |
| 怒江 | 1.03 | 0.52 | -48.96 | 改善 |
| 迪庆 | 0.51 | 0.29 | -42.45 | 改善 |
| 全省平均 | 0.92 | 0.56 | -38.51 | 改善 |

单位地区生产总值固体废物产生量指标值越低，代表该地区的绿色发展程度越好。2017—2022年，单位地区生产总值固体废物产生量这一指标云南省6个地州呈现不断恶化的态势，10个地州呈现改善的态势，但由于改善幅度较小、恶化程度较大，该指标全省平均值增长速度为11.62%，即平均值呈现恶化态势。其中改善最明显的是文山州，其单位地区生产总值固体废物产生量由2017年的4.03万吨/亿元下降至2022年的0.73万吨/亿元。该指标下降最快的3个地州，分别是文山州、丽江市和楚雄州，说明这3个地州的单位地区生产总值

固体废物产生量改善最明显，绿色发展程度得到明显改善。

根据2022年的单位地区生产总值固体废物产生量数据，指标值越低，说明绿色发展程度越好，全省平均值为0.93万吨/亿元，排名第一的是丽江市0.04万吨/亿元，第二名是保山市0.17万吨/亿元，第三名是临沧市0.22万吨/亿元。指标值越高，说明绿色发展程度越差，其中怒江州的单位地区生产总值固体废物产生量最高，为5.10万吨/亿元（见表6-29）。

表6-29　**2017—2022年云南省各地州单位地区生产总值固体废物产生量**

| 地区 | 2017年单位地区生产总值固体废物产生量（万吨/亿元） | 2022年单位地区生产总值固体废物产生量（万吨/亿元） | 期末比期初增长（%） | 评价 |
|---|---|---|---|---|
| 昆明 | 0.63 | 0.44 | -29.10 | 改善 |
| 曲靖 | 0.75 | 0.42 | -43.39 | 改善 |
| 玉溪 | 1.49 | 1.02 | -31.53 | 改善 |
| 保山 | 0.28 | 0.17 | -39.68 | 改善 |
| 昭通 | 0.26 | 0.26 | 3.19 | 恶化 |
| 丽江 | 0.14 | 0.04 | -69.38 | 改善 |
| 普洱 | 0.59 | 0.33 | -43.40 | 改善 |
| 临沧 | 0.27 | 0.22 | -19.65 | 改善 |
| 楚雄 | 0.66 | 0.29 | -56.04 | 改善 |
| 红河 | 0.87 | 1.13 | 30.20 | 恶化 |
| 文山 | 4.03 | 0.73 | -81.94 | 改善 |
| 西双版纳 | 0.31 | 0.29 | -8.85 | 改善 |
| 大理 | 0.31 | 0.35 | 11.46 | 恶化 |

续表

| 地区 | 2017年单位地区生产总值固体废物产生量（万吨/亿元） | 2022年单位地区生产总值固体废物产生量（万吨/亿元） | 期末比期初增长（%） | 评价 |
|---|---|---|---|---|
| 德宏 | 0.38 | 0.34 | -11.82 | 改善 |
| 怒江 | 1.37 | 5.10 | 271.65 | 恶化 |
| 迪庆 | 0.96 | 3.71 | 286.79 | 恶化 |
| 全省平均 | 0.83 | 0.93 | 11.62 | 恶化 |

综合上述3个指标的数据变化趋势，临沧市在节能减排方面的指标数值均较低，呈现出节能减排绿色发展较好的趋势。

（二）资源环境

2017—2022年云南省所有地州人均水资源量这一指标都是降低的，由于云南省近年来持续干旱，水资源量相对减少，全省人均水资源量的平均值降低14.27%。人均水资源量下降最快的3个地州，分别是昆明市、西双版纳州和玉溪市。

根据2022年的人均水资源量，全省平均值为7 679.98立方米/人，排名第一的是怒江州36 739.93立方米/人，第二名是迪庆州28 644.50立方米/人，第三名是普洱市10 261.60立方米/人。由于昆明市人口众多，水资源总量相对较小，所以2022年昆明市的人均水资源量指标值最低，为651.51立方米/人（见表6-30）。

表6-30　2017—2022年云南省各地州人均水资源量

| 地区 | 2017年人均水资源量（立方米/人） | 2022年人均水资源量（立方米/人） | 期末比期初增长（%） | 评价 |
|---|---|---|---|---|
| 昆明 | 1 134.01 | 651.51 | -42.55 | 恶化 |
| 曲靖 | 2 363.61 | 1 770.33 | -25.10 | 恶化 |

续表

| 地区 | 2017年人均水资源量（立方米/人） | 2022年人均水资源量（立方米/人） | 期末比期初增长（%） | 评价 |
| --- | --- | --- | --- | --- |
| 玉溪 | 2 025.62 | 1 391.13 | -31.32 | 恶化 |
| 保山 | 5 504.97 | 4 851.90 | -11.86 | 恶化 |
| 昭通 | 2 262.96 | 2 022.63 | -10.62 | 恶化 |
| 丽江 | 4 841.86 | 4 675.28 | -3.44 | 恶化 |
| 普洱 | 11 553.10 | 10 261.60 | -11.18 | 恶化 |
| 临沧 | 5 835.31 | 4 580.36 | -21.51 | 恶化 |
| 楚雄 | 1 924.20 | 1 860.03 | -3.33 | 恶化 |
| 红河 | 4 916.19 | 3 534.62 | -28.10 | 恶化 |
| 文山 | 4 807.48 | 4 154.60 | -13.58 | 恶化 |
| 西双版纳 | 9 974.58 | 6 604.74 | -33.78 | 恶化 |
| 大理 | 2 207.59 | 2 203.93 | -0.17 | 恶化 |
| 德宏 | 10 045.84 | 8 932.63 | -11.08 | 恶化 |
| 怒江 | 42 943.33 | 36 739.93 | -14.45 | 恶化 |
| 迪庆 | 30 995.15 | 28 644.50 | -7.58 | 恶化 |
| 全省平均 | 8 958.49 | 7 679.98 | -14.27 | 恶化 |

2017—2022年云南省大部分地州人均公园绿地面积这一指标是上升的，全省人均公园绿地面积平均值的增长速度为25.03%。云南省除丽江市外，共有15个地州在该指标上呈现改善态势，其中指标提升最快的是迪庆州，人均公园绿地面积由2017年的10.79平方米增长至2022年的17.77平方米，增长速度为64.69%。上升较快的地州还

有曲靖市和昭通市。该指标仅有丽江市呈现下降趋势，人均公园绿地面积由2017年的17.29平方米下降至2022年的16.44平方米。

根据2022年的人均公园绿地面积，全省平均值为13.93平方米，排名第一的是迪庆州17.77平方米，第二名是丽江市16.44平方米，第三名是怒江州15.83平方米。2022年的人均公园绿地面积指标值最低的地州是临沧市12.04平方米（见表6-31）。

表6-31　2017—2022年云南省各地州人均公园绿地面积

| 地区 | 2017年人均公园绿地面积（平方米） | 2022年人均公园绿地面积（平方米） | 期末比期初增长（%） | 评价 |
|---|---|---|---|---|
| 昆明 | 11.50 | 13.65 | 18.70 | 改善 |
| 曲靖 | 8.91 | 13.49 | 51.40 | 改善 |
| 玉溪 | 11.39 | 13.82 | 21.33 | 改善 |
| 保山 | 10.62 | 13.71 | 29.10 | 改善 |
| 昭通 | 8.41 | 12.70 | 51.01 | 改善 |
| 丽江 | 17.29 | 16.44 | -4.92 | 恶化 |
| 普洱 | 9.88 | 13.62 | 37.85 | 改善 |
| 临沧 | 10.59 | 12.04 | 13.69 | 改善 |
| 楚雄 | 12.35 | 14.43 | 16.84 | 改善 |
| 红河 | 12.13 | 14.11 | 16.32 | 改善 |
| 文山 | 8.33 | 12.42 | 49.10 | 改善 |
| 西双版纳 | 13.35 | 13.49 | 1.05 | 改善 |
| 大理 | 10.37 | 12.39 | 19.48 | 改善 |
| 德宏 | 11.35 | 13.03 | 14.80 | 改善 |
| 怒江 | 11.05 | 15.83 | 43.26 | 改善 |

续表

| 地区 | 2017年人均公园绿地面积（平方米） | 2022年人均公园绿地面积（平方米） | 期末比期初增长（%） | 评价 |
|---|---|---|---|---|
| 迪庆 | 10.79 | 17.77 | 64.69 | 改善 |
| 全省平均 | 11.14 | 13.93 | 25.03 | 改善 |

2017—2022年云南省各地州空气质量二级以上天数这一指标，全省平均值的增长速度为2.18%，16个地州的指标值均是上升的。指标提升最快的是昭通市，其空气质量二级以上天数由2017年的346天增长至2022年的365天，增长速度为5.49%。上升较快的地州还有西双版纳州和迪庆州。

根据2022年的空气质量二级以上天数，全省平均值为363.50天，全省共有8个地州全年空气质量均在二级以上，分别是昆明市、玉溪市、保山市、昭通市、普洱市、楚雄州、大理州和迪庆州。2022年的空气质量二级以上天数指标值最低的地州是曲靖市和德宏州，其空气质量二级以上天数为359天（见表6-32）。

表6-32 2017—2022年云南省各地州空气质量二级以上天数

| 地州 | 2017年空气质量二级以上天数（天） | 2022年空气质量二级以上天数（天） | 期末比期初增长（%） | 评价 |
|---|---|---|---|---|
| 昆明 | 359 | 365 | 1.67 | 改善 |
| 曲靖 | 357 | 359 | 0.56 | 改善 |
| 玉溪 | 362 | 365 | 0.83 | 改善 |
| 保山 | 358 | 365 | 1.96 | 改善 |
| 昭通 | 346 | 365 | 5.49 | 改善 |
| 丽江 | 363 | 364 | 0.28 | 改善 |

续表

| 地州 | 2017年空气质量二级以上天数（天） | 2022年空气质量二级以上天数（天） | 期末比期初增长（%） | 评价 |
|---|---|---|---|---|
| 普洱 | 354 | 365 | 3.11 | 改善 |
| 临沧 | 354 | 361 | 1.98 | 改善 |
| 楚雄 | 362 | 365 | 0.83 | 改善 |
| 红河 | 350 | 363 | 3.71 | 改善 |
| 文山 | 362 | 363 | 0.28 | 改善 |
| 西双版纳 | 345 | 363 | 5.22 | 改善 |
| 大理 | 361 | 365 | 1.11 | 改善 |
| 德宏 | 355 | 359 | 1.13 | 改善 |
| 怒江 | 356 | 364 | 2.25 | 改善 |
| 迪庆 | 348 | 365 | 4.89 | 改善 |
| 全省平均 | 355.75 | 363.50 | 2.18 | 改善 |

综合上述3个指标的数据变化趋势，迪庆州在资源环境方面的指标数值均较高，呈现出资源环境绿色发展的较好趋势。

（三）环境治理

2017—2022年云南省16个地州城市污水处理率这一指标均呈现上升态势，全省城市污水处理率平均值的增长速度为10.42%。其中改善最明显的是昭通市，其城市污水处理率由2017年的83.17%上升至2022年的98.53%。该指标上升较快的地州还有西双版纳州和红河州，说明其城市污水处理率改善较明显，绿色发展程度得到明显改善。根据2022年的城市污水处理率数据，排名第一的是普洱市和楚雄州100%，第三名是临沧市99.90%，排名最后的是玉溪市96.26%（见表6-33）。

表6-33　　2017—2022年云南省各地州城市污水处理率

| 地区 | 2017年城市污水处理率（%） | 2022年城市污水处理率（%） | 期末比期初增长（%） | 评价 |
| --- | --- | --- | --- | --- |
| 昆明 | 94.59 | 99.08 | 4.75 | 改善 |
| 曲靖 | 94.10 | 98.57 | 4.75 | 改善 |
| 玉溪 | 93.17 | 96.26 | 3.32 | 改善 |
| 保山 | 91.77 | 99.14 | 8.03 | 改善 |
| 昭通 | 83.17 | 98.53 | 18.46 | 改善 |
| 丽江 | 93.39 | 98.15 | 5.10 | 改善 |
| 普洱 | 90.51 | 100.00 | 10.49 | 改善 |
| 临沧 | 91.00 | 99.90 | 9.79 | 改善 |
| 楚雄 | 95.87 | 100.00 | 4.31 | 改善 |
| 红河 | 90.13 | 98.40 | 9.17 | 改善 |
| 文山 | 87.43 | 98.38 | 12.52 | 改善 |
| 西双版纳 | 82.28 | 99.13 | 20.48 | 改善 |
| 大理 | 92.16 | 97.92 | 6.25 | 改善 |
| 德宏 | 90.18 | 98.42 | 9.14 | 改善 |
| 怒江 | 70.54 | 98.20 | 39.21 | 改善 |
| 迪庆 | 88.47 | 97.58 | 10.30 | 改善 |
| 全省平均 | 89.30 | 98.60 | 10.42 | 改善 |

2017—2022年云南省16个地州建成区绿化覆盖率这一指标均呈现上升态势，全省建成区绿化覆盖率平均值的增长速度为21.72%。其中改善最大的是怒江州，建成区绿化覆盖率由2017年的17.95%上升至2022年的44.11%。该指标上升较快的地州还有昭通市和迪庆州，

说明其建成区绿化覆盖率改善较大，绿色发展程度得到明显改善。

根据2022年的建成区绿化覆盖率数据，全省平均值为42.56%，排名第一的是西双版纳州45.45%，第二名是保山市44.45%，第三名是怒江州44.11%，排名最后的是迪庆州39.33%（见表6-34）。

表6-34　2017—2022年云南省各地州建成区绿化覆盖率

| 地区 | 2017年建成区绿化覆盖率（%） | 2022年建成区绿化覆盖率（%） | 期末比期初增长（%） | 评价 |
|---|---|---|---|---|
| 昆明 | 41.31 | 43.09 | 4.31 | 改善 |
| 曲靖 | 33.02 | 43.05 | 30.38 | 改善 |
| 玉溪 | 38.60 | 40.23 | 4.22 | 改善 |
| 保山 | 39.54 | 44.45 | 12.42 | 改善 |
| 昭通 | 26.78 | 42.99 | 60.53 | 改善 |
| 丽江 | 34.52 | 43.65 | 26.45 | 改善 |
| 普洱 | 35.64 | 42.16 | 18.29 | 改善 |
| 临沧 | 40.71 | 41.30 | 1.45 | 改善 |
| 楚雄 | 37.08 | 42.25 | 13.94 | 改善 |
| 红河 | 39.52 | 43.76 | 10.73 | 改善 |
| 文山 | 30.78 | 40.71 | 32.26 | 改善 |
| 西双版纳 | 45.82 | 45.45 | -0.81 | 恶化 |
| 大理 | 36.21 | 41.67 | 15.08 | 改善 |
| 德宏 | 34.16 | 42.69 | 24.97 | 改善 |
| 怒江 | 17.95 | 44.11 | 145.74 | 改善 |
| 迪庆 | 27.75 | 39.33 | 41.73 | 改善 |
| 全省平均 | 34.96 | 42.56 | 21.72 | 改善 |

2017—2022年云南省全省一般工业固体废物综合利用率平均值的增长速度为13.33%，其中4个地州的指标值是下降的，12个地州的指标值是上升的。指标提升最快的是文山州，其一般工业固体废物综合利用率由2017年的6.20%增长至2022年的23.02%，增长速度为271.29%。上升较快的地州还有玉溪市和红河州。4个呈现指标下降趋

势的地州分别是昭通市、临沧市、西双版纳州和迪庆州，其中迪庆州指标下降最快。

根据2022年的一般工业固体废物综合利用率，全省平均值为56.02%，排名第一的是丽江市94.22%，第二名是德宏州91.86%，第三名是临沧市83.70%，排名最后的是怒江州3.24%（见表6-35）。

表6-35 2017—2022年云南省各地州一般工业固体废物综合利用率

| 地区 | 2017年一般工业固体废物综合利用率（%） | 2022年一般工业固体废物综合利用率（%） | 期末比期初增长（%） | 评价 |
|---|---|---|---|---|
| 昆明 | 38.69 | 45.06 | 16.46 | 改善 |
| 曲靖 | 59.84 | 75.78 | 26.64 | 改善 |
| 玉溪 | 54.92 | 79.67 | 45.07 | 改善 |
| 保山 | 76.73 | 83.25 | 8.50 | 改善 |
| 昭通 | 60.52 | 52.35 | -13.50 | 恶化 |
| 丽江 | 77.12 | 94.22 | 22.17 | 改善 |
| 普洱 | 22.96 | 31.73 | 38.20 | 改善 |
| 临沧 | 85.76 | 83.70 | -2.40 | 恶化 |
| 楚雄 | 62.10 | 72.38 | 16.55 | 改善 |
| 红河 | 44.49 | 63.59 | 42.93 | 改善 |
| 文山 | 6.20 | 23.02 | 271.29 | 改善 |
| 西双版纳 | 58.36 | 52.16 | -10.62 | 恶化 |
| 大理 | 25.09 | 25.16 | 0.28 | 改善 |
| 德宏 | 83.87 | 91.86 | 9.53 | 改善 |
| 怒江 | 2.69 | 3.24 | 20.45 | 改善 |
| 迪庆 | 31.54 | 19.17 | -39.22 | 恶化 |
| 全省平均 | 49.43 | 56.02 | 13.33 | 改善 |

综合上述3个指标的数据变化趋势，多个地州在环境治理方面的指标数值排名靠前，呈现出环境治理绿色发展的较好趋势。而怒江州的排名整体比较靠后，因此在环境治理方面仍有较大进步空间。

## 五、绿色发展指数分析

基于上文构建的云南省经济高质量发展评价指标体系，绿色发展指标体系从节能减排、资源环境、环境治理3个方面用9个指标对云南省各地州的绿色发展状况进行了综合评价和分析。将上述指标进行标准化、数据平移、计算熵值、信息熵冗余度等得到各指标权数，将指标赋权求和后得到云南省16个地州的绿色发展综合指数得分，并按照绿色发展综合指数得分对各地州进行排名。具体数据见表6-36、表6-37。

表6-36　2017—2022年云南省各地州绿色发展综合指数得分

| 地区 | 2017年绿色发展综合指数得分 | 2018年绿色发展综合指数得分 | 2019年绿色发展综合指数得分 | 2020年绿色发展综合指数得分 | 2021年绿色发展综合指数得分 | 2022年绿色发展综合指数得分 |
|---|---|---|---|---|---|---|
| 昆明 | 0.60 | 0.58 | 0.60 | 0.65 | 0.53 | 0.58 |
| 曲靖 | 0.54 | 0.58 | 0.59 | 0.56 | 0.49 | 0.47 |
| 玉溪 | 0.59 | 0.56 | 0.60 | 0.58 | 0.59 | 0.48 |
| 保山 | 0.66 | 0.68 | 0.72 | 0.70 | 0.68 | 0.69 |
| 昭通 | 0.33 | 0.49 | 0.57 | 0.53 | 0.59 | 0.56 |
| 丽江 | 0.77 | 0.76 | 0.76 | 0.72 | 0.75 | 0.72 |
| 普洱 | 0.46 | 0.52 | 0.53 | 0.57 | 0.56 | 0.62 |
| 临沧 | 0.64 | 0.65 | 0.62 | 0.69 | 0.61 | 0.56 |
| 楚雄 | 0.67 | 0.69 | 0.73 | 0.66 | 0.64 | 0.65 |
| 红河 | 0.54 | 0.55 | 0.60 | 0.60 | 0.55 | 0.57 |
| 文山 | 0.40 | 0.34 | 0.46 | 0.41 | 0.38 | 0.36 |
| 西双版纳 | 0.60 | 0.73 | 0.58 | 0.55 | 0.50 | 0.65 |

续表

| 地区 | 2017年绿色发展综合指数得分 | 2018年绿色发展综合指数得分 | 2019年绿色发展综合指数得分 | 2020年绿色发展综合指数得分 | 2021年绿色发展综合指数得分 | 2022年绿色发展综合指数得分 |
|---|---|---|---|---|---|---|
| 大理 | 0.56 | 0.54 | 0.62 | 0.57 | 0.50 | 0.49 |
| 德宏 | 0.55 | 0.38 | 0.59 | 0.49 | 0.48 | 0.53 |
| 怒江 | 0.44 | 0.47 | 0.43 | 0.48 | 0.50 | 0.61 |
| 迪庆 | 0.56 | 0.55 | 0.56 | 0.47 | 0.45 | 0.52 |

表6-37　2017—2022年云南省各地州绿色发展综合指数排名

| 地区 | 2017年排名 | 2018年排名 | 2019年排名 | 2020年排名 | 2021年排名 | 2022年排名 | 排名变化 |
|---|---|---|---|---|---|---|---|
| 昆明 | 5 | 6 | 8 | 5 | 9 | 7 | 下降 |
| 曲靖 | 11 | 7 | 9 | 10 | 13 | 15 | 下降 |
| 玉溪 | 7 | 8 | 6 | 7 | 5 | 14 | 下降 |
| 保山 | 3 | 4 | 3 | 2 | 2 | 2 | 上升 |
| 昭通 | 16 | 13 | 12 | 12 | 6 | 10 | 上升 |
| 丽江 | 1 | 1 | 1 | 1 | 1 | 1 | 不变 |
| 普洱 | 13 | 12 | 14 | 8 | 7 | 5 | 上升 |
| 临沧 | 4 | 5 | 5 | 3 | 4 | 9 | 下降 |
| 楚雄 | 2 | 3 | 2 | 4 | 3 | 3 | 下降 |
| 红河 | 12 | 10 | 7 | 6 | 8 | 8 | 上升 |
| 文山 | 15 | 16 | 15 | 16 | 16 | 16 | 下降 |
| 西双版纳 | 6 | 2 | 11 | 11 | 12 | 4 | 上升 |
| 大理 | 9 | 11 | 4 | 9 | 10 | 13 | 下降 |
| 德宏 | 10 | 15 | 10 | 13 | 14 | 11 | 下降 |
| 怒江 | 14 | 14 | 16 | 14 | 11 | 6 | 上升 |
| 迪庆 | 8 | 9 | 13 | 15 | 15 | 12 | 下降 |

根据2022年绿色发展综合指数得分，排名前三的地州分别是丽江市、保山市和楚雄州，上述三个地州在绿色发展方面取得较好成绩。从2017至2022年的绿色发展综合指数排名数据看，丽江市始终排名第一，楚雄州的排名由第二下降为第三，保山市的排名由第三上升至第二；绿色发展综合指数排名上升的地州共有6个，包括保山市、昭通市、普洱市、红河州、西双版纳州和怒江州，其中普洱市由第十三上升至第五，怒江州由第十四上升至第六，排名上升情况非常突出。

绿色发展综合指数排名不变的只有丽江市，其始终保持领先地位；绿色发展综合指数排名下降的地州共有9个，包括昆明市、曲靖市、玉溪市、临沧市、楚雄州、文山州、大理州、德宏州和迪庆州。

## 第四节　开放发展测度

### 一、开放发展指标体系构建

经济开放发展是指一国或地区对外开放市场，参与国际贸易和投资，促进经济增长和结构调整的过程。开放发展能够扩大国内市场的规模和深度，提高生产效率和竞争力，增加国民收入和福利；能够促进资源的优化配置和环境的改善，实现经济、社会和生态的协调发展，增强可持续发展能力；能够增进与其他国家和地区的交流与合作，维护和平与稳定，推动全球化和多边主义的发展。

开放发展指标体系从开放深度和开放成效两个方面，选取进出口总额占生产总值比重、出口额占进出口总额比重、财政支出占地区生产总值比重、利用外商投资金额、非公经济增加值占生产总值比重、全年接待国内外游客、旅游业总收入共7个指标，对云南省16个地州的开放发展情况进行综合评价和分析。

## 二、开放发展指标说明

开放发展指数的编制采用了7个指标，分别从开放深度和开放成效两个方面评价开放发展质量。

（一）开放深度

开放深度选择进出口总额占生产总值比重（%）、出口额占进出口总额比重（%）、财政支出占地区生产总值比重（%）3个指标进行评价。其中：

进出口总额占生产总值比重=进出口总额/地区生产总值×100%

进出口总额是指实际进出我国国境的货物总金额，这一指标主要反映地区在对外贸易方面的总规模。

出口额占进出口总额比重=出口额÷进出口总额×100%

财政支出占地区生产总值比重=财政支出÷地区生产总值×100%

财政支出占地区生产总值比重更能反映财政集中度。

（二）开放成效

开放成效选择利用外商投资金额（亿美元）、非公经济增加值占生产总值比重（%）、全年接待国内外游客（万人）、旅游业总收入（亿元）4个指标进行评价。其中：

利用外商投资金额是指地方政府吸收投资的金额。

非公经济增加值占生产总值比重=非公经济增加值÷地区生产总值×100%

全年接待国内外游客，既包括国内游客，也包括国外游客，指在中国（大陆）观光游览、度假、探亲访友、就医疗养、购物、参加会议或从事经济、文化、体育、宗教活动的中国（大陆）居民人数，其出游的目的不是通过所从事的活动谋取报酬。

旅游业总收入包括国内旅游收入和国际旅游（外汇）收入，指国内游客和入境游客在国内旅行、游览过程中用于交通、参观游览、住宿、餐饮、购物、娱乐等的全部花费。

## 三、开放发展指标权数分析

根据熵值法计算各指标权数，将云南省16个地州2017年至2022年的上述7个指标的原始数据进行数据平移，计算熵值、信息熵冗余度，最终得到各级指标的权数，见表6-38。

表6-38　**开放发展指数二级指标权数**

| 一级指标 | 二级指标 | 2017年权数 | 2018年权数 | 2019年权数 | 2020年权数 | 2021年权数 | 2022年权数 | 平均权数 |
|---|---|---|---|---|---|---|---|---|
| 开放发展指数 | 开放深度 | 0.47 | 0.48 | 0.52 | 0.50 | 0.48 | 0.50 | 0.49 |
| | 开放成效 | 0.53 | 0.52 | 0.48 | 0.50 | 0.52 | 0.50 | 0.51 |

在开放发展指数的两个二级指标中，开放成效的平均权数0.51大于开放深度的平均权数0.49，但6年间的开放成效权数呈现下降趋势，由2017年的0.53下降到2022年的0.50，说明云南省各地州开放成效的差距在逐渐变小；开放深度的权数呈现上升趋势，由2017年的0.47上升到2022年的0.50。由上述数据可以看出，在2017—2022年间，开放成效和开放深度的重要性发生了转变，2017年开放成效的重要性大于开放深度，但2022年开放深度与开放成效同等重要。

在开放发展指数的7个三级指标（见表6-39）中，出口额占进出口总额比重、利用外商投资金额、进出口总额占生产总值比重3个指标平均权数较大。其中，出口额占进出口总额比重的平均权数最大，达到0.23，且呈现先升后降的趋势。

表6-39　　开放发展指数三级指标权数

| 一级指标 | 二级指标 | 三级指标 | 2017年权数 | 2018年权数 | 2019年权数 | 2020年权数 | 2021年权数 | 2022年权数 | 平均权数 |
|---|---|---|---|---|---|---|---|---|---|
| 开放发展指数 | 开放深度 | 进出口总额占生产总值比重（+） | 0.15 | 0.15 | 0.14 | 0.13 | 0.15 | 0.16 | 0.15 |
| | | 出口额占进出口总额比重（+） | 0.23 | 0.23 | 0.27 | 0.25 | 0.21 | 0.21 | 0.23 |
| | | 财政支出占地区生产总值比重（+） | 0.12 | 0.11 | 0.09 | 0.13 | 0.12 | 0.12 | 0.12 |
| | 开放成效 | 利用外商投资金额（+） | 0.17 | 0.17 | 0.16 | 0.15 | 0.16 | 0.15 | 0.16 |
| | | 非公经济增加值占生产总值比重（+） | 0.11 | 0.12 | 0.14 | 0.12 | 0.14 | 0.14 | 0.13 |
| | | 全年接待国内外游客（+） | 0.10 | 0.10 | 0.10 | 0.10 | 0.11 | 0.11 | 0.10 |
| | | 旅游业总收入（+） | 0.12 | 0.12 | 0.11 | 0.11 | 0.12 | 0.11 | 0.11 |

## 四、开放发展程度评价

### （一）开放深度

2017—2022年云南省大部分地州进出口总额占生产总值比重这一指标呈现不断改善的态势，全省进出口总额占生产总值比重的平均值下降15.20%，其中9个地州的指标值是下降的，7个地州的指标值是上升的。指标提升速度最快的是昭通市，其进出口总额占生产总值比重由2017年的0.04%增长至2022年的0.11%，增长速度为155.08%，但昭通市指标提升快主要是由于2017年的指标值过低；昆明市的出口总额占生产总值比重提升也很快，增长速度达到147.64%。上升较快的地州还有怒江州。

9个呈现下降趋势的地州中，下降速度最快的3个州市分别是文山州、玉溪市和临沧市。根据2022年的进出口总额占生产总值比重，全省平均值为9.57%，排名第一的是德宏州53.56%，第二名昆明市27.90%，第三名是西双版纳州21.66%，排名最后的是昭通市0.11%（见表6-40）。

表6-40　2017—2022年云南省各地州进出口总额占生产总值比重

| 地区 | 2017年进出口总额占生产总值比重（%） | 2022年进出口总额占生产总值比重（%） | 期末比期初增长（%） | 评价 |
|---|---|---|---|---|
| 昆明 | 11.27 | 27.90 | 147.64 | 改善 |
| 曲靖 | 3.14 | 2.62 | -16.64 | 恶化 |
| 玉溪 | 10.39 | 3.01 | -71.02 | 恶化 |
| 保山 | 3.30 | 5.09 | 54.34 | 改善 |
| 昭通 | 0.04 | 0.11 | 155.08 | 改善 |
| 丽江 | 0.97 | 0.63 | -34.55 | 恶化 |
| 普洱 | 13.96 | 11.27 | -19.29 | 恶化 |
| 临沧 | 7.61 | 4.24 | -44.37 | 恶化 |
| 楚雄 | 4.36 | 7.96 | 82.44 | 改善 |
| 红河 | 17.36 | 12.05 | -30.54 | 恶化 |
| 文山 | 4.64 | 0.42 | -90.96 | 恶化 |
| 西双版纳 | 18.57 | 21.66 | 16.61 | 改善 |
| 大理 | 1.76 | 1.48 | -15.84 | 恶化 |
| 德宏 | 82.65 | 53.56 | -35.19 | 恶化 |
| 怒江 | 0.45 | 0.97 | 117.97 | 改善 |
| 迪庆 | 0.14 | 0.19 | 33.91 | 改善 |
| 全省平均 | 11.29 | 9.57 | -15.20 | 恶化 |

2017—2022年云南省各地州出口额占进出口总额比重这一指标的全省平均值的增长速度为5.84%，其中7个地州的指标值是下降的，8个地州的指标值是上升的，1个地州的指标值是不变的。指标提升最快的是文山州，其出口额占进出口总额比重由2017年的7.28%增长至2022年的63.30%，增长速度为770.04%。上升较快的地州还有临沧市和昆明市。

7个呈现下降趋势的地州中，下降最快的3个地州分别是保山市、德宏州和西双版纳州。根据2022年的出口额占进出口总额比重，全省平均值为63.57%，昭通市这一指标为100%排名第一，排名第二的是丽江市99.88%，排名第三的是大理州97.47%，排名最后的是普洱市15.73%（见表6-41）。

表6-41 2017—2022年云南省各地州出口额占进出口总额比重

| 地区 | 2017年出口额占进出口总额比重（%） | 2022年出口额占进出口总额比重（%） | 期末比期初增长（%） | 评价 |
|---|---|---|---|---|
| 昆明 | 37.64 | 47.41 | 25.93 | 改善 |
| 曲靖 | 96.56 | 91.92 | -4.81 | 恶化 |
| 玉溪 | 98.24 | 87.68 | -10.75 | 恶化 |
| 保山 | 40.63 | 18.22 | -55.15 | 恶化 |
| 昭通 | 100.00 | 100.00 | 0.00 | 不变 |
| 丽江 | 100.00 | 99.88 | -0.12 | 恶化 |
| 普洱 | 14.37 | 15.73 | 9.52 | 改善 |
| 临沧 | 19.03 | 44.61 | 134.46 | 改善 |
| 楚雄 | 99.66 | 95.31 | -4.36 | 恶化 |
| 红河 | 47.08 | 54.33 | 15.40 | 改善 |
| 文山 | 7.28 | 63.30 | 770.04 | 改善 |

续表

| 地区 | 2017年出口额占进出口总额比重（%） | 2022年出口额占进出口总额比重（%） | 期末比期初增长（%） | 评价 |
|---|---|---|---|---|
| 西双版纳 | 20.29 | 17.03 | -16.04 | 恶化 |
| 大理 | 95.90 | 97.47 | 1.65 | 改善 |
| 德宏 | 53.83 | 32.02 | -40.52 | 恶化 |
| 怒江 | 55.56 | 66.15 | 19.06 | 改善 |
| 迪庆 | 75.00 | 86.06 | 14.75 | 改善 |
| 全省平均 | 60.07 | 63.57 | 5.84 | 改善 |

财政支出占地区生产总值比重的指标值越小，代表该地区的开放深度越大。2017—2022年云南省16个地州财政支出占地区生产总值比重这一指标均呈现不断改善的态势，全省平均值降低32.78%。指标改善最大的是玉溪市，其财政支出占地区生产总值比重由2017年的18.52%下降至2022年的9.25%。该指标下降最快的3个地州，分别是玉溪市、保山市和丽江市，说明这三个地州的开放深度改善最大。

根据2022年的财政支出占地区生产总值比重，全省平均值为25.41%，指标值越低，说明开放深度越大，排名第一的是玉溪市9.25%，第二名是昆明市11.45%，第三名是曲靖市13.35%（见表6-42）。

表6-42　2017—2022年云南省各地州财政支出占地区生产总值比重

| 地区 | 2017年财政支出占地区生产总值比重（%） | 2022年财政支出占地区生产总值比重（%） | 期末比期初增长（%） | 评价 |
|---|---|---|---|---|
| 昆明 | 15.97 | 11.45 | -28.33 | 改善 |
| 曲靖 | 22.80 | 13.35 | -41.45 | 改善 |

续表

| 地区 | 2017年财政支出占地区生产总值比重（%） | 2022年财政支出占地区生产总值比重（%） | 期末比期初增长（%） | 评价 |
|---|---|---|---|---|
| 玉溪 | 18.52 | 9.25 | -50.06 | 改善 |
| 保山 | 35.06 | 18.40 | -47.51 | 改善 |
| 昭通 | 50.02 | 34.80 | -30.44 | 改善 |
| 丽江 | 47.37 | 27.73 | -41.46 | 改善 |
| 普洱 | 43.51 | 28.77 | -33.88 | 改善 |
| 临沧 | 40.22 | 24.59 | -38.85 | 改善 |
| 楚雄 | 26.53 | 16.09 | -39.35 | 改善 |
| 红河 | 27.24 | 16.96 | -37.76 | 改善 |
| 文山 | 39.74 | 25.85 | -34.95 | 改善 |
| 西双版纳 | 29.90 | 21.55 | -27.92 | 改善 |
| 大理 | 31.71 | 20.18 | -36.36 | 改善 |
| 德宏 | 42.28 | 31.35 | -25.85 | 改善 |
| 怒江 | 63.37 | 53.72 | -15.22 | 改善 |
| 迪庆 | 70.45 | 52.46 | -25.53 | 改善 |
| 全省平均 | 37.79 | 25.41 | -32.78 | 改善 |

综合上述3个指标的数据变化情况，云南省各地州在开放深度方面呈现不同的变化趋势，总体看昆明市指标排名比较靠前，因此其开放发展空间较大。

（二）开放成效

2017—2022年云南省各地州利用外商投资金额这一指标呈现恶化的态势，全省利用外商投资金额的平均值下降27.08%，其中7个地州的指标值是下降的，8个地州的指标值是上升的，1个地州的指标值是不变的。指标提升最快的是楚雄州，其利用外商投资金额由2017年的0.03亿美元增长至2022年的0.22亿美元，增长速度为637.33%。上升较快的地州还有临沧市和曲靖市。7个呈现下降趋势的地州中，下降最快的3个地州分别是昭通市、西双版纳州和普洱市。

根据2022年的利用外商投资金额，全省平均值为0.44亿美元，排名第一的是昆明市4.77亿美元，第二名是曲靖市0.60亿美元，第三名是大理州0.27亿美元，排名最后的是怒江州，其利用外商投资金额为0（见表6-43）。

表6-43　　2017—2022年云南省各地州利用外商投资金额

| 地区 | 2017年利用外商投资金额（亿美元） | 2022年利用外商投资金额（亿美元） | 期末比期初增长（%） | 评价 |
|---|---|---|---|---|
| 昆明 | 8.01 | 4.77 | -40.44 | 恶化 |
| 曲靖 | 0.23 | 0.60 | 161.09 | 改善 |
| 玉溪 | 0.11 | 0.19 | 68.73 | 改善 |
| 保山 | 0.10 | 0.13 | 34.40 | 改善 |
| 昭通 | 0.04 | 0.02 | -47.50 | 恶化 |
| 丽江 | 0.00 | 0.20 | — | 改善 |
| 普洱 | 0.11 | 0.02 | -77.36 | 恶化 |
| 临沧 | 0.04 | 0.12 | 209.50 | 改善 |
| 楚雄 | 0.03 | 0.22 | 637.33 | 改善 |
| 红河 | 0.21 | 0.19 | -10.00 | 恶化 |
| 文山 | 0.00 | 0.04 | — | 改善 |
| 西双版纳 | 0.13 | 0.07 | -44.77 | 恶化 |
| 大理 | 0.41 | 0.27 | -33.46 | 恶化 |
| 德宏 | 0.00 | 0.03 | — | 改善 |
| 怒江 | 0.00 | 0.00 | — | 不变 |
| 迪庆 | 0.19 | 0.13 | -31.00 | 恶化 |
| 全省平均 | 0.60 | 0.44 | -27.08 | 恶化 |

2017—2022年云南省大部分地州非公经济增加值占生产总值比重这一指标呈现不断改善的态势，全省非公经济增加值占生产总值比重平均值的增长速度为5.88%，其中12个地州的指标值是上升的，4个地州的指标值是下降的。指标提升最快的是玉溪市，非公经济增加值占生产总值比重由2017年的36.39%增长至2022年的46.78%，增长速度为28.55%。上升较快的地州还有红河州和西双版纳州。4个该指标呈现下降趋势的地州中，下降最快的是昆明市。

根据2022年的非公经济增加值占生产总值比重，全省平均值为48.72%，排名第一的是保山市55.62%，第二名是丽江市55.34%，第三名是西双版纳州54.66%，排名最后的是怒江州36.78%（见表6-44）。

表6-44 2017—2022年云南省各地州非公经济增加值占生产总值比重

| 地区 | 2017年非公经济增加值占生产总值比重（%） | 2022年非公经济增加值占生产总值比重（%） | 期末比期初增长（%） | 评价 |
|---|---|---|---|---|
| 昆明 | 46.75 | 40.24 | -13.91 | 恶化 |
| 曲靖 | 49.54 | 52.06 | 5.09 | 改善 |
| 玉溪 | 36.39 | 46.78 | 28.55 | 改善 |
| 保山 | 50.80 | 55.62 | 9.50 | 改善 |
| 昭通 | 43.76 | 41.67 | -4.77 | 恶化 |
| 丽江 | 54.11 | 55.34 | 2.28 | 改善 |
| 普洱 | 42.18 | 47.08 | 11.61 | 改善 |
| 临沧 | 44.61 | 47.16 | 5.72 | 改善 |
| 楚雄 | 46.12 | 48.76 | 5.73 | 改善 |
| 红河 | 42.52 | 54.29 | 27.68 | 改善 |

续表

| 地区 | 2017年非公经济增加值占生产总值比重（%） | 2022年非公经济增加值占生产总值比重（%） | 期末比期初增长（%） | 评价 |
|---|---|---|---|---|
| 文山 | 51.39 | 53.35 | 3.81 | 改善 |
| 西双版纳 | 47.03 | 54.66 | 16.24 | 改善 |
| 大理 | 47.75 | 48.69 | 1.97 | 改善 |
| 德宏 | 46.65 | 54.02 | 15.81 | 改善 |
| 怒江 | 40.19 | 36.78 | −8.48 | 恶化 |
| 迪庆 | 46.52 | 43.06 | −7.44 | 恶化 |
| 全省平均 | 46.02 | 48.72 | 5.88 | 改善 |

2017—2022年云南省各地州全年接待国内外游客这一指标呈现不断改善的态势，全省全年接待国内外游客平均值的增长速度为46.66%，其中14个地州的指标值是上升的，而德宏州和迪庆州的指标值是下降的。指标提升最快的是曲靖市，其全年接待国内外游客由2017年的2 622.94万人增长至2022年的6 506.21万人，增长速度为148.05%。上升较快的地州还有文山州和怒江州。

根据2022年的全年接待国内外游客，全省平均值为5 256.03万人，排名第一的是昆明市21 806.41万人，第二名是红河州6 882.55万人，第三名是曲靖市6 506.21万人，排名最后的是怒江州726.12万人（见表6−45）。

表6−45　2017—2022年云南省各地州全年接待国内外游客

| 地区 | 2017年全年接待国内外游客（万人） | 2022年全年接待国内外游客（万人） | 期末比期初增长（%） | 评价 |
|---|---|---|---|---|
| 昆明 | 13 342.52 | 21 806.41 | 63.44 | 改善 |

续表

| 地区 | 2017年全年接待国内外游客（万人） | 2022年全年接待国内外游客（万人） | 期末比期初增长（%） | 评价 |
|---|---|---|---|---|
| 曲靖 | 2 622.94 | 6 506.21 | 148.05 | 改善 |
| 玉溪 | 3 580.63 | 3 862.55 | 7.87 | 改善 |
| 保山 | 2 511.36 | 4 036.85 | 60.74 | 改善 |
| 昭通 | 3 278.59 | 4 697.90 | 43.29 | 改善 |
| 丽江 | 4 069.45 | 5 483.56 | 34.75 | 改善 |
| 普洱 | 2 896.83 | 4 286.48 | 47.97 | 改善 |
| 临沧 | 1 821.53 | 3 170.78 | 74.07 | 改善 |
| 楚雄 | 3 635.79 | 4 381.64 | 20.51 | 改善 |
| 红河 | 4 823.72 | 6 882.55 | 42.68 | 改善 |
| 文山 | 2 115.85 | 4 176.84 | 97.41 | 改善 |
| 西双版纳 | 3 265.66 | 4 782.94 | 46.46 | 改善 |
| 大理 | 4 222.53 | 5 693.57 | 34.84 | 改善 |
| 德宏 | 2 101.08 | 2 066.67 | -1.64 | 恶化 |
| 怒江 | 374.44 | 726.12 | 93.92 | 改善 |
| 迪庆 | 2 676.89 | 1 535.34 | -42.64 | 恶化 |
| 全省平均 | 3 583.74 | 5 256.03 | 46.66 | 改善 |

2017—2022年云南省各地州旅游业总收入这一指标呈现不断改善的态势，全省旅游业总收入平均值的增长速度为38.10%，其中13个地州的指标值是上升的，有3个地州的指标值是下降的，分别是丽江市、德宏州和迪庆州。指标提升最快的是曲靖市，其旅游业总收入由2017年的281.23亿元增长至2022年的661.53亿元，增长速度为135.23%。该指标上升较快的地州还有昭通市和保山市。

根据2022年的旅游业总收入数据，全省平均值为590.28亿元，排名第一的是昆明市2 741.56亿元，第二名是大理州782.68亿元，第三名是红河州746.96亿元，排名最后的是怒江州60.83亿元（见表6-46）。

表6-46　　2017—2022年云南省各地州旅游业总收入

| 地区 | 2017年旅游业总收入（亿元） | 2022年旅游业总收入（亿元） | 期末比期初增长（%） | 评价 |
|---|---|---|---|---|
| 昆明 | 1 608.66 | 2 741.56 | 70.43 | 改善 |
| 曲靖 | 281.23 | 661.53 | 135.23 | 改善 |
| 玉溪 | 283.20 | 379.61 | 34.04 | 改善 |
| 保山 | 263.50 | 473.04 | 79.52 | 改善 |
| 昭通 | 213.31 | 457.20 | 114.34 | 改善 |
| 丽江 | 822.12 | 681.44 | -17.11 | 恶化 |
| 普洱 | 270.00 | 450.76 | 66.95 | 改善 |
| 临沧 | 177.41 | 252.72 | 42.45 | 改善 |
| 楚雄 | 332.70 | 410.84 | 23.49 | 改善 |
| 红河 | 514.12 | 746.96 | 45.29 | 改善 |
| 文山 | 243.01 | 393.80 | 62.05 | 改善 |
| 西双版纳 | 507.75 | 606.89 | 19.53 | 改善 |
| 大理 | 647.75 | 782.68 | 20.83 | 改善 |
| 德宏 | 327.97 | 196.99 | -39.94 | 恶化 |
| 怒江 | 47.48 | 60.83 | 28.12 | 改善 |
| 迪庆 | 298.86 | 147.58 | -50.62 | 恶化 |
| 全省平均 | 427.44 | 590.28 | 38.10 | 改善 |

综合上述4个指标的数据变化趋势，昆明市、丽江市、大理州在

开放成效方面的指标数值排名靠前，呈现出开放发展的较好趋势。而怒江州各指标排名均靠后，因此在开放成效方面仍有较大发展空间。

## 五、开放发展指数分析

基于上文构建的云南省经济高质量发展评价指标体系，开放发展指标体系从开放深度和开放成效2个方面用7个指标对云南省各地州的开放发展状况进行了综合评价和分析。将上述指标进行标准化、数据平移、计算熵值、信息熵冗余度等得到各指标权数，将指标赋权求和后得到云南省16个地州的开放发展综合指数得分，并按照开放发展综合指数得分对各地州进行排名。具体数据见表6-47、表6-48。

表6-47　2017—2022年云南省各地州开放发展综合指数得分

| 地州 | 2017年开放发展综合指数得分 | 2018年开放发展综合指数得分 | 2019年开放发展综合指数得分 | 2020年开放发展综合指数得分 | 2021年开放发展综合指数得分 | 2022年开放发展综合指数得分 |
|---|---|---|---|---|---|---|
| 昆明 | 0.66 | 0.65 | 0.58 | 0.65 | 0.68 | 0.67 |
| 曲靖 | 0.47 | 0.49 | 0.48 | 0.49 | 0.48 | 0.50 |
| 玉溪 | 0.40 | 0.39 | 0.48 | 0.47 | 0.47 | 0.43 |
| 保山 | 0.31 | 0.31 | 0.31 | 0.29 | 0.28 | 0.28 |
| 昭通 | 0.36 | 0.38 | 0.36 | 0.36 | 0.34 | 0.35 |
| 丽江 | 0.50 | 0.50 | 0.51 | 0.48 | 0.46 | 0.48 |
| 普洱 | 0.18 | 0.22 | 0.25 | 0.22 | 0.20 | 0.20 |
| 临沧 | 0.19 | 0.22 | 0.25 | 0.25 | 0.28 | 0.26 |
| 楚雄 | 0.45 | 0.47 | 0.48 | 0.50 | 0.48 | 0.46 |
| 红河 | 0.34 | 0.32 | 0.42 | 0.45 | 0.47 | 0.42 |
| 文山 | 0.21 | 0.23 | 0.24 | 0.25 | 0.34 | 0.35 |

续表

| 地州 | 2017年开放发展综合指数得分 | 2018年开放发展综合指数得分 | 2019年开放发展综合指数得分 | 2020年开放发展综合指数得分 | 2021年开放发展综合指数得分 | 2022年开放发展综合指数得分 |
|---|---|---|---|---|---|---|
| 西双版纳 | 0.29 | 0.30 | 0.34 | 0.34 | 0.31 | 0.32 |
| 大理 | 0.47 | 0.46 | 0.46 | 0.46 | 0.43 | 0.46 |
| 德宏 | 0.44 | 0.46 | 0.50 | 0.48 | 0.41 | 0.39 |
| 怒江 | 0.16 | 0.15 | 0.05 | 0.01 | 0.01 | 0.14 |
| 迪庆 | 0.28 | 0.26 | 0.34 | 0.33 | 0.23 | 0.25 |

表6-48 2017—2022年云南省各地州开放发展综合指数排名

| 地区 | 2017年排名 | 2018年排名 | 2019年排名 | 2020年排名 | 2021年排名 | 2022年排名 | 排名变化 |
|---|---|---|---|---|---|---|---|
| 昆明 | 1 | 1 | 1 | 1 | 1 | 1 | 不变 |
| 曲靖 | 4 | 3 | 4 | 3 | 2 | 2 | 上升 |
| 玉溪 | 7 | 7 | 6 | 6 | 5 | 6 | 上升 |
| 保山 | 10 | 10 | 12 | 12 | 13 | 12 | 下降 |
| 昭通 | 8 | 8 | 9 | 9 | 9 | 10 | 下降 |
| 丽江 | 2 | 2 | 2 | 5 | 6 | 3 | 下降 |
| 普洱 | 15 | 15 | 13 | 15 | 15 | 15 | 不变 |
| 临沧 | 14 | 14 | 14 | 14 | 12 | 13 | 上升 |
| 楚雄 | 5 | 4 | 5 | 2 | 3 | 4 | 上升 |
| 红河 | 9 | 9 | 8 | 8 | 4 | 7 | 上升 |
| 文山 | 13 | 13 | 15 | 13 | 10 | 9 | 上升 |
| 西双版纳 | 11 | 11 | 10 | 10 | 11 | 11 | 不变 |
| 大理 | 3 | 6 | 7 | 7 | 7 | 5 | 下降 |

续表

| 地区 | 2017年排名 | 2018年排名 | 2019年排名 | 2020年排名 | 2021年排名 | 2022年排名 | 排名变化 |
|---|---|---|---|---|---|---|---|
| 德宏 | 6 | 5 | 3 | 4 | 8 | 8 | 下降 |
| 怒江 | 16 | 16 | 16 | 16 | 16 | 16 | 不变 |
| 迪庆 | 12 | 12 | 11 | 11 | 14 | 14 | 下降 |

根据2022年开放发展综合指数得分，排名前三的地州分别是昆明市、曲靖市和丽江市，上述3个地州在开放发展方面取得较好成绩。从2017至2022年的开放发展综合指数排名数据看，昆明市始终排名第一，曲靖市由第四名上升至第二名，丽江市由第二名下降至第三名。

开放发展综合指数排名上升的地州共有6个，包括曲靖市、玉溪市、临沧市、楚雄州、红河州和文山州。开放发展综合指数排名不变的地州有4个，包括昆明市、普洱市、西双版纳州和怒江州。开放发展综合指数排名下降的地州共有6个，包括保山市、昭通市、丽江市、大理州、德宏州和迪庆州。

## 第五节　共享发展测度

### 一、共享发展指标体系构建

经济共享发展是指通过共享平台和技术，将闲置的资源和服务有效地分配给有需求的人，从而实现社会效益和经济效益的最大化。共享发展能够提高资源的利用率，降低交易成本，增加收入来源，促进创新和就业，改善社会福利，减少环境污染，推动经济转型和社会进步。

共享发展指标体系从公共服务、医疗卫生和人民生活3个方面，选取人均财政支出、人均拥有公共图书馆藏书量、每万人公共交通车辆、每万人拥有病床数、每万人拥有卫生技术人员、城镇登记失业率、亿元地区生产总值生产安全事故死亡率、等级公路密度共8个指标，对云南省16个地州的共享发展情况进行综合评价和分析。

## 二、共享发展指标说明

共享发展指数的编制采用了8个指标，分别从公共服务、医疗卫生和人民生活3个方面评价共享发展质量。

（一）公共服务

公共服务选择人均财政支出（万元）、人均拥有公共图书馆藏书量（册）、每万人公共交通车辆（量）3个指标进行评价。其中：

人均财政支出=地区财政支出÷总人口数

财政支出是指国家财政将筹集起来的资金进行分配使用，以满足经济建设和各项事业的需要。

人均拥有公共图书馆藏书量=公共图书馆藏书量÷总人口数

每万人公共交通车辆=公共交通车辆/总人口数

（二）医疗卫生

医疗卫生选择每万人拥有病床数（张）、每万人拥有卫生技术人员（人）2个指标进行评价。其中：

每万人拥有病床数=拥有病床数÷总人口数

每万人拥有卫生技术人员=拥有卫生技术人员数÷总人口数

（三）人民生活

人民生活选择城镇登记失业率（%）、亿元地区生产总值生产安全事故死亡率（%）、等级公路密度（公里/平方公里）3个指标进行评价。其中：

$$\text{城镇登记失业率}=\text{城镇登记失业人员}\div(\text{城镇单位就业人员}+\text{城镇单位中的不在岗职工}+\text{城镇私营业主}+\text{个体户主}+\text{城镇私营企业}+\text{个体就业人员}+\text{城镇登记失业人员})$$

亿元地区生产总值生产安全事故死亡率=地区生产安全事故死亡÷地区生产总值

等级公路密度是指每百平方公里所拥有的公路总里程数。其中，等级公路分为高速公路、一级公路、二级公路、三级公路和四级公路。

## 三、共享发展指标权数分析

根据熵值法计算各指标权数，对云南省16个地州2017年至2022年的上述8个指标的原始数据进行数据平移，计算熵值、信息熵冗余度，最终得到各级指标的权数，见表6-49。

表6-49　**共享发展指数二级指标权数**

| 一级指标 | 二级指标 | 2017年权数 | 2018年权数 | 2019年权数 | 2020年权数 | 2021年权数 | 2022年权数 | 平均权数 |
|---|---|---|---|---|---|---|---|---|
| 共享发展指数 | 公共服务 | 0.41 | 0.43 | 0.41 | 0.43 | 0.42 | 0.33 | 0.41 |
| | 医疗卫生 | 0.23 | 0.24 | 0.21 | 0.16 | 0.17 | 0.14 | 0.19 |
| | 人民生活 | 0.35 | 0.34 | 0.37 | 0.41 | 0.41 | 0.53 | 0.40 |

在共享发展指数3个二级指标中，公共服务的权数最大，6年间的平均权数达到0.41；其次是人民生活，平均权数达到0.40；医疗卫生的权数近年来有下降趋势，说明云南省各地州医疗卫生指标的差距在逐渐缩小，因此所占权数也在变小。

在共享发展指数的8个三级指标（见表6-50）中，人均财政支出和等级公路密度2个指标所占权数较大，说明云南省各地州的人均财政支出和等级公路密度近年来差距相对较大。人均拥有公共图书馆藏书量、每万人公共交通车辆、每万人拥有病床数、每万人拥有卫生技术人员的指标权数呈现逐年下降的趋势，说明这些指标的差距在逐渐缩小；而城镇登记失业率、亿元地区生产总值生产安全事故死亡率的指标权数有增大趋势，说明各地州这两个指标的差距在变大。

表6-50　　**共享发展指数三级指标权数**

| 一级指标 | 二级指标 | 三级指标 | 2017年权数 | 2018年权数 | 2019年权数 | 2020年权数 | 2021年权数 | 2022年权数 | 平均权数 |
|---|---|---|---|---|---|---|---|---|---|
| 共享发展指数 | 公共服务 | 人均财政支出（+） | 0.14 | 0.16 | 0.18 | 0.15 | 0.17 | 0.14 | 0.16 |
| | | 人均拥有公共图书馆藏书量（+） | 0.14 | 0.14 | 0.12 | 0.17 | 0.13 | 0.10 | 0.14 |
| | 医疗卫生 | 每万人公共交通车辆（+） | 0.13 | 0.13 | 0.12 | 0.11 | 0.13 | 0.10 | 0.12 |
| | | 每万人拥有病床数（+） | 0.12 | 0.11 | 0.10 | 0.08 | 0.09 | 0.07 | 0.10 |
| | | 每万人拥有卫生技术人员（+） | 0.12 | 0.13 | 0.12 | 0.08 | 0.08 | 0.07 | 0.10 |
| | 人民生活 | 城镇登记失业率（-） | 0.12 | 0.10 | 0.11 | 0.15 | 0.09 | 0.22 | 0.12 |
| | | 亿元地区生产总值生产安全事故死亡率（-） | 0.09 | 0.08 | 0.10 | 0.09 | 0.12 | 0.16 | 0.10 |
| | | 等级公路密度（+） | 0.14 | 0.15 | 0.15 | 0.16 | 0.19 | 0.15 | 0.16 |

## 四、共享发展程度评价

### （一）公共服务

2017—2022年云南省大部分地州人均财政支出这一指标呈现不断改善的态势，全省人均财政支出平均值的增长速度为19.31%。指标提升最快的是怒江州，其人均财政支出由2017年的1.64万元增长至2022年的2.46万元，增长速度为50.01%。上升较快的地州还有昭通市和楚雄州；而指标下降的地州也有2个，分别是昆明市和玉溪市。

根据2022年的人均财政支出，全省平均值为1.39万元，排名第一的是迪庆州4.07万元，第二名是怒江州2.46万元，并列第三名是丽江市和德宏州，均是1.39万元，排名最后的是曲靖市0.88万元（见表6-51）。

表6-51　　2017—2022年云南省各地州人均财政支出

| 地区 | 2017年人均财政支出（万元） | 2022年人均财政支出（万元） | 期末比期初增长（%） | 评价 |
|---|---|---|---|---|
| 昆明 | 1.14 | 1.00 | -12.24 | 恶化 |
| 曲靖 | 0.72 | 0.88 | 21.97 | 改善 |
| 玉溪 | 1.10 | 1.02 | -7.03 | 恶化 |
| 保山 | 0.91 | 0.97 | 6.44 | 改善 |
| 昭通 | 0.75 | 1.08 | 44.07 | 改善 |
| 丽江 | 1.25 | 1.39 | 11.41 | 改善 |
| 普洱 | 1.03 | 1.30 | 25.91 | 改善 |
| 临沧 | 0.96 | 1.10 | 14.19 | 改善 |
| 楚雄 | 0.91 | 1.20 | 31.99 | 改善 |
| 红河 | 0.85 | 1.10 | 28.95 | 改善 |

续表

| 地区 | 2017年人均财政支出（万元） | 2022年人均财政支出（万元） | 期末比期初增长（%） | 评价 |
|---|---|---|---|---|
| 文山 | 0.88 | 1.05 | 18.94 | 改善 |
| 西双版纳 | 1.00 | 1.19 | 19.10 | 改善 |
| 大理 | 0.94 | 1.04 | 9.97 | 改善 |
| 德宏 | 1.15 | 1.39 | 20.85 | 改善 |
| 怒江 | 1.64 | 2.46 | 50.01 | 改善 |
| 迪庆 | 3.40 | 4.07 | 19.84 | 改善 |
| 全省平均 | 1.17 | 1.39 | 19.31 | 改善 |

2017—2022年云南省除昭通市外，各地州人均拥有公共图书馆藏书量这一指标呈现不断改善的态势，全省人均拥有公共图书馆藏书量平均值的增长速度为29.07%。指标提升最快的是怒江州，其人均拥有公共图书馆藏书量由2017年的0.89册增长至2022年的1.46册，增长速度为64.32%。上升较快的地州还有曲靖市和大理州。

根据2022年的人均拥有公共图书馆藏书量，全省平均值为0.54册，排名第一的是怒江州1.46册，第二名是迪庆州0.70册，第三名是玉溪市0.69册，排名最后的是昭通市0.16册（见表6-52）。

表6-52　**2017—2022年云南省各地州人均拥有公共图书馆藏书量**

| 地区 | 2017年人均拥有公共图书馆藏书量（册） | 2022年人均拥有公共图书馆藏书量（册） | 期末比期初增长（%） | 评价 |
|---|---|---|---|---|
| 昆明 | 0.48 | 0.61 | 28.05 | 改善 |
| 曲靖 | 0.29 | 0.44 | 52.13 | 改善 |
| 玉溪 | 0.59 | 0.69 | 16.34 | 改善 |
| 保山 | 0.38 | 0.51 | 33.56 | 改善 |
| 昭通 | 0.17 | 0.16 | -2.85 | 恶化 |
| 丽江 | 0.47 | 0.65 | 37.15 | 改善 |

续表

| 地区 | 2017年人均拥有公共图书馆藏书量（册） | 2022年人均拥有公共图书馆藏书量（册） | 期末比期初增长（%） | 评价 |
|---|---|---|---|---|
| 普洱 | 0.38 | 0.48 | 25.29 | 改善 |
| 临沧 | 0.30 | 0.35 | 16.07 | 改善 |
| 楚雄 | 0.50 | 0.65 | 30.08 | 改善 |
| 红河 | 0.42 | 0.52 | 22.79 | 改善 |
| 文山 | 0.22 | 0.27 | 24.48 | 改善 |
| 西双版纳 | 0.19 | 0.19 | 1.53 | 改善 |
| 大理 | 0.35 | 0.51 | 43.83 | 改善 |
| 德宏 | 0.42 | 0.45 | 8.37 | 改善 |
| 怒江 | 0.89 | 1.46 | 64.32 | 改善 |
| 迪庆 | 0.64 | 0.70 | 9.03 | 改善 |
| 全省平均 | 0.42 | 0.54 | 29.07 | 改善 |

2017—2022年云南省各地州每万人公共交通车辆这一指标均呈现不断改善的态势，全省每万人公共交通车辆平均值的增长速度为51.48%。指标提升最快的是临沧市，其每万人公共交通车辆由2017年的0.05辆增长至2020年的0.10辆，增长速度为97.61%。上升较快的地州还有昭通市和保山市。

根据2022年的每万人公共交通车辆，全省平均值为0.15辆，排名第一的是昆明市（0.31辆），玉溪市和迪庆州均位居第二（0.19辆），排名最后的是昭通市（0.08辆）（见表6-53）。

表6-53　2017—2022年云南省各地州每万人公共交通车辆

| 地区 | 2017年每万人公共交通车辆（辆） | 2022年每万人公共交通车辆（辆） | 期末比期初增长（%） | 评价 |
|---|---|---|---|---|
| 昆明 | 0.29 | 0.31 | 6.33 | 改善 |
| 曲靖 | 0.09 | 0.15 | 64.56 | 改善 |
| 玉溪 | 0.14 | 0.19 | 40.16 | 改善 |

续表

| 地区 | 2017年每万人公共交通车辆（辆） | 2022年每万人公共交通车辆（辆） | 期末比期初增长（%） | 评价 |
|---|---|---|---|---|
| 保山 | 0.07 | 0.13 | 89.38 | 改善 |
| 昭通 | 0.04 | 0.08 | 96.01 | 改善 |
| 丽江 | 0.11 | 0.16 | 51.58 | 改善 |
| 普洱 | 0.07 | 0.12 | 74.80 | 改善 |
| 临沧 | 0.05 | 0.10 | 97.61 | 改善 |
| 楚雄 | 0.08 | 0.14 | 74.91 | 改善 |
| 红河 | 0.08 | 0.13 | 61.21 | 改善 |
| 文山 | 0.07 | 0.13 | 85.20 | 改善 |
| 西双版纳 | 0.12 | 0.16 | 34.66 | 改善 |
| 大理 | 0.09 | 0.15 | 60.74 | 改善 |
| 德宏 | 0.10 | 0.16 | 50.34 | 改善 |
| 怒江 | 0.05 | 0.09 | 65.72 | 改善 |
| 迪庆 | 0.12 | 0.19 | 57.39 | 改善 |
| 全省平均 | 0.10 | 0.15 | 51.48 | 改善 |

综合上述3个指标的数据变化趋势，迪庆州、怒江州在公共服务方面的指标数值排名靠前，呈现出较高的公共服务水平。而昭通市多个指标排名均比较靠后，因此在公共服务方面仍有较大发展空间。

（二）医疗卫生

2017—2022年云南省各地州每万人拥有病床数这一指标，全省平均值上升24.75%，其中14个地州的指标值是上升的，仅有昆明市和楚雄州的指标数据下降。指标提升最快的是普洱市，其每万人拥有病床数由2017年的43.77张增长至2022年的76.79张，增长速度为75.44%。上升较快的地州还有迪庆州和昭通市。

根据2022年的每万人拥有病床数，全省平均值为67.29张，排名第一的是红河州80.36张，第二名是昆明市77.33张，第三名是普洱市

76.79张，排名最后的是楚雄州27.40张（见表6-54）。

表6-54　2017—2022年云南省各地州每万人拥有病床数

| 地区 | 2017年每万人拥有病床数（张） | 2022年每万人拥有病床数（张） | 期末比期初增长（%） | 评价 |
|---|---|---|---|---|
| 昆明 | 89.78 | 77.33 | -13.88 | 恶化 |
| 曲靖 | 52.82 | 72.97 | 38.15 | 改善 |
| 玉溪 | 55.78 | 63.65 | 14.11 | 改善 |
| 保山 | 51.87 | 71.34 | 37.53 | 改善 |
| 昭通 | 44.26 | 70.32 | 58.88 | 改善 |
| 丽江 | 44.47 | 54.12 | 21.69 | 改善 |
| 普洱 | 43.77 | 76.79 | 75.44 | 改善 |
| 临沧 | 47.90 | 62.50 | 30.48 | 改善 |
| 楚雄 | 58.46 | 27.40 | -53.13 | 恶化 |
| 红河 | 60.47 | 80.36 | 32.90 | 改善 |
| 文山 | 49.14 | 69.20 | 40.81 | 改善 |
| 西双版纳 | 64.07 | 68.81 | 7.40 | 改善 |
| 大理 | 51.04 | 71.41 | 39.89 | 改善 |
| 德宏 | 65.06 | 76.46 | 17.52 | 改善 |
| 怒江 | 47.28 | 75.09 | 58.84 | 改善 |
| 迪庆 | 36.80 | 58.82 | 59.86 | 改善 |
| 全省平均 | 53.94 | 67.29 | 24.75 | 改善 |

2017—2022年云南省大部分地州每万人拥有卫生技术人员这一指标呈现上升趋势，全省每万人拥有卫生技术人员平均值的增长速度为39.22%，其中15个地州的指标值是上升的，仅有楚雄州的指标值是下降的。指标提升最快的是怒江州，其每万人拥有卫生技术人员由

2017年的48人增长至2022年的93人，增长速度为93.98%。上升较快的地州还有曲靖市和大理州。

根据2022年的每万人拥有卫生技术人员，全省平均值为80.18人，排名第一的是昆明市115人，第二名是西双版纳州94人，第三名是怒江州93人，排名最后的是楚雄州33人（见表6-55）。

表6-55 2017—2022年云南省各地州每万人拥有卫生技术人员

| 地区 | 2017年每万人拥有卫生技术人员（人） | 2022年每万人拥有卫生技术人员（人） | 期末比期初增长（%） | 评价 |
|---|---|---|---|---|
| 昆明 | 112.04 | 114.88 | 2.53 | 改善 |
| 曲靖 | 34.82 | 66.02 | 89.58 | 改善 |
| 玉溪 | 56.41 | 89.99 | 59.52 | 改善 |
| 保山 | 50.86 | 82.19 | 61.60 | 改善 |
| 昭通 | 41.18 | 63.85 | 55.04 | 改善 |
| 丽江 | 55.64 | 72.70 | 30.67 | 改善 |
| 普洱 | 50.72 | 83.54 | 64.73 | 改善 |
| 临沧 | 48.30 | 75.45 | 56.21 | 改善 |
| 楚雄 | 56.98 | 33.31 | -41.54 | 恶化 |
| 红河 | 53.04 | 81.73 | 54.07 | 改善 |
| 文山 | 64.29 | 73.25 | 13.93 | 改善 |
| 西双版纳 | 79.87 | 94.04 | 17.73 | 改善 |
| 大理 | 49.03 | 86.84 | 77.11 | 改善 |
| 德宏 | 64.19 | 84.78 | 32.09 | 改善 |
| 怒江 | 48.15 | 93.41 | 93.98 | 改善 |
| 迪庆 | 56.00 | 86.96 | 55.29 | 改善 |
| 全省平均 | 57.60 | 80.18 | 39.22 | 改善 |

综合上述两个指标的数据变化趋势，昆明市在医疗卫生方面的指标数值排名靠前，呈现出医疗共享发展的较好趋势。而楚雄州在医疗卫生方面排名比较靠后，因此在医疗共享方面仍有较大发展空间。

（三）人民生活

城镇登记失业率的指标值越小，代表该地区的共享程度越高。2017—2022年云南省各地州城镇登记失业率这一指标呈现恶化态势，全省城镇登记失业率平均值的增长速度为32.21%，其中仅有临沧市的指标值是下降的，其他15个地州的指标值均是上升的。指标值下降代表失业情况有所改善，临沧市的城镇登记失业率由2017年的3.67%下降至2022年的3.49%，下降速度为4.90%。由于新冠肺炎疫情期间，失业率较高，因此该指标呈现恶化趋势。

根据2022年的城镇登记失业率，全省平均值为4.33%，失业率最低的是楚雄州3.20%，失业率第二低的是临沧市3.49%，失业率第三低的是红河州3.64%（见表6-56）。

表6-56　　2017—2022年云南省各地州城镇登记失业率

| 地区 | 2017年城镇登记失业率（%） | 2022年城镇登记失业率（%） | 期末比期初增长（%） | 评价 |
|---|---|---|---|---|
| 昆明 | 3.00 | 4.07 | 35.67 | 恶化 |
| 曲靖 | 2.60 | 5.10 | 96.15 | 恶化 |
| 玉溪 | 3.31 | 3.70 | 11.78 | 恶化 |
| 保山 | 3.40 | 3.96 | 16.47 | 恶化 |
| 昭通 | 3.20 | 5.10 | 59.38 | 恶化 |
| 丽江 | 3.51 | 4.17 | 18.80 | 恶化 |
| 普洱 | 3.29 | 5.10 | 55.02 | 恶化 |
| 临沧 | 3.67 | 3.49 | -4.90 | 改善 |

续表

| 地区 | 2017年城镇登记失业率（%） | 2022年城镇登记失业率（%） | 期末比期初增长（%） | 评价 |
|---|---|---|---|---|
| 楚雄 | 3.18 | 3.20 | 0.63 | 恶化 |
| 红河 | 3.53 | 3.64 | 3.12 | 恶化 |
| 文山 | 3.44 | 3.84 | 11.63 | 恶化 |
| 西双版纳 | 2.42 | 5.10 | 110.74 | 恶化 |
| 大理 | 3.13 | 4.20 | 34.19 | 恶化 |
| 德宏 | 3.07 | 4.41 | 43.65 | 恶化 |
| 怒江 | 3.65 | 5.10 | 39.73 | 恶化 |
| 迪庆 | 4.00 | 5.10 | 27.50 | 恶化 |
| 全省平均 | 3.28 | 4.33 | 32.21 | 恶化 |

亿元地区生产总值生产安全事故死亡率的指标值越小，代表该地区的共享程度越高。2017—2022年云南省各地州亿元地区生产总值生产安全事故死亡率这一指标呈现不断改善态势，全省亿元地区生产总值生产安全事故死亡率的平均值下降70.88%，除玉溪市外，其他15个地州的指标值均是下降的，说明各地州的生产安全性不断提高。

指标下降最快的是普洱市，其亿元地区生产总值生产安全事故死亡率由2017年的0.48%下降至2022年的0.04%，下降速度为91.07%。指标值下降较快的地州还有曲靖市和大理州，呈现改善趋势；而玉溪市的指标值增长了6.13%，呈现恶化趋势。

根据2022年的亿元地区生产总值生产安全事故死亡率，全省平均值为0.05%，指标值最低是0.03%，分别是昆明市、曲靖市、保山市、楚雄州，而亿元地区生产总值生产安全事故死亡率最高的是西双版纳州0.07%（见表6-57）。

表6-57　2017—2022年云南省各地州亿元地区生产总值生产安全事故死亡率

| 地区 | 2017年亿元地区生产总值生产安全事故死亡率（%） | 2022年亿元地区生产总值生产安全事故死亡率（%） | 期末比期初增长（%） | 评价 |
|---|---|---|---|---|
| 昆明 | 0.08 | 0.03 | -64.86 | 改善 |
| 曲靖 | 0.15 | 0.03 | -81.59 | 改善 |
| 玉溪 | 0.04 | 0.04 | 6.13 | 恶化 |
| 保山 | 0.15 | 0.03 | -76.76 | 改善 |
| 昭通 | 0.09 | 0.06 | -38.71 | 改善 |
| 丽江 | 0.06 | 0.04 | -32.81 | 改善 |
| 普洱 | 0.48 | 0.04 | -91.07 | 改善 |
| 临沧 | 0.06 | 0.05 | -15.02 | 改善 |
| 楚雄 | 0.11 | 0.03 | -72.68 | 改善 |
| 红河 | 0.10 | 0.04 | -61.58 | 改善 |
| 文山 | 0.15 | 0.05 | -66.32 | 改善 |
| 西双版纳 | 0.16 | 0.07 | -58.41 | 改善 |
| 大理 | 0.27 | 0.06 | -77.59 | 改善 |
| 德宏 | 0.26 | 0.06 | -77.07 | 改善 |
| 怒江 | 0.19 | 0.05 | -72.62 | 改善 |
| 迪庆 | 0.20 | 0.06 | -68.68 | 改善 |
| 全省平均 | 0.16 | 0.05 | -70.88 | 改善 |

2017—2022年云南省各地州等级公路密度这一指标均呈现不断改善的态势，全省等级公路密度平均值的增长速度为43.09%。指标提升最快的是保山市，其等级公路密度由2017年的0.58公里/平方公里增长至2022年的1.09公里/平方公里，增长速度为86.14%。上升较快的地州还有昭通市和普洱市。

根据2022年的等级公路密度，全省平均值为0.79公里/平方公里，排名第一的是玉溪市1.20公里/平方公里，第二名是昭通市1.16公里/平方公里，第三名是保山市1.09公里/平方公里，排名最后的是迪庆州0.38公里/平方公里（见表6-58）。

表6-58　2017—2022年云南省各地州等级公路密度

| 地区 | 2017年等级公路密度（公里/平方公里） | 2022年等级公路密度（公里/平方公里） | 期末比期初增长（%） | 评价 |
| --- | --- | --- | --- | --- |
| 昆明 | 0.77 | 1.04 | 34.28 | 改善 |
| 曲靖 | 0.76 | 1.01 | 32.61 | 改善 |
| 玉溪 | 1.13 | 1.20 | 6.34 | 改善 |
| 保山 | 0.58 | 1.09 | 86.14 | 改善 |
| 昭通 | 0.65 | 1.16 | 79.37 | 改善 |
| 丽江 | 0.36 | 0.55 | 54.41 | 改善 |
| 普洱 | 0.39 | 0.64 | 63.48 | 改善 |
| 临沧 | 0.59 | 0.88 | 50.84 | 改善 |
| 楚雄 | 0.51 | 0.73 | 44.29 | 改善 |
| 红河 | 0.63 | 0.82 | 30.31 | 改善 |
| 文山 | 0.46 | 0.59 | 28.94 | 改善 |

续表

| 地区 | 2017年等级公路密度（公里/平方公里） | 2022年等级公路密度（公里/平方公里） | 期末比期初增长（%） | 评价 |
|---|---|---|---|---|
| 西双版纳 | 0.29 | 0.47 | 61.07 | 改善 |
| 大理 | 0.54 | 0.80 | 47.35 | 改善 |
| 德宏 | 0.63 | 0.86 | 36.62 | 改善 |
| 怒江 | 0.32 | 0.45 | 40.06 | 改善 |
| 迪庆 | 0.25 | 0.38 | 52.89 | 改善 |
| 全省平均 | 0.55 | 0.79 | 43.09 | 改善 |

综合上述3个指标的数据变化趋势，昆明市和玉溪市在人民生活方面的指标数值排名比较靠前，呈现出共享发展的较好趋势，而其他地州在该方面仍有较大发展空间。

## 五、共享发展指数分析

基于上文构建的云南省经济高质量发展评价指标体系，共享发展指标体系从3个方面用8个指标对云南省各地州的共享发展状况进行了综合评价和分析。对上述指标进行标准化、数据平移、计算熵值、信息熵冗余度等得到各指标权数，将指标赋权求和后得到云南省16个地州的共享发展综合指数得分，并按照共享发展综合指数得分对各地州进行排名。具体数据见表6-59、表6-60。

表6-59　2017—2022年云南省各地州共享发展综合指数得分

| 地区 | 2017年共享发展综合指数得分 | 2018年共享发展综合指数得分 | 2019年共享发展综合指数得分 | 2020年共享发展综合指数得分 | 2021年共享发展综合指数得分 | 2022年共享发展综合指数得分 |
|---|---|---|---|---|---|---|
| 昆明 | 0.67 | 0.66 | 0.66 | 0.60 | 0.66 | 0.66 |

续表

| 地区 | 2017年共享发展综合指数得分 | 2018年共享发展综合指数得分 | 2019年共享发展综合指数得分 | 2020年共享发展综合指数得分 | 2021年共享发展综合指数得分 | 2022年共享发展综合指数得分 |
|---|---|---|---|---|---|---|
| 曲靖 | 0.35 | 0.37 | 0.37 | 0.38 | 0.43 | 0.41 |
| 玉溪 | 0.53 | 0.56 | 0.56 | 0.64 | 0.62 | 0.57 |
| 保山 | 0.30 | 0.32 | 0.32 | 0.47 | 0.49 | 0.50 |
| 昭通 | 0.25 | 0.30 | 0.30 | 0.31 | 0.38 | 0.31 |
| 丽江 | 0.32 | 0.32 | 0.32 | 0.37 | 0.42 | 0.38 |
| 普洱 | 0.19 | 0.21 | 0.21 | 0.45 | 0.45 | 0.34 |
| 临沧 | 0.27 | 0.31 | 0.31 | 0.39 | 0.40 | 0.40 |
| 楚雄 | 0.36 | 0.38 | 0.38 | 0.35 | 0.37 | 0.38 |
| 红河 | 0.33 | 0.39 | 0.39 | 0.45 | 0.50 | 0.48 |
| 文山 | 0.25 | 0.24 | 0.24 | 0.32 | 0.34 | 0.33 |
| 西双版纳 | 0.37 | 0.35 | 0.35 | 0.31 | 0.34 | 0.23 |
| 大理 | 0.29 | 0.36 | 0.36 | 0.49 | 0.40 | 0.38 |
| 德宏 | 0.38 | 0.41 | 0.41 | 0.45 | 0.39 | 0.41 |
| 怒江 | 0.34 | 0.37 | 0.37 | 0.43 | 0.45 | 0.44 |
| 迪庆 | 0.38 | 0.39 | 0.39 | 0.57 | 0.53 | 0.41 |

表6-60　2017—2022年云南省各地州共享发展综合指数排名

| 地区 | 2017年排名 | 2018年排名 | 2019年排名 | 2020年排名 | 2021年排名 | 2022年排名 | 排名变化 |
|---|---|---|---|---|---|---|---|
| 昆明 | 1 | 1 | 1 | 2 | 1 | 1 | 不变 |
| 曲靖 | 7 | 7 | 7 | 11 | 8 | 6 | 上升 |
| 玉溪 | 2 | 2 | 2 | 1 | 2 | 2 | 不变 |
| 保山 | 11 | 12 | 12 | 5 | 5 | 3 | 上升 |
| 昭通 | 15 | 14 | 14 | 16 | 13 | 15 | 不变 |

续表

| 地区 | 2017年排名 | 2018年排名 | 2019年排名 | 2020年排名 | 2021年排名 | 2022年排名 | 排名变化 |
|---|---|---|---|---|---|---|---|
| 丽江 | 10 | 11 | 11 | 12 | 9 | 11 | 下降 |
| 普洱 | 16 | 16 | 16 | 7 | 7 | 13 | 上升 |
| 临沧 | 13 | 13 | 13 | 10 | 10 | 9 | 上升 |
| 楚雄 | 6 | 6 | 6 | 13 | 14 | 12 | 下降 |
| 红河 | 9 | 5 | 5 | 8 | 4 | 4 | 上升 |
| 文山 | 14 | 15 | 15 | 14 | 15 | 14 | 不变 |
| 西双版纳 | 5 | 10 | 10 | 15 | 16 | 16 | 下降 |
| 大理 | 12 | 9 | 9 | 4 | 11 | 10 | 上升 |
| 德宏 | 3 | 3 | 3 | 6 | 12 | 8 | 下降 |
| 怒江 | 8 | 8 | 8 | 9 | 6 | 5 | 上升 |
| 迪庆 | 4 | 4 | 4 | 3 | 3 | 7 | 下降 |

根据2022年共享发展综合指数得分，排名前三的地州分别是昆明市、玉溪市和保山市，上述3个地州在共享发展方面取得较好成绩。从2017年至2022年的共享发展综合指数排名数据看，昆明市和玉溪市的排名不变，始终处于第一和第二的位置，保山市由第十一上升至第三名。

共享发展综合指数排名上升的地州共有7个，包括曲靖市、保山市、普洱市、临沧市、红河州、大理州、怒江州；共享发展综合指数排名不变的地州有4个，包括昆明市、玉溪市、昭通市、文山州；共享发展综合指数排名下降的地州共有5个，包括丽江市、楚雄州、西双版纳州、德宏州和迪庆州。

## 第六节　综合经济发展测度

基于新发展理念的内涵，本研究将经济高质量发展的评价指标体系划分为创新发展指数、协调发展指数、绿色发展指数、开放发展指数和共享发展指数。基于上述创新、协调、绿色、开放、共享5个方面经济发展指数的计算结果，运用熵值法求得各指标的权数，并根据2017—2022间6年的权数进行平均，最终得到各经济发展指数的权数分别为创新权数0.27、协调权数0.16、绿色权数0.20、开放权数0.19、共享权数0.18（见表6-61）。

表6-61　　　　综合经济发展指数各指标权数

| 一级指标 | 二级指标 | 2017年权数 | 2018年权数 | 2019年权数 | 2020年权数 | 2021年权数 | 2022年权数 | 平均权数 |
|---|---|---|---|---|---|---|---|---|
| 综合经济发展指数 | 创新发展 | 0.28 | 0.27 | 0.29 | 0.27 | 0.27 | 0.26 | 0.27 |
| | 协调发展 | 0.16 | 0.16 | 0.16 | 0.15 | 0.15 | 0.15 | 0.16 |
| | 绿色发展 | 0.20 | 0.21 | 0.19 | 0.20 | 0.22 | 0.20 | 0.20 |
| | 开放发展 | 0.19 | 0.18 | 0.18 | 0.19 | 0.19 | 0.19 | 0.19 |
| | 共享发展 | 0.17 | 0.18 | 0.18 | 0.19 | 0.17 | 0.20 | 0.18 |

综上所述，对各个经济发展指数的得分和权数进行加权平均，最终得到云南省16个地州的综合发展得分，并根据综合得分进行排序，得到2017—2022年云南省各地州的综合经济发展排名。

## 一、2017年综合经济发展测度

根据2017年云南省各地州创新、协调、绿色、开放、共享的发展指数，通过加权平均得到各地州的综合经济发展指数得分及排名，见表6-62、表6-63。

表6-62　　2017年云南省各地州综合经济发展指数得分

| 地区 | 创新发展指数得分 | 协调发展指数得分 | 绿色发展指数得分 | 开放发展指数得分 | 共享发展指数得分 | 综合发展指数得分 |
| --- | --- | --- | --- | --- | --- | --- |
| 昆明 | 0.93 | 0.75 | 0.60 | 0.66 | 0.67 | 0.74 |
| 曲靖 | 0.48 | 0.45 | 0.54 | 0.47 | 0.35 | 0.46 |
| 玉溪 | 0.47 | 0.53 | 0.59 | 0.40 | 0.53 | 0.50 |
| 保山 | 0.13 | 0.27 | 0.66 | 0.31 | 0.30 | 0.32 |
| 昭通 | 0.04 | 0.20 | 0.33 | 0.36 | 0.25 | 0.22 |
| 丽江 | 0.19 | 0.42 | 0.77 | 0.50 | 0.32 | 0.42 |
| 普洱 | 0.24 | 0.33 | 0.46 | 0.18 | 0.19 | 0.28 |
| 临沧 | 0.12 | 0.31 | 0.64 | 0.19 | 0.27 | 0.29 |
| 楚雄 | 0.20 | 0.44 | 0.67 | 0.45 | 0.36 | 0.41 |
| 红河 | 0.40 | 0.40 | 0.54 | 0.34 | 0.33 | 0.41 |
| 文山 | 0.18 | 0.41 | 0.40 | 0.21 | 0.25 | 0.28 |
| 西双版纳 | 0.17 | 0.51 | 0.60 | 0.29 | 0.37 | 0.37 |
| 大理 | 0.20 | 0.41 | 0.56 | 0.47 | 0.29 | 0.37 |
| 德宏 | 0.19 | 0.45 | 0.55 | 0.44 | 0.38 | 0.38 |
| 怒江 | 0.17 | 0.40 | 0.44 | 0.16 | 0.34 | 0.29 |
| 迪庆 | 0.11 | 0.68 | 0.56 | 0.28 | 0.38 | 0.37 |

表6-63　2017年云南省各地州综合经济发展指数得分排名

| 地区 | 创新发展指数得分排名 | 协调发展指数得分排名 | 绿色发展指数得分排名 | 开放发展指数得分排名 | 共享发展指数得分排名 | 综合发展指数得分排名 |
|---|---|---|---|---|---|---|
| 昆明 | 1 | 1 | 5 | 1 | 1 | 1 |
| 曲靖 | 2 | 6 | 11 | 4 | 7 | 3 |
| 玉溪 | 3 | 3 | 7 | 7 | 2 | 2 |
| 保山 | 13 | 15 | 3 | 10 | 11 | 11 |
| 昭通 | 16 | 16 | 16 | 8 | 15 | 16 |
| 丽江 | 8 | 8 | 1 | 2 | 10 | 4 |
| 普洱 | 5 | 13 | 13 | 15 | 16 | 14 |
| 临沧 | 14 | 14 | 4 | 14 | 13 | 12 |
| 楚雄 | 6 | 7 | 2 | 5 | 6 | 5 |
| 红河 | 4 | 11 | 12 | 9 | 9 | 6 |
| 文山 | 10 | 10 | 15 | 13 | 14 | 15 |
| 西双版纳 | 11 | 4 | 6 | 11 | 5 | 10 |
| 大理 | 7 | 9 | 9 | 3 | 12 | 8 |
| 德宏 | 9 | 5 | 10 | 6 | 3 | 7 |
| 怒江 | 12 | 12 | 14 | 16 | 8 | 13 |
| 迪庆 | 15 | 2 | 8 | 12 | 4 | 9 |

根据2017年综合经济发展指数得分，云南省综合经济发展指数得分排名第一的是昆明市，且昆明市指数得分远高于其他地州，玉溪市排名第二，曲靖市排名第三。昆明市的创新发展指数、协调发展指数、开放发展指数、共享发展指数得分均排名第一，只有绿色发展指数得分较低，排名第五。玉溪市的创新发展指数、协调发展指数、共

享发展指数得分均排名第二或者第三，但绿色发展指数和开放发展指数得分较低，排名第七。

曲靖市的创新发展指数和开放发展指数得分较高，分别排名第二、第四，但协调发展指数、共享发展指数得分略低，绿色发展指数得分更低，排名第十一。云南省综合经济发展指数得分排名后三名分别是普洱市、文山州、昭通市，其中昭通市排在最后。昭通市的创新发展指数、协调发展指数、绿色发展指数、共享发展指数得分均排名倒数，只有开放发展指数得分略高，排名第九。

## 二、2018年综合经济发展测度

根据2018年云南省各地州创新、协调、绿色、开放、共享的发展指数，通过加权平均得到各地州的综合经济发展指数得分及排名，见表6-64、表6-65。

表6-64　　2018年云南省各地州综合经济发展指数得分

| 地区 | 创新发展指数得分 | 协调发展指数得分 | 绿色发展指数得分 | 开放发展指数得分 | 共享发展指数得分 | 综合发展指数得分 |
|---|---|---|---|---|---|---|
| 昆明 | 0.92 | 0.73 | 0.58 | 0.65 | 0.66 | 0.72 |
| 曲靖 | 0.46 | 0.46 | 0.58 | 0.49 | 0.37 | 0.47 |
| 玉溪 | 0.66 | 0.52 | 0.56 | 0.39 | 0.56 | 0.55 |
| 保山 | 0.20 | 0.26 | 0.68 | 0.31 | 0.32 | 0.35 |
| 昭通 | 0.13 | 0.21 | 0.49 | 0.38 | 0.30 | 0.29 |
| 丽江 | 0.12 | 0.43 | 0.76 | 0.50 | 0.32 | 0.41 |
| 普洱 | 0.26 | 0.31 | 0.52 | 0.22 | 0.21 | 0.30 |
| 临沧 | 0.14 | 0.36 | 0.65 | 0.22 | 0.31 | 0.32 |
| 楚雄 | 0.24 | 0.43 | 0.69 | 0.47 | 0.38 | 0.43 |

续表

| 地区 | 创新发展指数得分 | 协调发展指数得分 | 绿色发展指数得分 | 开放发展指数得分 | 共享发展指数得分 | 综合发展指数得分 |
|---|---|---|---|---|---|---|
| 红河 | 0.42 | 0.40 | 0.55 | 0.32 | 0.39 | 0.42 |
| 文山 | 0.20 | 0.40 | 0.34 | 0.23 | 0.24 | 0.27 |
| 西双版纳 | 0.21 | 0.50 | 0.73 | 0.30 | 0.35 | 0.40 |
| 大理 | 0.23 | 0.40 | 0.54 | 0.46 | 0.36 | 0.38 |
| 德宏 | 0.13 | 0.46 | 0.38 | 0.46 | 0.41 | 0.35 |
| 怒江 | 0.17 | 0.38 | 0.47 | 0.15 | 0.37 | 0.29 |
| 迪庆 | 0.12 | 0.64 | 0.55 | 0.26 | 0.39 | 0.36 |

表6-65　2018年云南省各地州综合经济发展指数得分排名

| 地区 | 创新发展指数得分排名 | 协调发展指数得分排名 | 绿色发展指数得分排名 | 开放发展指数得分排名 | 共享发展指数得分排名 | 综合发展指数得分排名 |
|---|---|---|---|---|---|---|
| 昆明 | 1 | 1 | 6 | 1 | 1 | 1 |
| 曲靖 | 3 | 6 | 7 | 3 | 7 | 3 |
| 玉溪 | 2 | 3 | 8 | 7 | 2 | 2 |
| 保山 | 10 | 15 | 4 | 10 | 12 | 10 |
| 昭通 | 14 | 16 | 13 | 8 | 14 | 15 |
| 丽江 | 15 | 7 | 1 | 2 | 11 | 6 |
| 普洱 | 5 | 14 | 12 | 15 | 16 | 13 |
| 临沧 | 12 | 13 | 5 | 14 | 13 | 12 |
| 楚雄 | 6 | 8 | 3 | 4 | 6 | 4 |
| 红河 | 4 | 10 | 10 | 9 | 5 | 5 |
| 文山 | 9 | 9 | 16 | 13 | 15 | 16 |
| 西双版纳 | 8 | 4 | 2 | 11 | 10 | 7 |

续表

| 地区 | 创新发展指数得分排名 | 协调发展指数得分排名 | 绿色发展指数得分排名 | 开放发展指数得分排名 | 共享发展指数得分排名 | 综合发展指数得分排名 |
|---|---|---|---|---|---|---|
| 大理 | 7 | 11 | 11 | 6 | 9 | 8 |
| 德宏 | 13 | 5 | 15 | 5 | 3 | 11 |
| 怒江 | 11 | 12 | 14 | 16 | 8 | 14 |
| 迪庆 | 16 | 2 | 9 | 12 | 4 | 9 |

根据2018年综合经济发展指数得分，云南省综合经济发展指数得分排名第一的是昆明市，玉溪市排名第二，曲靖市排名第三。昆明市的创新发展指数、协调发展指数、开放发展指数、共享发展指数得分均排名第一，但绿色发展指数得分较2017年下降1位，排名第六。玉溪市的创新发展指数、协调发展指数、共享发展指数得分均排名第二或者第三，绿色发展指数和开放发展指数得分较低，绿色发展指数得分较2017年下降1位，排名第八。

曲靖市的创新指数和开放指数得分较高，均排名第三，协调发展指数、共享发展指数、绿色发展指数得分略低，排名第六或者第七，且绿色发展指数有上升趋势。云南省综合经济发展指数得分排名后三名分别是怒江州、昭通市、文山州，其中文山州排在最后。文山州的绿色发展指数、开放发展指数、共享发展指数得分均排名倒数，创新发展指数、协调发展指数得分略高，排名第九。

## 三、2019年综合经济发展测度

根据2019年云南省各地州创新、协调、绿色、开放、共享的发展指数，通过加权平均得到各地州的综合经济发展指数得分及排名，见表6-66、表6-67。

表6-66　　2019年云南省各地州综合经济发展指数得分

| 地区 | 创新发展指数得分 | 协调发展指数得分 | 绿色发展指数得分 | 开放发展指数得分 | 共享发展指数得分 | 综合发展指数得分 |
|---|---|---|---|---|---|---|
| 昆明 | 0.88 | 0.76 | 0.60 | 0.58 | 0.66 | 0.71 |
| 曲靖 | 0.44 | 0.42 | 0.59 | 0.48 | 0.37 | 0.46 |
| 玉溪 | 0.68 | 0.57 | 0.60 | 0.48 | 0.56 | 0.59 |
| 保山 | 0.26 | 0.31 | 0.72 | 0.31 | 0.32 | 0.38 |
| 昭通 | 0.18 | 0.22 | 0.57 | 0.36 | 0.30 | 0.32 |
| 丽江 | 0.09 | 0.49 | 0.76 | 0.51 | 0.32 | 0.41 |
| 普洱 | 0.19 | 0.38 | 0.53 | 0.25 | 0.21 | 0.30 |
| 临沧 | 0.15 | 0.39 | 0.62 | 0.25 | 0.31 | 0.33 |
| 楚雄 | 0.21 | 0.36 | 0.73 | 0.48 | 0.38 | 0.42 |
| 红河 | 0.45 | 0.40 | 0.60 | 0.42 | 0.39 | 0.46 |
| 文山 | 0.14 | 0.38 | 0.46 | 0.24 | 0.24 | 0.28 |
| 西双版纳 | 0.17 | 0.51 | 0.58 | 0.34 | 0.35 | 0.37 |
| 大理 | 0.20 | 0.44 | 0.62 | 0.46 | 0.36 | 0.40 |
| 德宏 | 0.08 | 0.48 | 0.59 | 0.50 | 0.41 | 0.38 |
| 怒江 | 0.11 | 0.27 | 0.43 | 0.05 | 0.37 | 0.24 |
| 迪庆 | 0.18 | 0.60 | 0.56 | 0.34 | 0.39 | 0.39 |

表6-67　　2019年云南省各地州综合经济发展指数得分排名

| 地区 | 创新发展指数得分排名 | 协调发展指数得分排名 | 绿色发展指数得分排名 | 开放发展指数得分排名 | 共享发展指数得分排名 | 综合发展指数得分排名 |
|---|---|---|---|---|---|---|
| 昆明 | 1 | 1 | 8 | 1 | 1 | 1 |
| 曲靖 | 4 | 8 | 9 | 4 | 7 | 3 |

续表

| 地区 | 创新发展指数得分排名 | 协调发展指数得分排名 | 绿色发展指数得分排名 | 开放发展指数得分排名 | 共享发展指数得分排名 | 综合发展指数得分排名 |
|---|---|---|---|---|---|---|
| 玉溪 | 2 | 3 | 6 | 6 | 2 | 2 |
| 保山 | 5 | 14 | 3 | 12 | 12 | 10 |
| 昭通 | 10 | 16 | 12 | 9 | 14 | 13 |
| 丽江 | 15 | 5 | 1 | 2 | 11 | 6 |
| 普洱 | 8 | 11 | 14 | 13 | 16 | 14 |
| 临沧 | 12 | 10 | 5 | 14 | 13 | 12 |
| 楚雄 | 6 | 13 | 2 | 5 | 6 | 5 |
| 红河 | 3 | 9 | 7 | 8 | 5 | 4 |
| 文山 | 13 | 12 | 15 | 15 | 15 | 15 |
| 西双版纳 | 11 | 4 | 11 | 10 | 10 | 11 |
| 大理 | 7 | 7 | 4 | 7 | 9 | 7 |
| 德宏 | 16 | 6 | 10 | 3 | 3 | 9 |
| 怒江 | 14 | 15 | 16 | 16 | 8 | 16 |
| 迪庆 | 9 | 2 | 13 | 11 | 4 | 8 |

根据2019年综合经济发展指数得分，云南省综合经济发展指数得分排名第一的是昆明市，玉溪市排名第二，曲靖市排名第三。昆明市的创新发展指数、协调发展指数、开放发展指数、共享发展指数得分均排名第一，但绿色发展指数得分较2018年下降2位，排名第八。玉溪市的创新发展指数、协调发展指数、共享发展指数得分均排名第二或者第三，开放发展指数和绿色发展指数得分较低，排名第六。

曲靖市的创新发展指数和开放发展指数得分较高，均排名第四，但协调发展指数、绿色发展指数、共享发展指数得分略低，排名第七至第九。云南省综合经济发展指数得分排名后三名分别是普洱市、文山州、怒江州，其中怒江州排在最后。怒江州的创新发展指数、协调发展指数、绿色发展指数、开放发展指数得分均排名倒数，只有共享发展指数得分较高，排名第八。

## 四、2020年综合经济发展测度

根据2020年云南省各地州创新、协调、绿色、开放、共享的发展指数，通过加权平均得到各地州的综合经济发展指数得分及排名，见表6-68、表6-69。

表6-68　2020年云南省各地州综合经济发展指数得分

| 地区 | 创新发展指数得分 | 协调发展指数得分 | 绿色发展指数得分 | 开放发展指数得分 | 共享发展指数得分 | 综合发展指数得分 |
|---|---|---|---|---|---|---|
| 昆明 | 0.79 | 0.77 | 0.65 | 0.65 | 0.60 | 0.70 |
| 曲靖 | 0.41 | 0.44 | 0.56 | 0.49 | 0.38 | 0.45 |
| 玉溪 | 0.68 | 0.60 | 0.58 | 0.47 | 0.64 | 0.60 |
| 保山 | 0.33 | 0.31 | 0.70 | 0.29 | 0.47 | 0.42 |
| 昭通 | 0.18 | 0.23 | 0.53 | 0.36 | 0.31 | 0.31 |
| 丽江 | 0.25 | 0.49 | 0.72 | 0.48 | 0.37 | 0.45 |
| 普洱 | 0.12 | 0.37 | 0.57 | 0.22 | 0.45 | 0.33 |
| 临沧 | 0.16 | 0.41 | 0.69 | 0.25 | 0.39 | 0.36 |
| 楚雄 | 0.21 | 0.35 | 0.66 | 0.50 | 0.35 | 0.40 |
| 红河 | 0.39 | 0.41 | 0.60 | 0.45 | 0.45 | 0.46 |
| 文山 | 0.16 | 0.37 | 0.41 | 0.25 | 0.32 | 0.29 |
| 西双版纳 | 0.20 | 0.45 | 0.55 | 0.34 | 0.31 | 0.36 |

续表

| 地区 | 创新发展指数得分 | 协调发展指数得分 | 绿色发展指数得分 | 开放发展指数得分 | 共享发展指数得分 | 综合发展指数得分 |
|---|---|---|---|---|---|---|
| 大理 | 0.20 | 0.43 | 0.57 | 0.46 | 0.49 | 0.41 |
| 德宏 | 0.04 | 0.47 | 0.49 | 0.48 | 0.45 | 0.36 |
| 怒江 | 0.12 | 0.36 | 0.48 | 0.01 | 0.43 | 0.27 |
| 迪庆 | 0.13 | 0.58 | 0.47 | 0.33 | 0.57 | 0.39 |

表6-69　2020年云南省各地州综合经济发展指数得分排名

| 地区 | 创新发展指数得分排名 | 协调发展指数得分排名 | 绿色发展指数得分排名 | 开放发展指数得分排名 | 共享发展指数得分排名 | 综合发展指数得分排名 |
|---|---|---|---|---|---|---|
| 昆明 | 1 | 1 | 5 | 1 | 2 | 1 |
| 曲靖 | 3 | 7 | 10 | 3 | 11 | 4 |
| 玉溪 | 2 | 2 | 7 | 6 | 1 | 2 |
| 保山 | 5 | 15 | 2 | 12 | 5 | 6 |
| 昭通 | 10 | 16 | 12 | 9 | 16 | 14 |
| 丽江 | 6 | 4 | 1 | 5 | 12 | 5 |
| 普洱 | 14 | 11 | 8 | 15 | 7 | 13 |
| 临沧 | 11 | 9 | 3 | 14 | 10 | 10 |
| 楚雄 | 7 | 14 | 4 | 2 | 13 | 8 |
| 红河 | 4 | 10 | 6 | 8 | 8 | 3 |
| 文山 | 12 | 12 | 16 | 13 | 14 | 15 |
| 西双版纳 | 8 | 6 | 11 | 10 | 15 | 12 |
| 大理 | 9 | 8 | 9 | 7 | 4 | 7 |
| 德宏 | 16 | 5 | 13 | 4 | 6 | 11 |

续表

| 地区 | 创新发展指数得分排名 | 协调发展指数得分排名 | 绿色发展指数得分排名 | 开放发展指数得分排名 | 共享发展指数得分排名 | 综合发展指数得分排名 |
|---|---|---|---|---|---|---|
| 怒江 | 15 | 13 | 14 | 16 | 9 | 16 |
| 迪庆 | 13 | 3 | 15 | 11 | 3 | 9 |

根据2020年综合经济发展指数得分，云南省综合经济发展指数得分排名第一的仍然是昆明市，玉溪市排名第二，红河州排名第三。昆明市的创新发展指数、协调发展指数、开放发展指数得分均排名第一，绿色发展指数得分较2019年上升3位，排名第五，但共享发展指数较上年下降1位，排名第二。玉溪市的创新发展指数、协调发展指数均排名第二，开放发展指数和绿色发展指数得分较低，排名第六和第七，而共享发展指数得分首次超过昆明市，排名第一。

红河州的各项指数排名不是太靠前，但由于与曲靖市差距非常小，互有高低，而各指数权数各不相同，因此综合后得分略高于曲靖市，首次上榜第三名。云南省综合经济发展指数得分排名后3名分别是昭通市、文山州、怒江州，其中怒江州排在最后。怒江州的创新指数、协调指数、绿色指数、开放指数得分均排名倒数，只有共享指数得分较高，排名第九。

## 五、2021年综合经济发展测度

根据2021年云南省各地州创新、协调、绿色、开放、共享的发展指数，通过加权平均得到各地州的综合经济发展指数得分及排名，见表6-70、表6-71。

表6-70　　2021年云南省各地州综合经济发展指数得分

| 地区 | 创新发展指数得分 | 协调发展指数得分 | 绿色发展指数得分 | 开放发展指数得分 | 共享发展指数得分 | 综合发展指数得分 |
|---|---|---|---|---|---|---|
| 昆明 | 0.79 | 0.76 | 0.53 | 0.68 | 0.66 | 0.69 |
| 曲靖 | 0.46 | 0.46 | 0.49 | 0.48 | 0.43 | 0.46 |
| 玉溪 | 0.64 | 0.60 | 0.59 | 0.47 | 0.62 | 0.59 |
| 保山 | 0.27 | 0.32 | 0.68 | 0.28 | 0.49 | 0.40 |
| 昭通 | 0.25 | 0.23 | 0.59 | 0.34 | 0.38 | 0.36 |
| 丽江 | 0.36 | 0.50 | 0.75 | 0.46 | 0.42 | 0.49 |
| 普洱 | 0.07 | 0.37 | 0.56 | 0.20 | 0.45 | 0.31 |
| 临沧 | 0.07 | 0.40 | 0.61 | 0.28 | 0.40 | 0.33 |
| 楚雄 | 0.23 | 0.35 | 0.64 | 0.48 | 0.37 | 0.40 |
| 红河 | 0.40 | 0.42 | 0.55 | 0.47 | 0.50 | 0.47 |
| 文山 | 0.15 | 0.38 | 0.38 | 0.34 | 0.34 | 0.30 |
| 西双版纳 | 0.14 | 0.45 | 0.50 | 0.31 | 0.34 | 0.33 |
| 大理 | 0.18 | 0.42 | 0.50 | 0.43 | 0.40 | 0.37 |
| 德宏 | 0.12 | 0.42 | 0.48 | 0.41 | 0.39 | 0.34 |
| 怒江 | 0.22 | 0.36 | 0.50 | 0.01 | 0.45 | 0.30 |
| 迪庆 | 0.28 | 0.59 | 0.45 | 0.23 | 0.53 | 0.40 |

表6-71　　2021年云南省各地州综合经济发展指数得分排名

| 地区 | 创新发展指数得分排名 | 协调发展指数得分排名 | 绿色发展指数得分排名 | 开放发展指数得分排名 | 共享发展指数得分排名 | 综合发展指数得分排名 |
|---|---|---|---|---|---|---|
| 昆明 | 1 | 1 | 9 | 1 | 1 | 1 |
| 曲靖 | 3 | 5 | 13 | 2 | 8 | 5 |
| 玉溪 | 2 | 2 | 5 | 5 | 2 | 2 |

续表

| 地区 | 创新发展指数得分排名 | 协调发展指数得分排名 | 绿色发展指数得分排名 | 开放发展指数得分排名 | 共享发展指数得分排名 | 综合发展指数得分排名 |
|---|---|---|---|---|---|---|
| 保山 | 7 | 15 | 2 | 13 | 5 | 7 |
| 昭通 | 8 | 16 | 6 | 9 | 13 | 10 |
| 丽江 | 5 | 4 | 1 | 6 | 9 | 3 |
| 普洱 | 16 | 12 | 7 | 15 | 7 | 14 |
| 临沧 | 15 | 10 | 4 | 12 | 10 | 12 |
| 楚雄 | 9 | 14 | 3 | 3 | 14 | 6 |
| 红河 | 4 | 7 | 8 | 4 | 4 | 4 |
| 文山 | 12 | 11 | 16 | 10 | 15 | 15 |
| 西双版纳 | 13 | 6 | 12 | 11 | 16 | 13 |
| 大理 | 11 | 8 | 10 | 7 | 11 | 9 |
| 德宏 | 14 | 9 | 14 | 8 | 12 | 11 |
| 怒江 | 10 | 13 | 11 | 16 | 6 | 16 |
| 迪庆 | 6 | 3 | 15 | 14 | 3 | 8 |

根据2021年综合经济发展指数得分，云南省综合经济发展指数得分排名第一的仍然是昆明市，玉溪市排名第二，丽江市排名第三。昆明市的创新发展指数、协调发展指数、开放发展指数得分均排名第一，绿色发展指数得分较2020年下降4位，排名第九，共享发展指数又回升至排名第一。玉溪市的创新发展指数、协调发展指数、共享发展指数均排名第二，开放发展 指数和绿色发展指数得分较上年有所提升，均排名第五。

丽江市以微弱优势战胜2020年刚刚上榜前三的红河州，其中绿色发展指数上升明显，名列全省第一，创新发展指数和共享发展指数较2020年也都有所提升，因此本年度云南省综合经济发展指数得分排名第三的是丽江市。云南省综合经济发展指数得分排名后3名分别是普洱市、文山州、怒江州，其中怒江州排在最后。怒江州的创新发展指数、协调发展指数、绿色发展指数、开放发展指数得分均排名倒数，但共享发展指数得分较往年有所提升，排名第六。

## 六、2022年综合经济发展测度

根据2022年云南省各地州创新、协调、绿色、开放、共享的发展指数，通过加权平均得到各地州的综合经济发展指数得分及排名，见表6-72、表6-73。

表6-72　2022年云南省各地州综合经济发展指数得分

| 地区 | 创新发展指数得分 | 协调发展指数得分 | 绿色发展指数得分 | 开放发展指数得分 | 共享发展指数得分 | 综合发展指数得分 |
|---|---|---|---|---|---|---|
| 昆明 | 0.63 | 0.77 | 0.58 | 0.67 | 0.66 | 0.66 |
| 曲靖 | 0.33 | 0.48 | 0.47 | 0.50 | 0.41 | 0.43 |
| 玉溪 | 0.64 | 0.62 | 0.48 | 0.43 | 0.57 | 0.55 |
| 保山 | 0.39 | 0.33 | 0.69 | 0.28 | 0.50 | 0.44 |
| 昭通 | 0.12 | 0.24 | 0.56 | 0.35 | 0.31 | 0.30 |
| 丽江 | 0.21 | 0.50 | 0.72 | 0.48 | 0.38 | 0.44 |
| 普洱 | 0.05 | 0.37 | 0.62 | 0.20 | 0.34 | 0.30 |
| 临沧 | 0.07 | 0.39 | 0.56 | 0.26 | 0.40 | 0.31 |
| 楚雄 | 0.24 | 0.37 | 0.65 | 0.46 | 0.38 | 0.41 |
| 红河 | 0.28 | 0.44 | 0.57 | 0.42 | 0.48 | 0.43 |
| 文山 | 0.20 | 0.37 | 0.36 | 0.35 | 0.33 | 0.31 |

续表

| 地区 | 创新发展指数得分 | 协调发展指数得分 | 绿色发展指数得分 | 开放发展指数得分 | 共享发展指数得分 | 综合发展指数得分 |
|---|---|---|---|---|---|---|
| 西双版纳 | 0.17 | 0.44 | 0.65 | 0.32 | 0.23 | 0.35 |
| 大理 | 0.12 | 0.42 | 0.49 | 0.46 | 0.38 | 0.35 |
| 德宏 | 0.06 | 0.42 | 0.53 | 0.39 | 0.41 | 0.34 |
| 怒江 | 0.39 | 0.39 | 0.61 | 0.14 | 0.44 | 0.40 |
| 迪庆 | 0.20 | 0.61 | 0.52 | 0.25 | 0.41 | 0.38 |

表6-73　2022年云南省各地州综合经济发展指数得分排名

| 地区 | 创新发展指数得分排名 | 协调发展指数得分排名 | 绿色发展指数得分排名 | 开放发展指数得分排名 | 共享发展指数得分排名 | 综合发展指数得分排名 |
|---|---|---|---|---|---|---|
| 昆明 | 2 | 1 | 7 | 1 | 1 | 1 |
| 曲靖 | 5 | 5 | 15 | 2 | 6 | 5 |
| 玉溪 | 1 | 2 | 14 | 6 | 2 | 2 |
| 保山 | 3 | 15 | 2 | 12 | 3 | 4 |
| 昭通 | 13 | 16 | 10 | 10 | 15 | 15 |
| 丽江 | 8 | 4 | 1 | 3 | 11 | 3 |
| 普洱 | 16 | 14 | 5 | 15 | 13 | 16 |
| 临沧 | 14 | 11 | 9 | 13 | 9 | 13 |
| 楚雄 | 7 | 13 | 3 | 4 | 12 | 7 |
| 红河 | 6 | 7 | 8 | 7 | 4 | 6 |
| 文山 | 9 | 12 | 16 | 9 | 14 | 14 |
| 西双版纳 | 11 | 6 | 4 | 11 | 16 | 11 |
| 大理 | 12 | 8 | 13 | 5 | 10 | 10 |
| 德宏 | 15 | 9 | 11 | 8 | 8 | 12 |
| 怒江 | 4 | 10 | 6 | 16 | 5 | 8 |
| 迪庆 | 10 | 3 | 12 | 14 | 7 | 9 |

根据2022年综合经济发展指数得分，云南省综合经济排名第一的仍然是昆明市，玉溪市排名第二，丽江市排名第三，前三的排名与2021年一致。昆明市的协调指数、开放指数、共享指数得分均排名第一，绿色指数得分较2021年上升两位，排名第七，但创新指数首次下降至第二。玉溪市的协调指数、共享指数均排名第二，创新指数首次升至第一，绿色指数下降明显，已跌至第十四。

丽江市的协调指数和绿色指数与2021年一致，保持了较高位次，特别是绿色指数仍保持第一，创新指数较2021年下降3位，排名第八，共享指数较2021年下降2位，排名第十一，但开放指数提升明显，上升至全省第三。云南省综合经济发展指数得分排名后3名分别是文山州、昭通市、普洱市，其中普洱市排在最后。值得一提的是，怒江州综合经济发展指数得分排名提升显著，由一直以来的倒数，首次提升至第八，上升幅度很大，特别是创新指数、绿色指数和共享指数，均冲入全省前六。

## 七、2017—2022年综合发展指数得分排名变化趋势

根据2017—2022年云南省各地州综合发展指数得分的排名，排名保持不变的地州有4个，分别是昆明市第一、玉溪市第二、红河州第六、迪庆州第九；排名有所上升的地州有5个，分别是保山市、昭通市、丽江市、文山州、怒江州；排名下降的地州有7个，分别是曲靖市、普洱市、临沧市、楚雄州、西双版纳州、大理州、德宏州（见表6-74）。

表6-74　**2017—2022年云南省各地州综合发展指数得分排名变化趋势**

| 地区 | 2017年综合排名 | 2018年综合排名 | 2019年综合排名 | 2020年综合排名 | 2021年综合排名 | 2022年综合排名 | 排名变化趋势 |
|---|---|---|---|---|---|---|---|
| 昆明 | 1 | 1 | 1 | 1 | 1 | 1 | 不变 |

续表

| 地区 | 2017年综合排名 | 2018年综合排名 | 2019年综合排名 | 2020年综合排名 | 2021年综合排名 | 2022年综合排名 | 排名变化趋势 |
|---|---|---|---|---|---|---|---|
| 曲靖 | 3 | 3 | 3 | 4 | 5 | 5 | 下降 |
| 玉溪 | 2 | 2 | 2 | 2 | 2 | 2 | 不变 |
| 保山 | 11 | 10 | 10 | 6 | 7 | 4 | 上升 |
| 昭通 | 16 | 15 | 13 | 14 | 10 | 15 | 上升 |
| 丽江 | 4 | 6 | 6 | 5 | 3 | 3 | 上升 |
| 普洱 | 14 | 13 | 14 | 13 | 14 | 16 | 下降 |
| 临沧 | 12 | 12 | 12 | 10 | 12 | 13 | 下降 |
| 楚雄 | 5 | 4 | 5 | 8 | 6 | 7 | 下降 |
| 红河 | 6 | 5 | 4 | 3 | 4 | 6 | 不变 |
| 文山 | 15 | 16 | 15 | 15 | 15 | 14 | 上升 |
| 西双版纳 | 10 | 7 | 11 | 12 | 13 | 11 | 下降 |
| 大理 | 8 | 8 | 7 | 7 | 9 | 10 | 下降 |
| 德宏 | 7 | 11 | 9 | 11 | 11 | 12 | 下降 |
| 怒江 | 13 | 14 | 16 | 16 | 16 | 8 | 上升 |
| 迪庆 | 9 | 9 | 8 | 9 | 8 | 9 | 不变 |

由表6-74中的数据可以看出，云南省综合经济发展指数得分排名前三位的昆明市、玉溪市和丽江市在2017—2022年间的发展情况较为稳定，排名次序没有发生明显变化，保持了较好的发展态势。云南省综合经济发展指数得分排名后3位的仍然是普洱市、文山州和昭通市，但位次略有变化，其中文山州和昭通市的排名均上升1位，而普洱市的排名由第十四降至最后一名。

第七章

# 云南省经济高质量发展的空间评价

本章对云南省经济高质量发展的创新、协调、绿色、开放、共享5个维度进行空间评价。运用ArcGIS10.3软件与云南省各地州的创新、协调、绿色、开放、共享5个维度的指标数据进行关联，完成对云南省16个地州的经济发展状况及动态变化进行的空间特征评价。

## 第一节　云南省经济发展的空间分布特征

2017年至2022年间，云南省各地州的经济发展能力和质量不断提升，为了更加直观地揭示云南省各地州经济发展的空间分布特征，实现对云南省经济发展的区域分层，本研究运用ArcGIS10.3将云南省16个地州的各类经济发展指数和综合经济发展指数按数值大小划分为高、中高、中低、低共4个等级水平，发展指数越高，所处等级水平越高。

### 一、云南省各地州创新发展的空间分布特征

根据各地州的创新发展指数，将云南省16个地州的创新发展情况进行区域分层，共分为4个等级水平。昆明市的创新发展水平在省内遥遥领先，始终位于高水平等级。其他地州的创新发展区域分层在不同年份有所变化。

2017年，创新发展水平位于高水平的是昆明市；位于中高水平的是玉溪市、曲靖市、红河州3个地州；位于中低水平的是文山州、楚雄州、普洱市、西双版纳州、丽江市、大理州、怒江州和德宏州8个地州；位于低水平的是昭通市、迪庆州、保山市和临沧市4个地州。

2018年，创新发展水平位于高水平和中高水平的地州相较2017年没有变化，仍然是昆明市、玉溪市、曲靖市、红河州；但位于中低

水平和低水平的地州有较大变化，其中2017年位于低水平的保山市上升为中低水平，2017年位于中低水平的丽江市、怒江州和德宏州下降为低水平，其他地州位次不变。

2019年，昆明市仍处于高水平，没有变化，但之前两年一直位于中高水平的玉溪市上升为高水平，与昆明市几乎并驾齐驱；曲靖市和红河州仍位于中高水平，没有变化；之前两年一直位于低水平的昭通市、临沧市和迪庆州上升为中低水平；依旧位于低水平的是丽江市、怒江州和德宏州。

2020年，原来处于高水平和中高水平的地州没有变化，但保山市首次上升为中高水平，而普洱市和迪庆州降低至低水平，丽江市由低水平上升至中低水平，其他地州的等级水平没有发生变化。

2021年，位于高水平的仍然是昆明市和玉溪市，位于中高水平的曲靖市和红河州没有变化，但保山市下降至中低水平，丽江市上升至中高水平，位于低水平的有5个地州，分别是德宏州、临沧市、普洱市、西双版纳州和文山州。

2022年，位于高水平的地州仍保持不变，怒江州首次上升为中高水平，大理州首次进入低水平等级，其他地州的位次略有变化（见表7-1）。

表7-1　**2017—2022年云南省各地州创新发展空间分布特征**

| 等级 | 2017年创新发展空间分布特征 | 2018年创新发展空间分布特征 | 2019年创新发展空间分布特征 | 2020年创新发展空间分布特征 | 2021年创新发展空间分布特征 | 2022年创新发展空间分布特征 |
|---|---|---|---|---|---|---|
| 高水平 | 昆明市 | 昆明市 | 昆明市、玉溪市 | 昆明市、玉溪市 | 昆明市、玉溪市 | 昆明市、玉溪市 |

续表

| 等级 | 2017年创新发展空间分布特征 | 2018年创新发展空间分布特征 | 2019年创新发展空间分布特征 | 2020年创新发展空间分布特征 | 2021年创新发展空间分布特征 | 2022年创新发展空间分布特征 |
| --- | --- | --- | --- | --- | --- | --- |
| 中高水平 | 玉溪市、曲靖市、红河州 | 玉溪市、曲靖市、红河州 | 曲靖市、红河州 | 曲靖市、红河州、保山市 | 曲靖市、红河州、丽江市 | 曲靖市、保山市、怒江州 |
| 中低水平 | 文山州、楚雄州、普洱市、西双版纳州、丽江市、大理州、怒江州、德宏州 | 文山州、楚雄州、普洱市、西双版纳州、大理州、保山市 | 文山州、楚雄州、普洱市、西双版纳州、大理州、保山市、昭通市、迪庆州、临沧市 | 文山州、楚雄州、西双版纳州、大理州、丽江市、昭通市、临沧市 | 迪庆州、怒江州、保山市、楚雄州、大理州、昭通市 | 迪庆州、丽江市、楚雄州、西双版纳州、红河州、文山州 |
| 低水平 | 昭通市、迪庆州、保山市、临沧市 | 昭通市、迪庆州、临沧市、丽江市、怒江州、德宏州 | 丽江市、怒江州、德宏州 | 迪庆州、怒江州、德宏州、普洱市 | 德宏州、临沧市、普洱市、西双版纳州、文山州 | 大理州、德宏州、临沧市、普洱市、昭通市 |

## 二、云南省各地州协调发展的空间分布特征

根据各地州的协调发展指数，将云南省16个地州的协调发展情况进行区域分层，共分为4个等级水平。昆明市的协调发展水平在省内遥遥领先，始终位于高水平等级。其他地州的协调发展区域分层在不同年份有所变化。

2017年，协调发展水平位于高水平的是昆明市和迪庆州2个地

州；位于中高水平的是玉溪市和西双版纳州2个地州；位于中低水平的是曲靖市、红河州、文山州、楚雄州、丽江市、大理州、怒江州和德宏州8个地州；位于低水平的是昭通市、保山市、临沧市和普洱市4个地州。

2018年，协调发展水平位于高水平和中高水平的地州仍处于原有水平，2017年位于中低水平的曲靖市和德宏州上升为中高水平；2017年位于低水平的临沧市上升为中低水平；其他地州等级位次不变。

2019年，昆明市仍处于高水平，没有变化，但之前两年一直位于高水平等级的迪庆州下降为中高水平；曲靖市由中高水平下降为中低水平；之前两年一直位于中低水平的丽江市上升为中高水平；之前两年一直位于中低水平的怒江州下降为低水平；之前两年一直位于低水平的普洱市上升为中低水平；其他地州位次不变。2019年处于高水平等级的仅有昆明市，位于低水平等级的是昭通市、保山市和怒江州。

2020年，玉溪市首次上升至高水平等级，迪庆州也回归至高水平等级；大理州和曲靖市上升至中高水平等级；怒江州上升至中低水平等级，其他地州等级位次不变。

2021年，位于高水平等级的地州与2020年完全一致；红河州和临沧市上升至中高水平等级；保山市上升至中低水平等级，其他地州等级位次不变。

2022年，处于高水平和低水平的地州没有发生变化；处于中高水平和中低水平的地州略有变化，其中德宏州、大理州、临沧市等级位次下降，其他地州等级位次不变（见表7-2）。

表7-2　2017—2022年云南省各地州协调发展空间分布特征

| 等级 | 2017年协调发展空间分布特征 | 2018年协调发展空间分布特征 | 2019年协调发展空间分布特征 | 2020年协调发展空间分布特征 | 2021年协调发展空间分布特征 | 2022年协调发展空间分布特征 |
| --- | --- | --- | --- | --- | --- | --- |
| 高水平 | 昆明市、迪庆州 | 昆明市、迪庆州 | 昆明市 | 昆明市、玉溪市、迪庆州 | 昆明市、玉溪市、迪庆州 | 昆明市、玉溪市、迪庆州 |
| 中高水平 | 玉溪市、西双版纳州 | 玉溪市、西双版纳州、曲靖市、德宏州 | 玉溪市、西双版纳州、德宏州、迪庆州、丽江市 | 西双版纳州、德宏州、丽江市、大理州、曲靖市 | 西双版纳州、德宏州、丽江市、大理州、曲靖市、红河州、临沧市 | 西双版纳州、丽江市、曲靖市、红河州 |
| 中低水平 | 曲靖市、红河州、文山州、楚雄州、丽江市、大理州、怒江州、德宏州 | 红河州、文山州、楚雄州、丽江市、大理州、怒江州、临沧市 | 红河州、文山州、楚雄州、大理州、临沧市、普洱市、曲靖市 | 红河州、文山州、楚雄州、临沧市、普洱市、怒江州 | 文山州、楚雄州、普洱市、怒江州、保山市 | 德宏州、大理州、文山州、楚雄州、普洱市、怒江州、保山市、临沧市 |
| 低水平 | 昭通市、保山市、临沧市、普洱市 | 昭通市、保山市、普洱市 | 昭通市、保山市、怒江州 | 昭通市、保山市 | 昭通市 | 昭通市 |

## 三、云南省各地州绿色发展的空间分布特征

根据各地州的绿色发展指数，将云南省16个地州的绿色发展情

况进行区域分层，共分为4个等级水平。丽江市的绿色发展水平在省内始终位于高水平等级。其他地州的绿色发展区域分层在不同年份有所变化。

2017年，绿色发展水平位于高水平的是丽江市；位于中高水平的是昆明市、玉溪市、楚雄州、保山市、临沧市和西双版纳州6个地州；位于中低水平的是曲靖市、红河州、大理州、迪庆州和德宏州5个地州；位于低水平的是文山州、昭通市、普洱市和怒江州4个地州。

2018年，绿色发展水平位于高水平的地州上升为5个，分别是丽江市、楚雄州、保山市、临沧市和西双版纳州，省内绿色发展水平有较大提升；位于中高水平的是昆明市、玉溪市、曲靖市、红河州、大理州和迪庆州6个地州；位于中低水平的是昭通市、普洱市和怒江州3个地州；位于低水平的是文山州和德宏州2个地州。

2019年，丽江市、楚雄州、保山市3个地州仍处于高水平等级，没有变化，而临沧市下降为中高水平，西双版纳州下降为中低水平；原位于中高水平的迪庆州下降为中低水平，其他位于中高水平的地州位次不变；原位于低水平等级的德宏州上升为中低水平；位于低水平等级的是文山州和怒江州2个地州。

2020年，昆明市和临沧市上升至高水平等级；曲靖市下降至中低水平等级；迪庆州和德宏州下降至低水平等级，其他地州等级位次不变。

2021年，绿色发展水平位于高水平的地州仅有丽江市和保山市；绿色发展水平位于低水平的地州仅有文山州；其他地州均在中高水平和中低水平等级，等级位次与2020年相比略有升降，其中昆明市降幅较大，由高水平降至中低水平。

2022年，绿色发展水平位于高水平的地州与2021年保持一致；

玉溪市、大理州、曲靖市的位次等级均有下降，且降至低水平等级；红河州、临沧市和昭通市降至中低水平等级；西双版纳州和怒江州上升至中高水平等级（见表7-3）。

表7-3　2017—2022年云南省各地州绿色发展空间分布特征

| 等级 | 2017年绿色发展空间分布特征 | 2018年绿色发展空间分布特征 | 2019年绿色发展空间分布特征 | 2020年绿色发展空间分布特征 | 2021年绿色发展空间分布特征 | 2022年绿色发展空间分布特征 |
|---|---|---|---|---|---|---|
| 高水平 | 丽江市 | 丽江市、楚雄州、保山市、临沧市、西双版纳州 | 丽江市、楚雄州、保山市 | 丽江市、楚雄州、保山市、昆明市、临沧市 | 丽江市、保山市 | 丽江市、保山市 |
| 中高水平 | 昆明市、玉溪市、楚雄州、保山市、临沧市、西双版纳州 | 昆明市、玉溪市、曲靖市、红河州、大理州、迪庆州 | 昆明市、玉溪市、曲靖市、红河州、大理州、临沧市 | 玉溪市、红河州、大理州、普洱市 | 楚雄州、玉溪市、昭通市、红河州、临沧市、普洱市 | 楚雄州、西双版纳州、普洱市、怒江州 |
| 中低水平 | 曲靖市、红河州、大理州、迪庆州、德宏州 | 昭通市、普洱市、怒江州 | 昭通市、普洱市、西双版纳州、迪庆州、德宏州 | 昭通市、西双版纳州、曲靖市 | 昆明市、曲靖市、西双版纳州、迪庆州、德宏州、大理州、怒江州 | 昆明市、红河州、临沧市迪庆州、德宏州、昭通市 |
| 低水平 | 文山州、昭通市、普洱市、怒江州 | 文山州、德宏州 | 文山州、怒江州 | 文山州、怒江州、迪庆州、德宏州 | 文山州 | 文山州、玉溪市、大理州、曲靖市 |

## 四、云南省各地州开放发展的空间分布特征

根据各地州的开放发展指数，将云南省16个地州的开放发展情

况进行区域分层，共分为4个等级水平。2017—2022年，昆明市的开放发展水平在省内始终位于高水平等级，且位于高水平的地州始终仅有昆明市1个。其他地州的开放发展区域分层在不同年份有所变化。

2017年，开放发展水平位于高水平等级的是昆明市；位于中高水平的是玉溪市、曲靖市、楚雄州、丽江市、大理州、德宏州6个地州；位于中低水平的是保山市、迪庆州、西双版纳州、红河州、昭通市5个地州；位于低水平的是文山州、怒江州、普洱市、临沧市4个地州。

2018年，原本位于中高水平的玉溪市下降为中低水平，原本位于中低水平的迪庆州下降为低水平，其他地州的位次不变。

2019年，玉溪市回归至中高水平，红河州首次进入中高水平，迪庆州回归至中低水平，其他地州的位次不变。

2020年，位于中高水平的地州与2019年完全一致，唯一变化的是原本位于低水平的3个地州上升至中低水平，它们分别是文山州、普洱市和临沧市。

2021年，4个地州的位次与2020年完全一致，位于高水平的有1个地州，位于中高水平的有7个地州，位于中低水平的有7个地州，位于低水平的有1个地州。

2022年，与2021年相比，德宏州、迪庆州、普洱市和临沧市的水平分别下降一个等级，其他地州的位次不变（见表7-4）。

表7-4　2017—2022年云南省各地州开放发展空间分布特征

| 等级 | 2017年开放发展空间发布特征 | 2018年开放发展空间发布特征 | 2019年开放发展空间发布特征 | 2020年开放发展空间发布特征 | 2021年开放发展空间发布特征 | 2022年开放发展空间发布特征 |
|---|---|---|---|---|---|---|
| 高水平 | 昆明市 | 昆明市 | 昆明市 | 昆明市 | 昆明市 | 昆明市 |

续表

| 等级 | 2017年开放发展空间发布特征 | 2018年开放发展空间发布特征 | 2019年开放发展空间发布特征 | 2020年开放发展空间发布特征 | 2021年开放发展空间发布特征 | 2022年开放发展空间发布特征 |
|---|---|---|---|---|---|---|
| 中高水平 | 玉溪市、曲靖市、楚雄州、丽江市、大理州、德宏州 | 曲靖市、楚雄州、丽江市、大理州、德宏州 | 曲靖市、楚雄州、丽江市、大理州、德宏州、玉溪市、红河州 | 曲靖市、楚雄州、丽江市、大理州、德宏州、玉溪市、红河州 | 曲靖市、楚雄州、丽江市、大理州、德宏州、玉溪市、红河州 | 曲靖市、楚雄州、丽江市、大理州、玉溪市、红河州 |
| 中低水平 | 保山市、迪庆州、西双版纳州、红河州、昭通市 | 玉溪市、保山市、西双版纳州、红河州、昭通市 | 保山市、西双版纳州、昭通市、迪庆州 | 保山市、西双版纳州、昭通市、迪庆州、文山州、普洱市、临沧市 | 保山市、西双版纳州、昭通市、迪庆州、文山州、普洱市、临沧市 | 保山市、西双版纳州、昭通市、文山州、德宏州 |
| 低水平 | 文山州、怒江州、普洱市、临沧市 | 文山州、怒江州、普洱市、临沧市、迪庆州 | 文山州、怒江州、普洱市、临沧市 | 怒江州 | 怒江州 | 怒江州、迪庆州、普洱市、临沧市 |

## 五、云南省各地州共享发展的空间发布特征

根据各地州的共享发展指数，将云南省16州的共享发展情况进行区域分层，共分为4个等级水平。昆明市的共享发展水平在省内始终位于高水平等级。其他地州的开放发展区域分层在不同年份有所变化。

2017年，共享发展水平位于高水平等级的是昆明市和玉溪市2个地州；位于中高水平的是曲靖市、红河州、西双版纳州、迪庆州、怒江州和德宏州6个地州；位于中低水平的是楚雄州、丽江市、大理州

和保山市4个地州；位于低水平的是文山州、昭通市、普洱市和临沧市4个地州。

2018年，共享发展水平位于高水平等级的仍然是昆明市和玉溪市2个地州；原本位于中高水平的地州没有发生变化；原本位于中低水平的大理州和楚雄州上升为中高水平；原本位于低水平的昭通市和临沧市上升为中低水平，因此位于低水平的仅有普洱市和文山州2个地州。全省共享发展水平呈现整体上升趋势。

2019年，全省共享发展水平呈现整体下降趋势。共享发展水平位于高水平等级的仅有昆明市1个地州；位于中高水平的是玉溪市、迪庆州和怒江州3个地州；位于中低水平的是曲靖市、红河州、楚雄州、大理州、德宏州和西双版纳州6个地州；其余6个地州位于低水平。

2020年，全省共享发展水平呈现整体上升趋势。昆明市、怒江州、曲靖市、楚雄州、文山州和昭通市6个地州的等级位次没有变化；玉溪市、迪庆州、大理州、保山市、德宏州、红河州、普洱市、丽江市、临沧市9个地州的等级位次有所上升；而等级位次下降的仅有西双版纳州。

2021年，共享发展水平位于高水平等级的有昆明市和玉溪市2个地州；位于中高水平的地州也仅有保山市、红河州和迪庆州3个地州，其余地州均位于中低水平和低水平等级，与2020年相比，呈现整体下降趋势。

2022年，共享发展水平位于高水平等级的有昆明市1个地州；位于中高水平的是保山市、红河州和玉溪市3个地州；位于低水平的是文山州、昭通市、西双版纳州、普洱市4个地州，其他地州均处于中低水平等级（见表7-5）。

表7-5　2017—2022年云南省各地州共享发展空间分布特征

| 等级 | 2017年共享发展空间分布特征 | 2018年共享发展空间分布特征 | 2019年共享发展空间分布特征 | 2020年共享发展空间分布特征 | 2021年共享发展空间分布特征 | 2022年共享发展空间分布特征 |
|---|---|---|---|---|---|---|
| 高水平 | 昆明市、玉溪市 | 昆明市、玉溪市 | 昆明市 | 昆明市、玉溪市、迪庆州 | 昆明市、玉溪市 | 昆明市 |
| 中高水平 | 曲靖市、红河州、西双版纳州、迪庆州、怒江州、德宏州 | 曲靖市、红河州、西双版纳州、迪庆州、怒江州、德宏州、楚雄州、大理州 | 玉溪市、迪庆州、怒江州 | 大理州、怒江州、保山市、德宏州、红河州、普洱市 | 保山市、红河州、迪庆州 | 保山市、红河州、玉溪市 |
| 中低水平 | 楚雄州、丽江市、大理州、保山市 | 丽江市、保山市、昭通市、临沧市 | 曲靖市、红河州、楚雄州、大理州、德宏州、西双版纳州 | 曲靖市、楚雄州、丽江市、临沧市 | 大理州、怒江州、曲靖市、丽江市、临沧市、普洱市 | 大理州、怒江州、曲靖市、丽江市、临沧市、迪庆州、德宏州、楚雄州 |
| 低水平 | 文山州、昭通市、普洱市、临沧市 | 文山州、普洱市 | 文山州、普洱市、丽江市、保山市、昭通市、临沧市 | 文山州、昭通市、西双版纳州 | 文山州、昭通市、西双版纳州、德宏州、楚雄州 | 文山州、昭通市、西双版纳州、普洱市 |

## 六、云南省各地州综合经济发展的空间分布特征

根据各地州的综合经济发展指数，对云南省16个地州的综合经济发展进行区域分层，共分为4个等级水平。2017—2022年，昆明市的综合经济发展水平在省内始终位于高水平等级；玉溪市的综合经济发展水平不断提升，在2019年首次位于高水平等级后，一直保持不

变。其他地州的综合经济发展区域分层在不同年份有所变化。

2017年，综合经济发展水平位于高水平的仅有昆明市；位于中高水平的是玉溪市和曲靖市2个地州；位于中低水平的是红河州、楚雄州、丽江市、大理州、迪庆州、保山市、德宏州和西双版纳州8个地州；位于低水平等级的是昭通市、普洱市、临沧市、怒江州和文山州5个地州。

2018年，玉溪市综合经济发展水平不断提升，由中高水平上升至高水平；原本位于中低水平的红河州、大理州、楚雄州、丽江市和西双版纳州上升为中高水平，现有中高水平的地州共6个；原本位于低水平的临沧市上升为中低水平，其他地州所处水平未发生变化。全省综合经济发展呈现整体上升趋势。

2019年，全省综合经济发展呈现放缓的趋势。综合经济发展水平位于高水平等级的仍然是昆明市和玉溪市2个地州；上一年位于中高水平的大理州、丽江市和西双版纳州下降至中低水平；目前位于中高水平的仅有曲靖市、红河州和楚雄市3个地州；原本位于中低水平和低水平的地州没有发生变化，因此位于中低水平的有7个地州，位于低水平的仍是上一年的4个地州。

2020年，原本位于高水平和中高水平的地州没有变化；丽江市、大理州和保山市首次进入中高水平等级；临沧市也由原来的低水平等级上升为中低水平等级，其他地州等级位次不变。

2021年，全省综合经济发展水平呈现整体上升趋势。虽然处于高水平等级的仍然只有昆明市和玉溪市，但是处于低水平等级的地州仅有3个，楚雄州、迪庆州和昭通市都在2020年的等级水平上有所提升，只有大理州的等级位次有所下降。

2022年，处于高水平等级的仍然只有昆明市和玉溪市；怒江州的等级水平有显著提升，由2021年的低水平直接上升至中高水平，迪庆州、临沧市和昭通市的等级有所下降，其他地州等级位次不变（见表7-6）。

表7-6 2017—2022年云南省各地州综合经济发展空间分布特征

| 等级 | 2017年综合经济发展空间分布特征 | 2018年综合经济发展空间分布特征 | 2019年综合经济发展空间分布特征 | 2020年综合经济发展空间分布特征 | 2021年综合经济发展空间分布特征 | 2022年综合经济发展空间分布特征 |
|---|---|---|---|---|---|---|
| 高水平 | 昆明市 | 昆明市 | 昆明市、玉溪市 | 昆明市、玉溪市 | 昆明市、玉溪市 | 昆明市、玉溪市 |
| 中高水平 | 玉溪市、曲靖市 | 玉溪市、曲靖市 | 曲靖市、红河州 | 曲靖市、红河州、丽江市、大理州、保山市 | 曲靖市、红河州、丽江市、楚雄州、保山市、迪庆州 | 曲靖市、红河州、丽江市、楚雄州、保山市、怒江州 |
| 中低水平 | 红河州、楚雄州、丽江市、大理州、迪庆州、德宏州、西双版纳州 | 红河州、楚雄州、丽江市、大理州、迪庆州、德宏州、西双版纳州、保山市 | 楚雄州、丽江市、大理州、迪庆州、德宏州、西双版纳州、保山市 | 楚雄州、迪庆州、德宏州、西双版纳州、临沧市 | 德宏州、西双版纳州、临沧市、大理州、昭通市 | 德宏州、西双版纳州、大理州、迪庆州 |
| 低水平 | 昭通市、普洱市、临沧市、怒江州、文山州、保山市 | 昭通市、普洱市、临沧市、怒江州、文山州 | 昭通市、普洱市、临沧市、怒江州、文山州 | 昭通市、普洱市、怒江州、文山州 | 普洱市、怒江州、文山州 | 普洱市、文山州、临沧市、昭通市 |

## 第二节　云南省经济发展的耦合协调度分析

“耦合”一词来源于物理学，通常是指两个或者两个以上系统之间通过良性互动而彼此影响的现象。本研究基于耦合的理论，构建了新发展理念中创新、协调、绿色、开放、共享5个子系统相互作用和相互影响的耦合测度模型。

### 一、耦合度模型

耦合度是描述系统之间相互影响程度的指标，它反映了发展过程中各个子系统之间和谐一致的程度，各个子系统之间的联系越多，相互依赖程度越高，则其耦合度就越强；反之，各个子系统之间的联系越少，相互依赖程度越低，则其耦合度就越弱。以新发展理念中的创新、协调、绿色、开放、共享5个子系统为例，其耦合度函数为$C$，计算公式如下：

$$U_i = \sum_{j=1}^{m} W_j \cdot X_{ij} \ (i = 1,\ 2,\ \cdots,\ n)$$

$$C = 5 \times \left[ \frac{U_1 \cdot U_2 \cdot U_3 \cdot U_4 \cdot U_5}{\left(U_1 + U_2 + U_3 + U_4 + U_5\right)^5} \right]^{\frac{1}{5}}$$

一般情况下，耦合度函数$C$的取值介于0至1之间，取值越大，表明耦合关系越强；取值越小，表明耦合关系越弱。

### 二、耦合协调度模型

耦合度$C$虽然能够反映各个子系统之间的相互关联程度，但是仅仅依靠耦合度$C$还是不够的。要衡量和判断各个子系统的整体协调发展水平，就需要引入耦合协调度模型。耦合协调度函数为$D$，计算公式如下：

$$T = a_1U_1 + a_2U_2 + a_3U_3 + a_4U_4 + a_5U_5$$

$$D = \sqrt{C \times T}$$

式中：$T$为综合评价指数；$C$为耦合度函数；$a_1$、$a_2$、$a_3$、$a_4$、$a_5$分别为创新、协调、绿色、开放、共享5个子系统的权数。

当耦合协调度$D$的取值落在不同的范围区间时，所表示的耦合协调程度是不同的。当$0 \leqslant D < 0.1$时，表示极度失调；当$0.1 \leqslant D < 0.2$时，表示严重失调；当$0.2 \leqslant D < 0.3$时，表示中度失调；当$0.3 \leqslant D < 0.4$时，表示轻度失调；当$0.4 \leqslant D < 0.5$时，表示濒临失调；当$0.5 \leqslant D < 0.6$时，表示勉强协调；当$0.6 \leqslant D < 0.7$时，表示初级协调；当$0.7 \leqslant D < 0.8$时，表示中级协调；当$0.8 \leqslant D < 0.9$时，表示良好协调；当$0.9 \leqslant D < 1.0$时，表示优质协调。

## 三、云南省经济发展的耦合协调度计算

本书运用耦合协调度模型计算得出云南省16个地州2017—2022年的耦合度$C$和耦合协调度$D$，并根据计算结果判断各地州的耦合协调等级。

由表7-7可知，2017年云南省16个地州的耦合协调度$D$介于0.4至0.9之间，耦合协调等级介于“濒临失调”至“良好协调”之间。耦合协调等级最高的昆明市，耦合协调度$D$达到0.85，处于良好协调等级；耦合协调等级最低的昭通市，耦合协调度$D$为0.42，濒临失调等级。

上述数据说明，昆明市基于新发展理念的5个子系统之间关联程度高，相互作用程度大，各个子系统并非各自发展，而是整体的良性共振。在空间维度上，耦合协调度整体呈现“中高四周低”的空间分布特征，地域分布差异明显，其中滇中城市经济圈范围内的昆明市、玉溪市、曲靖市、楚雄州以及红河州的耦合协调度均高于

0.6，基于新发展理念的5个子系统之间呈现出初级、中级、良好的协调状态。除滇中城市经济圈外的其他地州的耦合协调等级大致为“勉强协调”。

表7-7　2017年云南省各地州耦合协调度数值及耦合协调等级

| 地区 | 2017年耦合度$C$ | 2017年耦合协调度$D$ | 耦合协调等级 |
|---|---|---|---|
| 昆明 | 0.99 | 0.85 | 良好协调 |
| 曲靖 | 0.99 | 0.68 | 初级协调 |
| 玉溪 | 0.99 | 0.71 | 中级协调 |
| 保山 | 0.88 | 0.53 | 勉强协调 |
| 昭通 | 0.81 | 0.42 | 濒临失调 |
| 丽江 | 0.90 | 0.62 | 初级协调 |
| 普洱 | 0.94 | 0.51 | 勉强协调 |
| 临沧 | 0.85 | 0.50 | 勉强协调 |
| 楚雄 | 0.93 | 0.62 | 初级协调 |
| 红河 | 0.98 | 0.63 | 初级协调 |
| 文山 | 0.95 | 0.51 | 勉强协调 |
| 西双版纳 | 0.92 | 0.58 | 勉强协调 |
| 大理 | 0.94 | 0.59 | 勉强协调 |
| 德宏 | 0.94 | 0.60 | 初级协调 |
| 怒江 | 0.92 | 0.52 | 勉强协调 |
| 迪庆 | 0.84 | 0.56 | 勉强协调 |

由表7-8可知，较2017年，2018年云南省16个地州的耦合协调度$D$整体有所上升，介于0.5至0.9之间，耦合协调等级介于“勉强协调”至“良好协调”之间。耦合协调等级最高的仍然是昆明市，耦合

协调度$D$达到0.85，处于“良好协调”等级；耦合协调等级最低的仍是昭通市，耦合协调度$D$为0.51，处于“勉强协调”等级，比上年有所提升。其中，西双版纳州和大理州的耦合协调等级由“勉强协调”上升为“初级协调”；昭通市的耦合协调等级由“濒临失调”上升为“勉强协调”；丽江市和德宏州的耦合协调度有所下降，耦合协调等级由“初级协调”下降为“勉强协调”；其他地州的耦合协调等级不变。

表7-8 2018年云南省各地州耦合协调度数值及耦合协调等级

| 地区 | 2018年耦合度$C$ | 2018年耦合协调度$D$ | 耦合协调等级 |
|---|---|---|---|
| 昆明 | 0.99 | 0.85 | 良好协调 |
| 曲靖 | 0.99 | 0.68 | 初级协调 |
| 玉溪 | 0.99 | 0.74 | 中级协调 |
| 保山 | 0.91 | 0.56 | 勉强协调 |
| 昭通 | 0.90 | 0.51 | 勉强协调 |
| 丽江 | 0.85 | 0.59 | 勉强协调 |
| 普洱 | 0.94 | 0.53 | 勉强协调 |
| 临沧 | 0.88 | 0.53 | 勉强协调 |
| 楚雄 | 0.94 | 0.64 | 初级协调 |
| 红河 | 0.98 | 0.64 | 初级协调 |
| 文山 | 0.97 | 0.52 | 勉强协调 |
| 西双版纳 | 0.91 | 0.61 | 初级协调 |
| 大理 | 0.96 | 0.61 | 初级协调 |
| 德宏 | 0.92 | 0.56 | 勉强协调 |
| 怒江 | 0.90 | 0.52 | 勉强协调 |
| 迪庆 | 0.85 | 0.56 | 勉强协调 |

由表7-9可知，较2018年，2019年云南省16个地州的耦合协调度$D$整体有所下降，介于0.4至0.9之间，耦合协调等级介于“濒临失调”至“良好协调”之间。耦合协调等级最高的仍然是昆明市，耦合协调度$D$达到0.84，处于“良好协调”等级；耦合协调等级最低的是怒江州，耦合协调度$D$为0.43，处于“濒临失调”等级。

其中，西双版纳州的耦合协调等级由“初级协调”下降为“勉强协调”；怒江州的耦合协调等级由“勉强协调”下降为“濒临失调”；只有迪庆州的耦合协调等级有所上升，由“勉强协调”上升至“初级协调”，其他地州的耦合协调等级不变。

表7-9 **2019年云南省各地州耦合协调度数值及耦合协调等级**

| 地区 | 2019年耦合度$C$ | 2019年耦合协调度$D$ | 耦合协调等级 |
| --- | --- | --- | --- |
| 昆明 | 0.99 | 0.84 | 良好协调 |
| 曲靖 | 0.99 | 0.68 | 初级协调 |
| 玉溪 | 0.99 | 0.76 | 中级协调 |
| 保山 | 0.93 | 0.59 | 勉强协调 |
| 昭通 | 0.92 | 0.54 | 勉强协调 |
| 丽江 | 0.81 | 0.58 | 勉强协调 |
| 普洱 | 0.92 | 0.53 | 勉强协调 |
| 临沧 | 0.90 | 0.54 | 勉强协调 |
| 楚雄 | 0.92 | 0.62 | 初级协调 |
| 红河 | 0.99 | 0.67 | 初级协调 |
| 文山 | 0.92 | 0.51 | 勉强协调 |
| 西双版纳 | 0.92 | 0.58 | 勉强协调 |
| 大理 | 0.94 | 0.61 | 初级协调 |

续表

| 地区 | 2019年耦合度$C$ | 2019年耦合协调度$D$ | 耦合协调等级 |
| --- | --- | --- | --- |
| 德宏 | 0.83 | 0.56 | 勉强协调 |
| 怒江 | 0.77 | 0.43 | 濒临失调 |
| 迪庆 | 0.92 | 0.60 | 初级协调 |

由表7-10可知，较2019年，2020年云南省16个地州的耦合协调度$D$整体有所下降，介于0.3至0.9之间，耦合协调等级介于“轻度失调”至“良好协调”之间。耦合协调等级最高的仍然是昆明市，耦合协调度$D$达到0.83，处于“良好协调”等级；耦合协调等级最低的是怒江州，耦合协调度$D$为0.38，处于“轻度失调”等级。

其中，保山市和丽江市的耦合协调等级有所上升，由“勉强协调”上升至“初级协调”；怒江州的耦合协调等级由“濒临失调”下降为“轻度失调”；迪庆州的耦合协调等级由“初级协调”下降为“勉强协调”，其他地州的耦合协调等级不变。

表7-10 2020年云南省各地州耦合协调度数值及耦合协调等级

| 地区 | 2020年耦合度$C$ | 2020年耦合协调度$D$ | 耦合协调等级 |
| --- | --- | --- | --- |
| 昆明 | 0.99 | 0.83 | 良好协调 |
| 曲靖 | 0.99 | 0.67 | 初级协调 |
| 玉溪 | 0.99 | 0.77 | 中级协调 |
| 保山 | 0.94 | 0.63 | 初级协调 |
| 昭通 | 0.93 | 0.54 | 勉强协调 |
| 丽江 | 0.94 | 0.65 | 初级协调 |
| 普洱 | 0.88 | 0.54 | 勉强协调 |
| 临沧 | 0.89 | 0.57 | 勉强协调 |
| 楚雄 | 0.93 | 0.61 | 初级协调 |
| 红河 | 0.99 | 0.67 | 初级协调 |

续表

| 地区 | 2020年耦合度 $C$ | 2020年耦合协调度 $D$ | 耦合协调等级 |
|---|---|---|---|
| 文山 | 0.95 | 0.52 | 勉强协调 |
| 西双版纳 | 0.95 | 0.58 | 勉强协调 |
| 大理 | 0.94 | 0.62 | 初级协调 |
| 德宏 | 0.76 | 0.52 | 勉强协调 |
| 怒江 | 0.54 | 0.38 | 轻度失调 |
| 迪庆 | 0.88 | 0.59 | 勉强协调 |

由表7-11可知，较2020年，2021年云南省16个地州的耦合协调度$D$各有升降，介于0.4至0.9之间，耦合协调等级介于“濒临失调”至“良好协调”之间。耦合协调等级最高的仍然是昆明市，耦合协调度$D$达到0.82，处于“良好协调”等级；耦合协调等级最低的是怒江州，耦合协调度$D$为0.40，处于“濒临失调”等级，较上年有所提升。

其中，普洱市的耦合协调等级有所下降，由“勉强协调”下降至“濒临失调”；大理州的耦合协调等级也有所下降，由“初级协调”下降至“勉强协调”；怒江州的耦合协调等级有所上升，由“轻度失调”上升至“濒临失调”；迪庆州的耦合协调等级有所上升，由“勉强协调”上升至“初级协调”，其他地州的耦合协调等级不变。

表7-11 2021年云南省各地州耦合协调度数值及耦合协调等级

| 地区 | 2021年耦合度 $C$ | 2021年耦合协调度 $D$ | 耦合协调等级 |
|---|---|---|---|
| 昆明 | 0.99 | 0.82 | 良好协调 |
| 曲靖 | 1.00 | 0.68 | 初级协调 |
| 玉溪 | 0.99 | 0.76 | 中级协调 |
| 保山 | 0.93 | 0.61 | 初级协调 |

续表

| 地区 | 2021年耦合度 $C$ | 2021年耦合协调度 $D$ | 耦合协调等级 |
| --- | --- | --- | --- |
| 昭通 | 0.94 | 0.58 | 勉强协调 |
| 丽江 | 0.97 | 0.69 | 初级协调 |
| 普洱 | 0.80 | 0.49 | 濒临失调 |
| 临沧 | 0.82 | 0.52 | 勉强协调 |
| 楚雄 | 0.94 | 0.62 | 初级协调 |
| 红河 | 0.99 | 0.68 | 初级协调 |
| 文山 | 0.95 | 0.53 | 勉强协调 |
| 西双版纳 | 0.92 | 0.55 | 勉强协调 |
| 大理 | 0.95 | 0.59 | 勉强协调 |
| 德宏 | 0.90 | 0.56 | 勉强协调 |
| 怒江 | 0.53 | 0.40 | 濒临失调 |
| 迪庆 | 0.94 | 0.61 | 初级协调 |

由表7-12可知，较2021年，2022年云南省16个地州的耦合协调度$D$各有升降，介于0.4至0.9之间，耦合协调等级介于“濒临失调”至“良好协调”之间。耦合协调等级最高的仍然是昆明市，耦合协调度$D$达到0.81，处于“良好协调”等级，虽然昆明市一直处于“良好协调”等级，但其协调耦合度数值有逐年下降趋势；耦合协调等级最低的是普洱市，耦合协调度$D$为0.47，处于“濒临失调”等级。

其中，怒江州的耦合协调等级有所上升，由“濒临失调”连跨两级，上升至“初级协调”；迪庆州的耦合协调等级有所下降，由“初级协调”下降至“勉强协调”，其他地州的耦合协调等级不变。

表7-12 2022年云南省各地州耦合协调度数值及耦合协调等级

| 地区 | 2022年耦合度 $C$ | 2022年耦合协调度 $D$ | 耦合协调等级 |
|---|---|---|---|
| 昆明 | 1.00 | 0.81 | 良好协调 |
| 曲靖 | 0.99 | 0.65 | 初级协调 |
| 玉溪 | 0.99 | 0.74 | 中级协调 |
| 保山 | 0.95 | 0.65 | 初级协调 |
| 昭通 | 0.89 | 0.52 | 勉强协调 |
| 丽江 | 0.93 | 0.64 | 初级协调 |
| 普洱 | 0.76 | 0.47 | 濒临失调 |
| 临沧 | 0.82 | 0.51 | 勉强协调 |
| 楚雄 | 0.95 | 0.62 | 初级协调 |
| 红河 | 0.98 | 0.64 | 初级协调 |
| 文山 | 0.98 | 0.55 | 勉强协调 |
| 西双版纳 | 0.90 | 0.56 | 勉强协调 |
| 大理 | 0.90 | 0.56 | 勉强协调 |
| 德宏 | 0.82 | 0.52 | 勉强协调 |
| 怒江 | 0.90 | 0.60 | 初级协调 |
| 迪庆 | 0.92 | 0.59 | 勉强协调 |

由表7-13可知，综合2017年至2022年的数据，云南省16个地州的耦合协调度$D$虽然在数值上有所波动，但大部分地州的耦合协调等级没有发生变化，只有轻微波动。其中，耦合协调等级上升的有3个地州，保山市的耦合协调度$D$由0.53上升至0.65，耦合协调等级由“勉强协调”上升为“初级协调”；昭通市的耦合协调度$D$由0.42上升至0.52，耦合协调等级由“濒临失调”上升为“勉强协调”；怒江州

的耦合协调度*D*由0.52上升至0.60，耦合协调等级由“勉强协调”上升为“初级协调”。

耦合协调等级下降的也有两个地州，普洱市的耦合协调度*D*由0.51下降至0.47，耦合协调等级由“勉强协调”下降为“濒临失调”；德宏州的耦合协调度*D*由0.60下降至0.52，耦合协调等级由“初级协调”下降为“勉强协调”。

表7-13　2017—2022年云南省各地州耦合协调度数值及耦合协调等级

| 地区 | 2017年耦合协调度*D* | 2017年耦合协调等级 | 2022年耦合协调度*D* | 2022年耦合协调等级 | 等级变化 |
| --- | --- | --- | --- | --- | --- |
| 昆明 | 0.85 | 良好协调 | 0.81 | 良好协调 | 不变 |
| 曲靖 | 0.68 | 初级协调 | 0.65 | 初级协调 | 不变 |
| 玉溪 | 0.71 | 中级协调 | 0.74 | 中级协调 | 不变 |
| 保山 | 0.53 | 勉强协调 | 0.65 | 初级协调 | 上升 |
| 昭通 | 0.42 | 濒临失调 | 0.52 | 勉强协调 | 上升 |
| 丽江 | 0.62 | 初级协调 | 0.64 | 初级协调 | 不变 |
| 普洱 | 0.51 | 勉强协调 | 0.47 | 濒临失调 | 下降 |
| 临沧 | 0.50 | 勉强协调 | 0.51 | 勉强协调 | 不变 |
| 楚雄 | 0.62 | 初级协调 | 0.62 | 初级协调 | 不变 |
| 红河 | 0.63 | 初级协调 | 0.64 | 初级协调 | 不变 |
| 文山 | 0.51 | 勉强协调 | 0.55 | 勉强协调 | 不变 |
| 西双版纳 | 0.58 | 勉强协调 | 0.56 | 勉强协调 | 不变 |
| 大理 | 0.59 | 勉强协调 | 0.56 | 勉强协调 | 不变 |
| 德宏 | 0.60 | 初级协调 | 0.52 | 勉强协调 | 下降 |
| 怒江 | 0.52 | 勉强协调 | 0.60 | 初级协调 | 上升 |
| 迪庆 | 0.56 | 勉强协调 | 0.59 | 勉强协调 | 不变 |

## 四、云南省经济发展的耦合协调度评价分析

在空间维度上，云南省耦合协调度整体呈现“中高四周低”的空间分布特征（如图7-1所示），其中滇中城市经济圈范围内的地州耦合协调度均高于0.6，基于新发展理念的5个子系统之间呈现出初级、中级、良好的协调状态。除滇中城市经济圈外的其他地州耦合协调度*D*介于0.4到0.6之间，耦合协调等级大致为“勉强协调”。

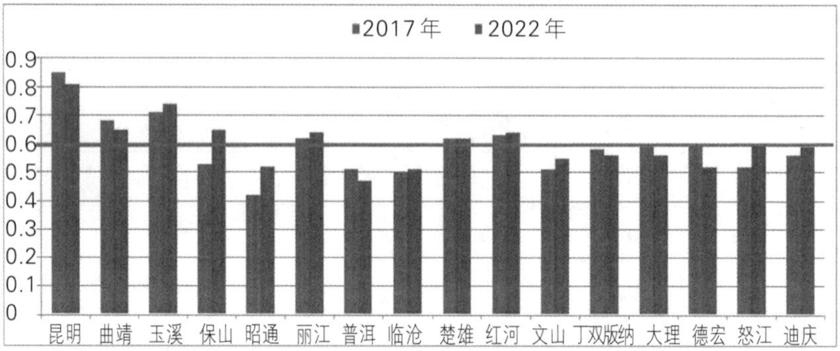


**图7-1　2017—2022年云南省各地州耦合协调度变化趋势图**

在时间维度上，按照波动态势，将云南省16个地州分为3大类：

第一类为耦合协调度高水平持平的地州，主要包括昆明市、玉溪市、曲靖市、楚雄州以及红河州。这类地州处于滇中城市经济圈范围内，是云南省经济最发达的地区，该地区区位优势明显，发展基础雄厚，发展水平较高，发展前景广阔，创新、协调、绿色、开放、共享5个子系统的耦合协调发展等级较高，在云南省内起到引领示范作用。

为推动该地区经济的高质量发展，应充分发挥滇中地区的核心带动作用，将滇中城市经济圈建设成为面向南亚东南亚辐射中心的核心区、通达南亚东南亚和环印度洋地区的大通道枢纽、云南实现高质量跨越式发展的强大引擎、祖国西南地区重要的现代化门户城市群。

第二类为耦合协调度波动上升的地州，主要包括保山市、昭通市、临沧市、丽江市、文山州、迪庆州、怒江州，这类地州大部分位于滇中城市经济圈的周边，由于滇中城市经济圈的辐射带动作用，该地区发展空间较大，创新、协调、绿色、开放、共享5个子系统的耦合协调度不断上升，地区整体实力不断增强。

为推动该地区经济的高质量发展，应充分发挥地区的资源优势，推进地区经济的全面转型升级和协调发展，发展特色优势产业，不断开创区域发展新局面。

第三类为耦合协调度波动下降的地州，主要包括普洱市、大理州、西双版纳州、德宏州，这类地州大部分位于云南省与其他国家的边境接壤地区，滇中城市经济圈的辐射带动作用不明显，由于地理位置较为偏远，创新、协调、绿色、开放、共享5个子系统的耦合协调度不断下降，因此经济发展处于劣势。

为推动该地区经济的高质量发展，应充分发挥边境地区的区位优势，不断推进自由贸易试验区、沿边重点开放试验区、边境及跨境经济合作区、口岸产业园区等的建设，不断提升边境地区的开发开放水平，努力将边境地区建设成为服务和融入共建“一带一路”、面向南亚东南亚开放合作的重要纽带。

第八章

# 云南省经济高质量发展的实现路径

通过对云南省创新发展、协调发展、绿色发展、开放发展、共享发展以及综合经济发展的测度与分析，本研究认为应遵循新发展理念，结合云南省经济发展战略目标，加快推进云南省各地州的经济高质量发展，为此提出以下发展路径。

## 第一节　加快推进创新发展路径

创新驱动发展，云南省加快推进创新发展具有重要意义。第一，云南省加快推进创新发展能够促进经济转型升级。创新是经济发展的重要动力，加快推进创新发展可以带动传统产业向高端、智能化、绿色化等方向转型升级，推动新兴产业的发展，为经济发展注入新动能。

第二，云南省加快推进创新发展能够提高自主创新能力，从而推动科技成果的转化和应用，促进科技与经济深度融合，提高企业竞争力和创新能力。

第三，云南省加快推进创新发展能够推动数字经济的发展。数字经济是未来经济发展的重要方向，加快推进创新发展可以促进数字基础设施建设，推动数字技术与传统产业深度融合，推动数字经济的发展。

第四，云南省加快推进创新发展能够加速农业的现代化。农业现代化是农业发展的必然趋势，加快推进创新发展可以促进农业科技创新，发展高效节能、生态环保的现代农业，提高农业生产效率和质量。

第五，云南省加快推进创新发展能够促进人才集聚。加快推进创新发展可以加大人才引进力度，吸引高层次人才和创新创业人才，促进人才集聚，为经济发展提供智力支持。

云南省应不断强化滇中地区在全省科技创新中的“领头羊”作用，支持文山打造绿色铝产业创新链、曲靖打造“世界光伏之都”核心区、以保山为主建设滇西数字经济高地等，培育区域创新增长极等。创新为推动云南省经济高质量发展提供了强劲动力，云南省各地州创新发展成绩斐然，但仍然存在创新意识不强、创新人才缺乏、创新能力薄弱等问题。因此，云南省应加快推进创新发展，具体路径如下。

## 一、加强科技创新，提高自主创新能力

云南省在生物多样性保护和利用、生态环境保护、资源开发利用等方面有着得天独厚的优势，因此在这些领域的科技创新方面表现突出。云南省拥有一批高水平的科研机构和高校，在科技创新方面有着不俗的表现。例如，昆明植物研究所、昆明动物研究所等在生命科学领域有着世界级的研究成果。

虽然云南省在科技创新方面取得了一定的进展，但与发达地区相比仍有一定差距。未来，云南省需要进一步加大科技创新力度，提高自主创新能力，加强科技创新人才培养，加强科技成果转化，推动科技与经济深度融合。

### （一）加大创新科研投入

云南省各地州应采取多种措施不断加大科研投入力度。政府应逐年增加财政科研经费预算，提高科研经费占财政预算的比重，通过增加科研经费投入来鼓励企业和高校加大科研投入；企业应加大科研投入，提高企业自主创新能力，推动企业科技成果向产业化方向转化，企业和高校可以建立科研合作机制，共同开展科研项目，这样可以充分利用各自的资源和优势，提高科研效率；政府应鼓励科研机构和企

业积极申报各类科研项目，提高科研项目获批率，同时应支持科研机构和企业将科技成果转化为实际生产力，不断提高科研经费的使用效益等。

大量的资金投入是保障创新发展的重要基础。创新的高风险性导致许多中小型企业普遍存在融资难的问题，各类金融机构为了控制风险，往往设置较高的信贷门槛，严重制约了中小企业的创新发展。因此，加大金融创业支持力度是提高创新投入的重要保证措施。云南省应通过政府引导，构建多层次的金融服务体系，不断创新完善金融体制，强化创新资金链，鼓励建立创新发展基金，建设创新融资服务平台，使金融投资成为支持云南省优质创新企业投入的重要渠道。加大科研投入需要政府、金融机构、企业和高校共同努力，从多个方面入手，建立科研合作机制，加强知识产权保护，加大金融创业支持力度等，这样才能取得更好的效果。

（二）培养引进高水平创新人才

高水平的创新人才是加快推进创新发展的内在动力。云南省各地州应切实做好高水平创新人才的培养和引进工作，制定切实可行的人才激励政策，在人才引进、子女教育、住房补贴、人文关怀等方面给予特别支持。

现有的人才流动机制严重束缚了创新高端人才的流动，因此各地州应该运用创新的理念制定创新人才的流动机制，破除制度障碍，支持高水平创新人才更好地为企业的创新活动服务。同时，应大力支持各类创新培训机构的建设，不断提高青年科技人才的创新能力和水平，更好地为推进企业的创新发展服务。应不断加强科教融合，完善创新人才培养方案，为云南省创新经济的高质量发展提供人才保障。

为了提升云南省的科技创新力和竞争力，需要建立一套有效的人才培养和引进机制，吸引和留住更多的高水平创新人才。应加强高校和科研机构的建设和改革，提高云南省的高等教育水平和科研水平，为高水平创新人才提供良好的学习和研究环境；加大对高水平创新人才的激励和支持，提供有竞争力的薪酬待遇、职业发展空间、住房保障等福利，鼓励高水平创新人才在云南省创业创新；建立开放包容的人才引进政策，放宽对外籍人才、港澳台人才、海外归国人才等的引进条件，为他们提供便利的工作和生活服务；建立有效的人才评价和监督机制，建立以创新能力和贡献为主要标准的人才评价体系，加强对高水平创新人才的考核和奖惩，防止人才流失和浪费。

加强科技创新人才的交流和合作，积极组织科技创新人才参加国内外学术会议和交流活动，加强与国内外科技创新人才的合作，推动科技创新成果的转化和应用。

（三）加强科技成果转化

科技成果转化是推动经济社会高质量发展的重要途径。为了加强科技成果转化，云南省应该从以下几个方面着手：完善科技成果转化的法律法规和政策体系，保障科技成果转化各方的合法权益，激发创新主体的积极性和主动性。

云南省已经出台《云南省促进科技成果转化条例》等一系列规范性文件，为科技成果转化提供了有力的法治保障；加大财政资金对科技成果转化的支持力度，实施科技成果转化奖补资金、发放科技创新券等政策措施，鼓励高校、科研院所等出让科技成果，企业受让科技成果转化应用，服务机构提供技术转移服务，促进科技成果在云南落地转化；建设一批重大创新平台、产业技术创新平台和科技成果转移转化平台基地，聚焦重点产业和领域，攻克关键核心技术，开发重点新产品，形成一批具有市场竞争力和社会效益的新产品、新工艺、新服务；培育创新型市场主体和创新人才团队，支持“双创”载体培育上市企业，引进高水平新型研发机构和高层次人才，打造一批具有示范带动作用的新型经营主体和国家高新技术企业。

云南省应不断加强科技成果转化工作，推动科技成果向产业化方向转化，促进科技与经济深度融合，为云南省的经济发展和转型升级提供强有力的支撑。

（四）加强科技创新平台建设

为了提高云南省的科技创新能力和水平，加快推进创新型云南建设，云南省制定了《云南省“十四五”科技创新规划》，提出了一系列的目标和任务，其中重点之一就是加强科技创新平台建设。科技创新平台是区域特色创新体系建设的重要组成部分，是实施创新驱动发展战略的重要基础和保障，是提高区域综合竞争力的关键。云南省应以提升自主创新能力为核心，着力推动科学与工程研究、技术创新与成果转化、科技支撑服务三大体系建设，构建具有云南特色的“金字塔”型科技创新平台体系。

具体而言，云南省将完善实验室体系，高标准筹建国家实验室，高水平建设云南实验室，优化提升国家重点实验室的水平，推进云南省重点实验室的“提质培优”；打造产业技术创新平台体系，积极创建国家技术创新中心和工程研究中心，加快培育国家企业技术中心和国家工程实验室，支持建设国家级产业技术创新联盟；强化重大科技基础设施建设，推进重大科学研究基础设施建设，加强大型仪器设备的共享利用；促进科技资源开放共享，加强各类平台之间的交流协作和联合攻关，推动形成开放、流动、竞争、协同的创新生态。通过加强科技创新平台建设，云南省将夯实科技创新物质技术基础，集结一批高水平的科研人员和团队，取得一批原创性、标志性、引领性的科技成果，在全省经济社会发展中起到重要的支撑引领作用，在全国乃至全球范围内展现出更大的科技影响力。

云南省将不断加强科技创新平台建设，提高科技创新平台的能力和水平，为科技创新提供更好的基础设施和服务支持，促进科技与经济深度融合。

## 二、推动数字技术与传统产业深度融合

近年来，云南省深入贯彻习近平总书记关于数字经济的重要论述精神，抢抓数字化发展机遇，高位统筹谋划，强化政策保障，加强项目支撑，将建设“数字云南”作为重大工程来推动，新型基础设施建设不断夯实，数字经济发展进入快车道，数字政府治理能力持续提升，数字社会建设加快推进，牵引带动全省经济结构优化、产业转型升级，用“数字”为经济赋能、为发展提质、为治理增效，使数字化发展成为推动云南高质量发展的有力支撑。

云南省还积极打造面向南亚东南亚辐射中心的数字枢纽，在国际网络信息基础设施服务能力、跨境电子商务规模、国际贸易“单一窗口”建设等方面取得了积极进展。昆明成为全国第四个拥有三大基础电信企业国际通信出入口局的城市。总之，云南省数字经济蓬勃发展、成效显著、潜力巨大，为云南省经济高质量发展提供了强大的动力和支撑。

### （一）加强数字基础设施建设

加强数字基础设施建设，提升网络覆盖能力和服务质量，为数字经济发展提供坚实的支撑，提升数字化水平，促进云南省经济高质量发展。加快推进互联网、大数据、人工智能等新一代信息技术的发展和应用，打造数字经济新引擎。云南省应充分利用其丰富的生物、矿产、旅游等资源，结合新一代信息技术，培育和发展数字农业、数字旅游、数字文化、数字金融等新业态新模式，提高产业附加值和竞争力。

加大网络覆盖和宽带提速的力度，缩小城乡、区域之间的数字鸿

沟。云南省应加快实施光网工程、5G网络建设、卫星通信等项目，提高网络接入能力和质量，实现全省所有行政村通宽带、通4G。同时，云南省应加强网络安全防护，保障网络空间安全。深化政务数据的整合和共享，提升政府治理能力和水平。云南省应建立健全政务数据管理制度和标准，推动各级各部门数据资源的整合和共享，打破数据孤岛，实现数据价值最大化。

同时，云南省应推进政务服务的数字化转型，优化政务服务流程和方式，提高政务服务效率和便利性。推动教育、医疗、文化等公共服务的数字化普惠，提高人民群众的获得感和幸福感。云南省应充分利用数字技术，扩大教育资源的覆盖面和质量，实现教育均衡和优质。云南省应加强远程医疗服务的建设和运营，提高基层医疗水平和能力，实现医疗均等和普惠。云南省应运用丰富的民族文化资源，利用数字技术进行保护、传承和创新，实现文化的多样性和共享。

（二）培育新型数字业态和模式

深化数字产业发展，培育新型数字业态和模式。云南省大力发展以大数据、人工智能、物联网、区块链等为代表的新一代信息技术，推动传统产业与数字技术深度融合，打造了一批具有云南特色的数字产业集群，如智慧旅游、智慧农业、智慧医疗、智慧教育等。同时，云南省还支持创新型企业和平台的发展，培育了一批数字经济领军企业和独角兽企业，如滴滴出行、美团点评、字节跳动等。为加快推进数字经济发展，云南省应以数字赋能为导向，以场景应用为抓手，聚焦数字产业化和产业数字化，构建以数据为关键要素的数字经济。

一方面，云南省应提升网络通信能力和算力支撑能力。提高网络承载能力和互联网省际出口带宽；加快5G建设，实现5G在重点区域的连续覆盖和深度覆盖；按照绿色集约、需求牵引原则，统筹规划全省数据中心建设布局，构建数据中心、云计算、大数据一体化的新型算力网络体系；推进IPv6规模化部署和应用，构建支撑互联网业务发展的新型网络。

另一方面，云南省应推动新型数字技术与实体经济的深度融合，培育新型数字业态和模式。围绕制造业、服务业、农业等领域数字化转型需求，大力推广5G、人工智能、物联网、区块链等技术应用，推动各行业的数字化转型；重点建设与5G结合的室外北斗高精度定位、室内5G蜂窝独立定位、人工智能、超高清视频、增强现实、虚拟现实等共性技术平台；促进“5G+”工业互联网、智慧矿山、智慧农业、智慧医院、智慧教育等创新的应用落地；着力培育和引进数字经济企业，持续壮大产业集群、培育产业生态，激发云南数字经济发展内生动力。

通过以上发展路径，云南省可以打造具有特色优势的数字经济核心产业和新业态新模式，如锗基、硅基等基础电子新材料的技术研发和产业化、规模化发展，智能终端和消费电子元器件制造，面向南亚东南亚的外向型数字经济发展模式等。这些新型数字业态和模式将为云南省经济的高质量发展提供强大支撑。

（三）推进数字治理创新

云南省应充分利用数字技术和数据资源，构建一体化的政务数据共享平台和社会信用体系，实现政务服务的便捷化、透明化和智能化。同时，还可运用大数据分析、人工智能辅助等手段，加强对公共安全、环境保护、社会管理等领域的监管和预警，从而提升社会治理的科学性和精准性。为了适应新时代的发展要求，云南省应积极探索数字治理创新，利用信息技术和大数据平台，提升治理能力和效率，实现治理现代化。

第一，建立统一的数字治理体系。云南省建立了以省委、省政府为核心，各级党委、政府、部门和基层组织为节点，覆盖全省的数字治理体系，实现了信息资源的共享和协同。建立数字治理领导小组，统筹协调数字治理的规划、建设、运行和监督。

第二，构建全面的数字治理平台。云南省以“一网通办”为核心，打造了涵盖政务服务、社会管理、公共安全、民生服务等领域的数字治理平台，实现了政府服务的便捷化、社会管理的智能化、公共安全的精准化、民生服务的人性化。

第三，推动多元的数字治理。云南省充分发挥社会组织、企业、专家学者、公民等各方的作用，搭建了数字治理参与的渠道和机制，实现了数字治理的共商、共建、共享、共治。云南省还利用数字技术，加强对数字治理的评估和反馈，不断提高数字治理的质量和水平。

云南省通过推进数字治理创新，不仅可以提高政府的公信力和执行力，也能够增强社会的活力和凝聚力，为云南省的经济社会发展提供有力的支撑和保障。

（四）加强数字文化建设

数字文化建设是指利用数字技术和网络平台，对文化资源进行收集、整理、保存、传播和创新，提高文化的可获取性、可利用性和影响力，满足人民群众日益增长的文化需求，促进文化繁荣发展和文化自信的一项重要工作。云南省应充分发挥多民族、多文化的优势，利用数字技术和平台，保护和传承各民族的语言、文字、音乐、舞蹈、服饰等非物质文化遗产，展示云南的独特魅力和多彩风情。同时，云南省还应鼓励文化创意产业的发展，支持各类文化艺术作品的创作和传播，培养一批优秀的文化创作者和传播者。为了进一步加强数字文化建设，应该从以下几个方面着手：

第一，加强数字内容生产和创新，充分挖掘和展示具有民族特色、生态优势、历史底蕴的文化资源，打造一批具有影响力和吸引力的数字文化产品和品牌。

第二，加强数字技术应用和推广，积极引进和培育一批具有核心竞争力的数字技术企业，推动大数据、人工智能、区块链等新技术在文化领域的广泛应用。

第三，加强数字服务供给，完善公共图书馆、文化馆、博物馆等公共文化服务设施的数字化改造，提高政务服务、社会管理、教育医疗等领域的数字化水平，提升群众的数字获得感和幸福感。

第四，加强数字治理能力建设和完善，制定和落实一系列促进数字文化发展的政策措施，加强数据安全和隐私保护，规范数字市场秩序，构建良好的数字生态环境。

## 三、发展现代农业，提升农业科技创新应用水平

云南省是一个农业大省，拥有丰富的高原特色农产品资源，如茶叶、水果、蔬菜、中药材等。为了推动农业转型升级，云南省将绿色有机发展确定为战略方向，通过创新体制机制、加强政策支持、推进绿色生产方式、推动绿色有机认证、建立质量追溯体系等措施，努力打造世界一流的绿色食品牌。云南省应加快推动农业的现代化，推动农业科技创新，发展高效节能、生态环保的现代农业。

为了加快实现由特色农业大省向现代农业强省迈进，云南省制定了《云南省农业现代化三年行动方案（2022—2024年）》，明确了重点产业、重点工程和发展目标，以及保障措施。云南省如何发展现代农业，主要从以下几个方面着手：

（一）提高农产品质量和安全水平

坚持绿色有机发展方向，提高农产品质量和安全水平。云南省将严格落实粮食安全、不发生规模性返贫和耕地保护三条底线，树立大食物观，从传统农作物和畜禽资源向更丰富的生物资源拓展，向森林

要食物、向江河湖海要食物、向设施农业要食物，更好满足人民群众日益多元化的食物消费需求。

同时，将加强绿色生产基地建设，推广绿色化、有机化生产模式，加强农产品质量安全监管，提高农产品质量标准化水平。在九大高原湖泊流域等重点区域，全力推进种植业结构调整、种植方式转型，实施化肥农药减量行动，推进耕地轮作休耕和粪污资源化利用试点，提升土壤肥力和生态环境质量。

全面落实茶业绿色发展“十条措施”，稳定存量，鼓励增量，努力实现全省茶园全部绿色化，不断扩大有机茶园规模，提高茶叶品质和附加值。优先支持蔬菜、水果等重点产业的绿色有机化发展，围绕特色产业、优势品种，划定范围，设定标准，形成方案，扎实推进农产品地理标志建设，提升产品区域品牌影响力。

全力推动绿色有机认证工作，加大资金投入和奖补力度，鼓励企业和合作社申请认证，扩大有效获证产品数量和覆盖面，提高市场竞争力和消费者信任度。建立全链农产品质量追溯体系，利用区块链、物联网、大数据等信息化技术，搭建智慧农业平台，实现从田头到餐桌的全流程信息化追溯，加强质量监管和市场监督，维护绿色有机农产品市场的良好秩序。

（二）培育具有国际影响力的农业品牌

云南省是一个具有生物多样性和特色农产品资源的省份，为实现现代农业的产业化、规模化、标准化、品牌化，应聚焦茶叶、花卉、蔬菜（含食用菌）、水果、咖啡、中药材、烟草等重点产业，实现从抓产品到抓产业、从抓生产到抓链条、从抓环节到抓体系的转变，推动重点产业的转型升级、提质增效。

同时，应加快推进农产品初加工和精深加工发展，提高农产品附加值和市场竞争力，培育一批具有国际影响力的农业品牌；应积极推进农业与旅游、文化等产业融合发展，打造一批精品乡村旅游项目和特色农业集群。完善政策支撑，加大财政投入力度，支持全产业链发展，建立省级重点项目动态储备库，强化招商引资和项目落地。强化用地保障，保护耕地资源。

坚决遏制耕地“非农化”、严格管控永久基本农田“非粮化”，在每年至少种植一季粮食作物且符合耕地认定标准的前提下，可采取粮食与非粮食作物间作、轮作、套种的方式利用永久基本农田。同时，积极支持在可以垦造耕地的荒山荒坡上种植果树、林木发展林果业。

（三）提升农业科技创新应用水平

云南省是中国面向南亚东南亚的重要窗口，也是中国高原特色农业的重要基地。云南省拥有得天独厚的气候、地理、生物等资源优势，形成了丰富多样的农业生产体系和特色农产品。云南省应加强种业振兴和技术创新集成推广工程，提高种子种苗自主研发及商品转化能力，推广应用先进适用的种植养殖技术和设备，提升农业科技创新应用水平。

注重科技创新和开放合作，促进动能转换和活力增强，全面实施区域全面经济伙伴关系协定（RCEP），拓展国内外市场空间，加强跨境农业合作，打造面向南亚东南亚的特色农业创新发展辐射中心。

加强农业科技人才培养和引进，提高农业科技人员的素质和能力，建立健全农业科技激励机制和评价体系；加大农业科技投入，优化农业科技资源配置，支持重点领域和关键环节的农业科技创新，推动农业科技成果转化和推广；加强农业科技合作，促进区域协调发展，建立跨地区、跨部门、跨学科的农业科技创新平台，拓展国际交流与合作渠道；加强农业科技服务，提高农民的科技意识和创新能力，建立健全农业科技信息化、智能化、网络化的服务体系。具体建设路径包括：

第一，加强科技创新和集成推广，提高农业生产效率和质量。利用现代生物技术、信息技术、智能技术等，培育适应高原气候和市场需求的优质品种，解决高原特色农业的关键技术难题，提升农业抗灾能力和绿色发展水平。同时，加强科技成果的转化和推广，建立健全科技服务体系，提高农民科技素养和创新意识。

第二，加快农产品加工和品牌建设，提升农业附加值和市场竞争力。依托云南省的茶叶、花卉、蔬菜、水果、坚果、咖啡、中药材等特色优势产业，发展深加工，延伸产业链，增加产品附加值。同时，加强农产品质量安全监管和标准化建设，打造“区域品牌+企业品牌+产品品牌”的“绿色云品”矩阵，提升云南农产品在国内外市场的知名度和美誉度。

第三，拓展国内外市场和合作空间，提高农业开放度和影响力。利用云南省的区位优势和“一带一路”倡议的机遇，加强与南亚东南亚国家的农业交流合作，开展农产品贸易、技术合作、人才培训等多领域合作，促进云南农业与国际标准接轨，提升云南农业在区域和全球的话语权和影响力。同时，与东部沿海地区建立稳定的供需关系，满足不同消费者的需求。

## 四、推动文化创意产业发展

云南省应积极推动文化创意产业发展，加强文化产业与科技、旅游等产业的融合，提高文化创意产业的核心竞争力。

（一）建立文化创意产业园区

建立文化创意产业园区，提供优惠的政策、资金、场地和服务，吸引和培育文化创意企业和人才。以民族文化为特色，充分挖掘和利用云南丰富的历史文化资源，打造具有地域特色和文化魅力的文创产品和品牌。以创意设计为核心，推动传统产业转型升级，培育新兴文化业态，如数字文创、VR/AR、非遗文创等，加强与科技、旅游、金融等相关产业的深度融合，提高文创产业的创新能力和附加值。

以文化创意产业园区建设为载体，改造老旧厂房，打造园区、基地、楼宇、文化街区、特色小镇等多层次的文创空间，形成集研发、生产、展示、销售、服务于一体的完整产业链，吸引和聚集文创人才和企业，营造良好的创新创业氛围。以政策支持为保障，完善促进文创产业发展的政策体系和要素保障，加大项目建设和资金投入，搭建文创交流、展示、贸易平台，提供优质的营商环境和公共服务，推动文化创意产业的高质量发展。建设一批国家级和省市级文化创意产业园区，打造一批具有云南特色的产业集聚区和产业集群，形成文化创意产业发展的新高地。

（二）加强文化创意产业的品牌建设

加强文化创意产业的品牌建设，打造具有云南特色的文化产品和服务，提升市场竞争力和影响力。云南省可以利用民族文化、历史文化、生态文化等资源，开发一批具有云南风格和特色的文化产品和服务，提高文化产品和服务的附加值和市场竞争力。

加强文化品牌的宣传推广，提升云南形象，扩大影响力。利用各种媒体平台和渠道，如中国国际旅游交易会、中国—南亚博览会、商洽会等展会平台，以及网络、电视、报刊等传媒平台，积极展示云南的文化魅力和旅游风光，打造一批具有代表性和影响力的文化品牌，增强云南在国内外的知名度和美誉度。

加强文化创意人才的培养和引进，提高创新能力，促进产业发展。加强与高校、科研机构、行业协会等的合作，建立一批以工艺美术、非遗民艺、数字创意等为核心的培训基地和孵化器，组织开展各类培训、交流、竞赛等活动，培养一批具有专业技能和创新精神的文化创意人才。同时，通过优化营商环境、完善政策支持、提供金融服务等措施，吸引更多优秀的文化创意企业和人才来云南投资兴业。

（三）促进文化创意产业的跨界融合

文化创意产业是指以文化为核心，以创意为动力，以知识为基础，以技术为支撑，以市场为导向，以满足人们精神文化需求为目的的产业。文化创意产业的跨界融合是指不同领域、不同行业、不同层次的文化创意资源和要素相互交流、融合、创新，形成新的产品、服务、模式和价值的过程。

促进文化创意产业的跨界融合，利用互联网、大数据、人工智能等新技术，拓宽文化创意产业的应用领域和消费群体。加强文化创意产业的规划引导，优化产业结构，促进产业集聚。云南省应明确发展目标、重点领域、重大项目等，推动传统产业改造升级，培育新兴产业发展。云南省制定了《云南省“十四五”文化和旅游发展规划》，提出了打造“大文创”产业格局，推进文化创意产业与科技、旅游、金融等相关产业深度融合，构建跨界融合的文创产业生态，提升文创产业的渗透力、辐射力和带动力等目标。

加强政策引导和支持，为文化创意产业提供优惠的税收、金融、土地等政策，鼓励跨界合作和投资，建立跨界融合的评价和激励机制。建立多元化的平台和载体，利用互联网、大数据、人工智能等新技术，打造线上线下相结合的文化创意产业园区、孵化器、加速器等，搭建跨界交流、展示、推广的窗口和渠道。

培育创新型的人才和团队，加强对文化创意产业从业者的培训，提高他们的专业素养和创新能力，促进其跨学科、跨领域、跨文化的交流和合作，从而形成多元化的创意群体。激发市场需求和消费力，加强对文化创意产品和服务的宣传和推广，提高公众的文化素养和审美水平，培养其对文化创意产品和服务的兴趣和需求，扩大文化创意市场的规模和影响力。

（四）支持文化创意产业的对外交流与合作

支持文化创意产业的对外交流与合作，加强与国内外同行的沟通和交流，参与国际文化市场的竞争和合作。首先，要明确自身的优势和特色，找准定位和方向，突出差异化和特色化。建设一批国家和省、市级文化创意产业园区，为文创企业提供优质的空间、服务和平台，培育一批具有云南特色的产业集聚区和产业集群。

其次，要加强与国际组织和机构的联系和沟通，积极参加国际性的展会、论坛、竞赛等活动，展示自身的成果和水平，拓展视野和合作空间，促进云南文化走出去，引进国际先进理念和技术。

最后，要加强与其他国家和地区的文化创意产业的互动和交流，借鉴和学习先进的理念、技术和经验，促进相互理解和尊重，寻求共同利益和发展。

## 第二节　加快推进协调发展路径

云南省是一个多民族、多地形、多资源的省份，具有独特的区位优势和发展潜力。在“十四五”时期，云南省制定了《云南省“十四五”区域协调发展规划》，明确了“滇中崛起、沿边开放、滇东北开发、滇西一体化”的总体布局，旨在推动形成优势互补高质量发展的区域经济布局，建立更加有效的区域协调发展新机制。

协调发展重点解决的是发展的不平衡问题。经济的协调发展主要表现在产业间的协调发展，区域间的协调发展，城乡间的协调发展。云南省应加快推进协调发展，具体路径如下：

## 一、促进产业内部结构升级

云南省的三次产业结构不断优化，第一产业比重上升，第二产业比重下降，第三产业比重上升，且占比超过50%。三次产业结构不断优化的同时，促进产业内部结构的不断升级是加快推进协调发展的必经之路。第一产业中的高原特色现代农业已成为云南省的万亿级产业，烤烟、鲜切花、咖啡、茶叶的种植面积稳居全国首位。第二产业中的工业随着石油炼化项目、大型水电站的建设，也逐步成为全省经济发展的新引擎。第三产业中养老、大健康等新兴服务业的兴起，为云南省的经济高质量发展奠定了基础。因此，促进产业内部结构升级，为经济发展的协调性奠定了基础。

（一）加快农业产业转型升级

加快发展高原特色现代农业，提高农业综合效益和竞争力。云南省应充分利用气候、地理、生物等优势，打造一批具有国际竞争力的农产品品牌，深入推进农业供给侧结构性改革，加快农业产业转型升级，不断提升农业现代化水平，促进农民收入持续稳定增长，实现一定水平的农业高质高效、农民富裕富足。

同时，加强农业科技创新和推广应用，提高农业生产效率和质量。提高农业的规模化、组织化、市场化和品牌化发展水平，推进高标准农田建设，支持发展农产品初加工和精深加工，启动农产品仓储保鲜冷链物流设施建设，加快现代信息网络和数字技术的农业应用。全面深化农村改革，稳定农户承包权，放活土地经营权，促进多种形式经营。

（二）推动工业转型升级

推动工业转型升级，培育新动能。发展绿色铝、绿色硅等新兴产业，打造能源工业、有色金属工业、烟草工业等支柱产业，提升工业附加值和核心竞争力。同时，加大对工业园区的规划建设和招商引资，促进工业集聚发展。

首先，推动区域协同联动发展。培育一批标志性产业链，打造一批先进制造业集群，加强产业链上下游协作和区域合作，推动金融链、人才链、政策链、创新链等多链融合，形成区域产业优势互补和差异化竞争。

其次，提升开发区发展水平。推动开发区集中成片开发，加快开发区审批制度改革，加强开发区动态管理，推动制造业项目和企业入园发展，提高开发区的承载能力和服务水平。

再次，促进生产性服务业与制造业深度融合，提高制造业的附加值和效益。重点发展轻工、生物医药、新材料、电子信息、新能源等新兴产业，延伸产业链条，提高产品附加值，打造一批具有国内外市场竞争力的品牌和领军企业。最终实现工业结构优化、创新能力增强、能耗排放下降、质量效益提高等目标，形成特色鲜明、结构优化、技术先进、清洁安全、内生动力较强的现代工业体系。

（三）优化发展现代服务业

优化发展现代服务业，以打造世界一流“健康生活目的地”为目标，大力发展旅游文化、健康养老、数字经济、金融服务等现代服务业，满足人民日益增长的美好生活需要。

具体而言，云南省应持续壮大旅游文化、现代物流、健康服务三个万亿级支柱服务业，着力打造金融服务、房地产业两个千亿级优势服务业，加快培育数字服务、科技服务、电子商务、家庭服务、商务服务、服务贸易、环保服务等成长性新兴服务业。以昆明为核心打造区域性国际现代服务经济中心。通过上述措施，全面拓展服务消费空间，促进产业深度融合，深化改革开放，培育壮大市场主体，持续激发人才活力，为云南省经济社会高质量发展提供有力支撑。

## 二、建立区域协调发展新格局

2010年，云南省全面启动滇中城市经济圈建设，滇中城市经济圈目前正处于转型提升的关键阶段。因此，应不断强化昆明市主中心的引领作用，推进玉溪、曲靖、楚雄、蒙自副中心的带动作用，从而打造滇中地区、滇西地区、滇东北地区、沿边地区的特色区域经济板块，构建区域协调发展“中心引领、协同支撑”的新格局。

（一）发挥滇中城市群的核心引擎作用

滇中城市群是云南省经济最发达的地区，也是面向南亚东南亚辐射中心的核心区域。应推动滇中崛起，以昆明为核心，打造面向南亚东南亚辐射中心的核心区和通道枢纽，提升滇中城市群资源配置、产业发展和对外开放能力，将滇中地区建设成为云南实现高质量跨越式发展的核心引擎。加强基础设施建设，提升通达能力。

滇中城市群应充分利用昆明国际机场、昆明南站等重要交通枢纽，打造国际航空枢纽和国际铁路枢纽，实现与周边国家和地区的高效联通。推进城镇化协调，提升宜居性。滇中城市群要以人为本，坚持生态优先、绿色发展，建设现代化生态宜居城市群。要加快农业转移人口的有序落户，提高城镇化质量和水平。要加强公共服务设施的共建共享，提高城乡居民的福祉水平。

深化区域合作，提升协同性。滇中城市群应建立健全一体化发展机制，形成生产要素自由流动、公共服务均等化、利益共担共享的区域一体化格局。要加强与周边省区和国家的合作交流，打造跨境合作新平台，实现区域协调发展和共同繁荣。

（二）提升沿边地区开放水平

提升沿边地区开放水平，以保山、红河、文山、普洱、西双版纳、德宏、怒江、临沧等8个沿边州市为主体，实施强边固防首要工程、沿边城镇带建设、与周边国家互联互通建设、沿边开放平台建设等重大工程项目，提升沿边地区开发开放水平，建设推进沿边开放示范区、兴边富民示范区，将沿边地区建设成为我国“一带一路”建设、面向南亚东南亚开放合作的核心纽带和前沿窗口。

首先，加强基础设施建设，提高沿边地区的交通通达能力和物流效率。加快推进国际陆海贸易新通道、中老铁路、中缅经济走廊等重大项目的建设，打造云南省与周边国家的互联互通网络，促进沿边地区的经济融合和人文交流。

其次，优化产业结构，培育沿边地区的特色优势产业。应充分发挥沿边地区的生态环境、民族文化、旅游资源等优势，发展绿色农业、特色旅游、跨境电商等产业，提高沿边地区的产业附加值和竞争力。

再次，深化开放合作，拓展沿边地区的对外交流渠道。积极参与“一带一路”建设，加强与周边国家的政策沟通、设施联通、贸易畅通、资金融通、民心相通，推动沿边地区的开放型经济发展，实现互利共赢。

（三）推动滇东北开发

推动滇东北开发，以昭通为重点，坚持“共抓大保护、不搞大开发”，全面筑牢长江上游生态安全屏障，持续巩固拓展脱贫攻坚成果，加大人力资源开发利用，发展特色优势产业，建设滇川黔省际中心城市，推动昭通成为云南融入长江经济带发展和对接成渝地区双城经济圈的重要支撑。

提高滇东北的交通、能源、通信、水利等方面的水平，为滇东北的经济社会发展提供坚实的物质保障。发挥滇东北的资源优势和区位优势，培育和发展一批具有竞争力和特色的产业，如旅游业、现代农业、绿色食品、生物医药、新材料等，提高滇东北的经济附加值和创新能力。

加强滇东北与周边地区的合作与交流，形成互利共赢的区域发展格局，实现滇东北与中部地区、西部地区、东盟国家等的有效对接。加强滇东北的生态文明建设，落实好生态补偿机制，实现滇东北的经济发展与生态保护的协调统一。

（四）推进滇西一体化

推动滇西一体化，以保山、大理、德宏、丽江、怒江、迪庆等6个州市为主体，推进大滇西旅游环线建设，高水平打造大滇西旅游环线核心区，按世界的“香格里拉”标准推动涉藏州县高质量发展，将其打造成为世界顶尖的旅游胜地，通过加强滇西生态安全屏障建设，打造生态文明建设样板。

推动特殊类型地区振兴，以欠发达地区和革命老区、边境地区、生态退化地区、资源型地区、老工业城市为主体，加大精准帮扶力度，构建特殊类型地区振兴发展的政策体系和长效机制，推进区域互补发展、全方位开放协同并进、边疆民族地区繁荣安全稳固、人与自然和谐共生。

完善交通、通信、能源、水利等公共服务网络，提高滇西的互联互通水平，缩短滇西各地的时空距离，方便游客的出行和消费。发挥滇西各地的特色优势，打造一批具有国际影响力的旅游品牌，如丽江古城、香格里拉、泸沽湖、梅里雪山等，形成滇西的旅游名片，吸引更多的国内外游客。深化滇西各地的旅游合作，建立旅游联盟和协作机制，推进旅游资源的共享和整合，规划和开发一系列跨地区的旅游线路和产品，丰富游客的旅游体验和选择。

提升滇西各地的旅游服务质量，加强旅游人才培养和引进，提高旅游从业者的专业素养和服务水平，建立健全旅游监管和信用体系，保障游客的安全和权益，提升游客的满意度和忠诚度。

## 三、加快推进城乡协调融合发展

为加快推进云南省城乡协调融合发展，应实施乡村振兴战略，统筹推进农村政治、经济、文化、社会建设，加快实现农业农村现代化，让广大农民过上更加美好的生活，不断缩小城乡之间的差距，实现乡村的全面振兴。

应大力推进新型城镇化建设，随着持续深化的城镇化体制改革，教育、住房、医疗、社保等方面的政策不断完善，城镇品质将不断提升，城镇经济实现高质量发展，城镇空间格局得到不断优化。应在滇中城市经济圈建设的引领下，形成特色小镇为支撑的发展格局，不断提升滇中城市经济圈的承载能力、辐射能力，加快农业转移人口城镇化，从而带动云南省城镇化率的提高。

（一）优化城乡空间布局，促进城乡一体化

云南省应根据自身的资源禀赋和区域特点，制定合理的城镇化战略，加强城市群和中小城市的建设，提高城市的综合承载能力和服务功能，同时加大对农村基础设施和公共服务的投入，缩小城乡差距，促进城乡人口、资源、资金、信息等要素的流动和平衡。均衡城乡发展，缩小城乡差距。

通过加强基础设施建设，提高农村公共服务水平，促进农民收入增长，改善农村生产生活条件，提升农村居民的幸福感和归属感。优化城市规模结构，控制超大城市的无序扩张。通过实施差别化的人口政策，引导人口向中小城市和特色小镇流动，形成合理的城市等级体系，促进城市群的协调发展。发展特色产业，提升农村经济活力。通过培育和扶持特色农业、乡村旅游、文化创意等产业，打造农村特色品牌，增加农村就业机会，激发农村创新创业潜力。加强生态保护，构建绿色发展模式。通过实施生态补偿机制，加大对生态保护区的投入和管理，保护农村自然资源和环境，实现城乡生态共建共享。

（二）深化农村改革，激发农民活力

云南省应坚持以土地制度改革为核心，完善农村土地承包经营权、宅基地使用权、集体建设用地使用权分置制度，保障农民的土地权益，激励农民参与现代农业和乡村产业的发展，同时加强农村集体经济组织和农民合作社的建设，提高农民的组织化程度和参与度，增强农民的主体地位和创造力。

一是完善农村土地制度，保障农民的土地权益。土地是农民的生命线，也是农业生产的基础。要完善农村土地制度，就要坚持以家庭承包经营为基础、统分结合的双层经营体制，保持土地承包关系稳定并长久不变，允许农民依法流转土地经营权，促进土地适度规模经营。

二是加强农村基础设施建设，提高农业生产效率。要加强农村基础设施建设，就要加大对农业水利、交通、电力、通信、仓储等方面的投入，提高农村公共服务水平，降低农业生产成本，增加农民收入。

三是推进农业科技创新和推广，提升农业竞争力。要推进农业科技创新和推广，就要加大对农业科研机构和人才的支持力度，加快转化和应用科技成果，培育新品种、新技术、新模式，提高农业生产的质量和效益。

四是发展多种形式的农村合作组织，增强农民的组织能力。要发展多种形式的农村合作组织，就要鼓励和引导农民自愿组建专业合作社、家庭农场、龙头企业等各类合作组织，实现优势互补、资源共享、利益联结，增强抗风险能力和市场议价能力。

（三）推动产业转型升级，增强城乡发展动力

云南省应充分发挥自身的生态优势和文化特色，培育壮大绿色产

业、特色产业、文化产业等战略性新兴产业，提高产业的附加值和竞争力，同时加快传统产业的改造和淘汰，减少污染和资源消耗，实现产业的高质量发展，为城乡协调发展提供有力的支撑。要以供给侧结构性改革为主线，加快培育壮大新兴产业，提升传统产业在全球产业分工中的地位和竞争力，加快规划建设新型能源体系，实现新型城镇化与产业结构升级的联动。

同时，要充分发挥“四新经济”的引领作用，通过先进技术为多样化需求创造良好的服务环境，形成需求牵引供给、供给创造需求、促进国民经济更高水平良性循环的供需动态平衡效应。此外，要加强重要能源、矿产资源的国内勘探开发和增储上产，提升国家战略物资的储备保障能力，保证产业体系自主可控和安全可靠，确保国民经济循环畅通。

## 第三节　加快推进绿色发展路径

云南省是一个生态资源丰富的省份，云南省应积极贯彻新发展理念，尽快建立健全绿色低碳循环发展经济体系，推动经济社会发展全面绿色转型。云南省应充分利用水电、风电、光伏等清洁可再生能源资源，大力发展绿色能源产业，打造全国绿色能源示范省。云南省还建设了中国铝谷、硅光伏、硅化工等绿色制造产业集群，实现了清洁能源和绿色制造的深度融合和高端跃升。

云南省坚持走生态优先、绿色发展之路，推动农业绿色化转型升级，打造世界一流的绿色食品牌，培育了一批具有高原特色的绿色有机农产品和地理标志产品，如普洱茶、昆明菊花、文山三七、红河腊肉等。云南省经济绿色发展的现状是十分可喜的，但也存在一些不足和挑战，如能耗总量控制、污染物排放治理等。绿色发展是以持续、和谐、效率为目标的社会发展方式，是将环境保护作为可持续发展重要手段的新发展模式。云南省应加快推进绿色发展，具体路径如下。

## 一、全面构建云南特色绿色产业体系

绿色产业是指以生态保护和环境治理为主要目标，以节能减排和循环利用为主要手段，以提高资源利用效率和经济社会效益为主要标准的产业。云南省具有发展绿色产业的独特优势，应以做强“绿色能源牌”为重点，大力发展清洁可再生能源，打造绿色铝高端产业集群，推进绿色能源和绿色制造产业链深度融合和高端跃升；以做强“绿色食品牌”为抓手，深入推动农业绿色化发展，塑造“高原特色”绿色有机农产品整体形象，建设一批绿色有机产业基地；以做优“健康生活目的地牌”为突破，提升服务业绿色化水平，全产业链打造大健康产业，发展生态旅游、保健康养等新业态，全面构建云南特色绿色产业体系。

首先，坚持生态优先、绿色发展的理念，把生态文明建设作为云南发展的根本原则和长远目标，把生态环境保护放在首位，把生态文明建设纳入经济社会发展的全过程和各方面。

其次，充分发挥云南的区域优势和资源禀赋，突出云南的特色和优势，培育和发展一批具有国际竞争力的绿色产业，如生物医药、新能源、新材料、生态旅游、现代农业等。

再次，提高绿色产业的技术水平和核心竞争力，推动绿色产业向高端化、智能化、品牌化方向发展，打造一批具有自主知识产权和国际影响力的绿色产品和服务。进而构建一个符合自身特点、适应市场需求、具有可持续发展能力的绿色产业体系，为云南经济社会发展和生态文明建设提供强大动力和支撑。

## 二、有序构建绿色流通贸易体系

构建云南绿色流通贸易体系需要加强对农产品的质量监管。云南省是我国农业大省，拥有丰富的绿色农产品资源。但是，由于农产品质量不稳定，导致了市场流通不畅的问题。因此，政府应该加强对农产品质量的监管，确保农产品的品质和安全。建设云南绿色流通贸易体系还需要完善物流配套设施。

云南省地处我国西南边陲地区，交通条件较为落后。因此，在建设绿色流通贸易体系的过程中，政府应该加大对物流配套设施的投入，建设更加完善的公路、铁路、水路等物流网络，提高物流运输效率。构建云南绿色流通贸易体系，需要加强对企业的扶持和引导。政府应该出台相关政策，鼓励企业投资于绿色流通领域，提高企业的技术水平和管理水平。

同时，政府还应该加强对企业的培训和指导，帮助企业了解绿色流通贸易的相关标准和要求。构建云南绿色流通贸易体系是一个系统工程，需要政府、企业和社会各方共同参与。只有全社会共同努力，才能够打造可持续发展的绿色经济模式，从而为云南省的经济发展注入新的动力。

## 三、提升城乡建设绿色化水平

云南作为一个生态优美的省份，应该在城乡建设中注重绿色化发展。完善污水垃圾处理设施建设，提升污水垃圾集中收集处置和资源化利用水平；加强再生资源回收利用，构建区域回收利用体系；大力推广绿色建材和绿色建筑，持续扩大绿色建筑占比；提升危险废物利用处置能力，实现处置能力与产废情况总体匹配；持续优化城乡人居环境，建设“花园城市”“美丽乡村”。

强化环境治理，治理固体废弃物，治理大气污染，构建生态家园。现有的工业固体废物处理大多由企业自行完成，没有区域内的统一分类、管理和处理的体系。随着城镇化的快速推进，废弃物的处理压力不断加大，对环境的影响也日趋严重，因此在巩固前期环境治理所取得成果的基础上，应逐步提高废弃物的处理率和利用率，可循环利用的进行资源化处理，不可循环利用的进行无害化处理，从生产源头减少固体废弃物的产生。

目前，云南省的大气污染程度较轻，但仍需不断加强扬尘污染控制、机动车尾气污染控制、饮食业油烟污染控制、工业大气污染综合治理等工作，持续推进化工、钢铁、建材等重点行业的污染治理，有序推进重点行业的低排放改造，从而提高空气质量二级以上天数，构建生态家园。

增强环境保护意识，推动全民开展环保行动。政府可以通过宣传教育、制定相关法规等方式，引导广大市民关注环保问题，形成环保意识，积极参与环保行动，共同建设美丽家园。推广绿色建筑，提高建筑节能水平。在城乡建设中，政府可以加大对绿色建筑的扶持力度，引导开发商和业主采用节能环保的建筑材料、技术和设备，提高建筑节能水平，降低能源消耗和污染排放。加强城市绿化和生态修复。

政府可以加大城市绿化力度，增加绿地面积和植被覆盖率，打造“森林城市”，改善城市生态环境。同时，对于已经遭受破坏的生态环境，政府应该加强生态修复和保护，恢复生态平衡。推进垃圾分类和资源回收利用。垃圾分类是城市环保的重要举措之一，政府应该加大宣传力度，引导市民养成垃圾分类习惯。

同时，政府可以对资源回收利用企业给予扶持，鼓励企业投入更多的人力物力财力进行资源回收和再利用。只有大力推进绿色发展，才能实现可持续发展的目标，让云南这片美丽的土地更加繁荣富强。

## 四、健全绿色低碳生活和消费体系

倡导绿色低碳生活方式，引导绿色消费、绿色出行、低碳生活；创建绿色低碳公共机构，创建节约型机关、绿色学校、绿色医院。首先，应该鼓励采用绿色低碳的生活方式。这意味着人们应该尽可能地减少对环境的影响，例如减少用水、节约能源、骑自行车或以步行代替开车等。政府应该制定相关政策，鼓励人们采取这些措施，并提供相应的奖励和补贴。

其次，需要改变消费观念。人们应该选择环保、健康、可持续的产品和服务，例如购买有机食品、使用可再生能源等。政府和企业应该加强宣传教育，让人们了解绿色消费的好处，并提供更多的绿色产品和服务选择。

最后，需要建立一个绿色低碳的生产体系。企业应该采用更加环保、节能、低碳的生产方式，例如使用清洁能源、循环利用资源等。政府应该加强监管，推动企业实现绿色生产，同时提供相应的支持和激励。健全云南绿色低碳生活和消费体系是一个长期而复杂的过程，需要政府、企业和个人共同努力。只有这样，才能保护云南的美丽环境，实现可持续发展。

未来，云南省应继续深入贯彻习近平生态文明思想，坚持绿色发展理念，加快建立健全绿色低碳循环发展经济体系，推动新时代云南绿色发展迈上新台阶，为实现国家碳达峰、碳中和目标作出云南贡献。

## 第四节 加快推进开放发展路径

云南省的经济发展主要集中在旅游、农业、工业和矿业等领域。旅游业是云南省最为重要的产业之一，云南省拥有得天独厚的自然资源和丰富的人文景观，吸引了大量的国内外游客。同时，云南省还是中国重要的农业生产基地之一，主要种植水稻、玉米、小麦、蔬菜和水果等作物。此外，云南省还拥有丰富的矿产资源和工业基础，如锡、铅、锌、铜、煤等矿产资源以及电子、化工等工业。

近年来，云南省政府积极推进经济开放和对外合作，加强与周边国家和地区的经贸往来。云南省已成为中国与东盟国家的重要贸易通道和合作平台。同时，云南省还积极参与共建“一带一路”倡议，加强与共建国家和地区的经贸合作和人文交流。

经济开放发展是中国发展的重要战略，也是全球经济发展的重要趋势。在当前的形势下，加快推进经济开放发展已经成为中国经济发展的必然选择。云南省具有独特的地理优势，是丝绸之路的重要节点，在共建“一带一路”中处于重要战略地位，是中国面向东南亚的重要“桥头堡”。发挥云南省的区位优势，加强对外交流合作，提升开放经济发展水平，是实现云南省经济高质量发展的重要保障。因此，云南省应加快推进开放发展，具体路径如下。

### 一、深化改革开放，加快转型升级

改革开放是中国经济发展的关键所在，也是中国能够取得今日成就的重要原因。要加快推进经济开放发展，就必须深化改革，推动各个领域的改革，打破各种行政壁垒和利益固化的局面，为市场主体提供更加公平、透明、稳定的营商环境。为了加快推进经济开放发展，云南需要深化改革开放。

首先，云南应该加大对外开放的力度。可以通过进一步降低关税、取消非关税壁垒、扩大服务贸易等方式，吸引更多的外资进入云南，促进云南与国际市场的对接。此外，云南还可以积极开展国际合作，加强与周边国家和地区的经济联系，扩大互利合作，推动共同发展。

其次，云南应该加快转型升级。可以通过加强科技创新、优化产业结构、提高产品质量等方式，提高云南的经济竞争力。同时，云南还可以发挥自身优势，重点发展旅游、文化、生态等产业，推动经济高质量发展。

最后，云南应该深化改革。可以通过深化国有企业改革、加强金融体制改革、推进土地制度改革等方式，优化经济发展环境，提高市场化程度和竞争力。同时，还需要加强政府职能转变，提高政府服务水平和效率，为企业和市场提供更好的支持和服务。此外，云南省应在加大对外开放、加快转型升级、深化改革等方面采取一系列措施，实现经济高质量发展。这不仅有利于提高云南的经济实力和竞争力，还能为全国经济发展做出更大的贡献。

## 二、推动口岸经济，加强与国际合作

云南省是中国通往南亚、东南亚的门户，与越南、老挝、缅甸接壤，通过澜沧江与泰国、柬埔寨相连，并与印度、孟加拉国、新加坡、马来西亚等国相邻。云南省有一二类口岸共计23个，因此推动口岸经济的发展，是推动云南省经济高质量发展的重要支撑。以贸易为先导，口岸为支撑，不断加强口岸基础设施建设，不断提升口岸运行管理水平，进而提升口岸通关改革新能效，可不断深化与周边国家的合作水平，加快地区开放发展进程。

加快推进经济开放发展，需要与国际接轨，积极参与全球经济治理。要加强与各国的贸易往来，推动自由贸易区建设，提高国际贸易和投资自由化便利化水平。首先，云南省应积极参与国际贸易和投资，推动本地区与国际市场的对接。

其次，云南省应加强与周边国家和地区的合作，特别是与东南亚国家的合作。这样可以促进贸易和投资的双向流动，增加云南与周边国家和地区的经济联系。此外，云南还可以积极参与“一带一路”倡议，打造更多的国际合作平台，促进云南与世界各地的交流和合作。

最后，云南还应该加强人才引进和培养，提高本地区的国际化水平，为经济开放发展提供有力的支持。通过以上措施，云南可以更好地加强与国际的合作，推动经济开放发展，实现经济转型升级。

## 三、加大对外开放力度，强化与各城市群的协同发展

对外开放是中国经济发展的重要动力，也是实现经济转型升级的必由之路。云南省应加大对外开放力度，积极引进外资，拓展对外合作领域和方式，推动产业转移和升级。首先，继续推进自由贸易试验区建设，加快实现贸易和投资的自由化、便利化。

其次，加强与周边国家和地区的经济合作，积极参与“一带一路”建设，拓展云南的国际合作空间。同时，我们也应该加强与发达国家和地区的合作，吸引更多外资进入云南，促进本地区经济的发展。

强化与各城市群的协同发展，强化与各开放载体的合作发展，共同打造开放发展经济带。加强与长三角城市群、珠三角城市群、成渝

城市群、北部湾城市群等区域的合作，通过优化环境、园区共建、产业培育、联动发展、人才培养等措施，不断提升与上述区域的合作水平，打造开放创新的区域经济协同发展。各地区应依托不同的资源条件，寻求合作发展新路径，共同开拓新市场，提升地区竞争力，促进各城市群的协同发展。

## 四、加强知识产权保护

知识产权保护是推进经济开放发展的重要保障。加强知识产权保护是推进经济开放发展的必要措施。在全球化的背景下，知识产权已经成为企业竞争的重要战略资源。因此，加强知识产权保护可以提高企业的创新能力和竞争力，促进经济发展。

首先，政府需要加大对知识产权的保护力度，完善知识产权法律体系，加大执法力度，打击侵犯知识产权的行为。此外，政府还应该加强对知识产权的宣传和培训，提高公众对知识产权的认识和重视程度。

其次，企业也需要加强对知识产权的保护。企业应该建立健全知识产权管理制度，加强对知识产权的监管和保护。企业还应该加强对员工的培训和教育，提高员工对知识产权的认识和保护意识。

最后，社会各界也需要积极参与知识产权保护。应该加强对知识产权保护的宣传，提高公众对知识产权的认识和保护意识，使其积极参与知识产权的保护工作，共同维护知识产权的合法权益。

总之，加快推进经济开放发展是中国经济发展的必然选择。云南省应深化改革开放，加强与国际合作，加大对外开放力度，加强知识产权保护，为中国经济高质量发展注入新的动力和活力。

## 第五节　加快推进共享发展路径

共享发展的理念是要实现全民共享、全面共享、共建共享、渐进共享，其核心是以人民为中心。随着云南省经济的不断发展，共享经济已经涉及多个领域，如共享单车、共享汽车、共享住宿、共享办公等。这些新兴的共享经济模式，为云南省经济的发展注入了新的活力。

共享经济模式不仅为云南省的创新创业提供了更加广阔的空间，而且带动了云南省相关产业的发展，促进了就业和经济增长。此外，共享经济还可以提高资源利用效率，降低社会成本，推动云南省经济可持续发展。因此，应以共享的理念引领云南省经济的高质量发展，具体路径如下：

### 一、加强政策引导

政府应该出台一系列鼓励和支持经济共享发展的政策，包括税收优惠、财政补贴、创新基金等，以鼓励更多的企业和个人参与经济共享发展。首先，政府应该出台相关政策，推动各行业之间的合作和共享，促进资源的共享和利用。

其次，政府应该加大对共享经济企业的扶持力度，鼓励其发展壮大。同时，政府还应该加强对共享经济企业的监管，保证其合法合规经营。此外，政府还应该鼓励和引导企业加强技术创新和人才培养，提高企业的核心竞争力。

最后，政府还应该加强宣传和推广，提高公众对共享经济的认知和接受度，营造良好的发展环境。

## 二、推进信息技术应用

信息技术是经济共享发展的重要支撑，政府应该加大对信息技术的投入，促进信息技术与传统产业的融合，打造数字化、智能化的经济共享平台。加强信息技术基础设施建设，推进信息高速公路、数字城市、智慧农业等项目建设，扩大信息技术的覆盖范围和使用效率。

积极探索信息技术与传统产业的深度融合，推动制造业、农业、旅游业等传统产业向数字化、智能化转型升级。加强信息安全技术的研究和应用，建立健全信息安全管理体系，保障信息系统的安全运行。加大对信息技术人才培养的投入，推动高校与企业合作，培养更多的高素质信息技术人才，为云南省的经济共享发展提供有力支撑。

## 三、推广共享理念

共享发展需要广泛的社会支持，政府应该加强对共享理念的宣传和推广，鼓励更多的企业和个人参与到共享经济中来。政府应该加大对共享经济的支持力度，出台一系列政策措施，鼓励引导企业和个人参与共享经济，促进共享经济健康发展。

推进数字化转型，加快建设数字经济生态系统，为共享经济提供更好的数字化基础设施和服务。加强对共享经济的监管和管理，建立健全的监管体系，保障共享经济的安全和可持续发展。加强宣传力度，通过各种渠道向公众普及共享经济的概念和优势，提高公众对共享经济的认知度和接受度。

## 四、推进基本公共服务均等化建设

云南省各地州之间、城乡之间的基本公共服务水平差异较大，推进共享发展，要着眼于全体民众，坚持均等化的发展方向，解决人民群众最关心的问题、最现实的问题，不断完善养老体系、社会救助体系，不断推进区域基本公共服务均等化的建设。大力发展文化、养老服务事业，在新型社区里建设基本公共服务设施，以均等化的基本公共服务不断缩小地州差距、缩小城乡差距。

首先，加大对教育事业的投入，加强对教育设施的建设和改善，提高教育资源配置效率，保障学生享受公平的教育机会。大力推动义务教育的均衡性发展，统筹优化教育资源，全面提高教学质量。逐步实现职业教育的一体化发展，推动技术工人校企合作的培养模式，推行技能型人才向技术型人才的转变。

其次，加强医疗卫生服务体系建设，加大对医疗卫生事业的投入，提高医疗卫生服务水平，加强基层医疗卫生机构建设和人才培养，推动城乡医疗卫生资源均等化。继续深化医疗改革，提升医疗服务的能力，统筹区域医疗机构布局，加强医护人员的交流合作，让民众可以共享均衡的医疗服务，人人享有公平医疗。

再次，加强社会保障体系建设，扩大社会保障覆盖面和保障水平，保障群众基本生活需求。加强对特殊群体的保障，确保他们能够享受公平的社会保障待遇。

最后，加强文化体育事业建设，提高文化体育服务水平，满足人民群众精神文化需求。

## 五、探索成本共担、利益共享机制

共享经济发展是当前社会经济领域的一个重要趋势，而成本共担、利益共享机制是推动共享经济发展的关键。成本共担机制是指在共享经济背景下，各方共同承担成本的一种合作模式。这种机制可以有效地降低参与者的经济负担，提高合作的效率。利益共享机制是指在共享经济背景下，各方共同分享收益的一种合作模式。这种机制可以有效提高参与者的积极性，提高合作的效果。

以滇中城市经济圈为载体，探索区域内基础设施的共建共享，如交通、医疗、缴税等项目，探索上述项目跨区域的成本共担机制，强化各地州的合作意识，共建协商机制与平台，共同推动项目的尽快落地。在倡导利益均衡的原则下，探索成本、利益均衡分配的途径和方法，实现共享发展的良性互动。特别是财税创新分享机制，探索跨区域的成本共担、利税分配的方法，是理顺利益分配关系的基础。

在探索成本共担、利益共享机制的过程中，需要注意以下几点：一是要建立健全的法律法规体系，明确各方的权利与义务；二是要加强信息共享和沟通协调，确保各方能够充分了解合作的情况；三是要注重风险管理，建立风险评估和应对机制，确保合作过程中的风险得到有效控制。

总之，加快推进共享经济发展是云南省经济发展的重要方向之一，成本共担、利益共享机制是推动共享经济发展的重要手段，需要政府、企业和个人共同努力，才能实现共享经济的良性循环和可持续发展。

为了推进云南省经济高质量发展，需要在创新发展、协调发展、绿色发展、开放发展、共享发展等方面加快推进。在创新发展方面，应加强科技创新，提高自主创新能力，推动科技成果转化为生产力。在协调发展方面，要促进城乡协调发展，加强区域协调发展，优化产业结构布局。

在绿色发展方面，要加强环境保护，推进生态文明建设，促进可持续发展。在开放发展方面，要加强对外开放，积极参与国际合作，推动经济全球化发展。在共享发展方面，要促进社会公平正义，加强民生保障，推进共同富裕。这些路径的推进将有助于推动云南省经济高质量发展，实现经济转型升级和可持续发展。

## 第六节　政策实施与反馈机制

推动经济高质量发展需要政策强有力的支持。然而，政策的有效性不仅取决于制定时的科学性和合理性，还与实施过程中的反馈机制息息相关。为了保证政策的实施效果，必须建立动态的政策反馈机制，形成政策“制定—实施—反馈—调整”闭环，从而有效应对在实践中出现的各种复杂问题。一个完善的反馈机制不仅能够及时发现政策实施中的不足，还能为政策的持续改进提供宝贵的依据，使政策能够与时俱进，适应不断变化的经济环境和社会环境。

### 一、政策实施的核心步骤与方法

政策的实施需要采取一系列细致的步骤，包括政策推广和动员、资源的整合分配、阶段性目标的设定和监督与问责机制的建立。云南省的高质量发展离不开一系列新发展理念的政策支持，以下是政策实施的核心步骤：

（一）政策推广和动员

在政策执行的初期，需要进行广泛的宣传和动员，使各级政府、企业以及公众理解政策的宗旨、内容和期望效果。云南省可以利用新闻发布会、宣讲会等方式，确保政策从上至下传达到位，做到“思想先行”。特别是在涉及绿色发展、生态保护等方面的政策时，提升社会各界的参与感和责任感显得尤为重要。通过多种传播渠道，确保信息的广泛覆盖，可以有效激发公众和企业对政策的关注与参与，形成良好的政策执行氛围。

（二）资源的整合分配

任何政策的落地都需要资源的支持，包括资金、技术和人力。云南省应依据不同地区的具体情况，对资源进行合理分配。例如，在贫困地区可适当增加对经济资源的倾斜，而在资源丰富的地区注重创新与绿色发展投资。同时，还要建立配套的资源支持体系，包括技术支持、人才培训、数据共享等，以此提升各地政策执行的能力。这一过程不仅能确保资源的有效利用，还能最大化政策实施的综合效益，推动全省各地区的协调发展。

（三）阶段性目标的设定

设定清晰的、可衡量的阶段性目标是政策实施的重要步骤。云南省可分解出短期、中期、长期的经济高质量发展指标，例如对生态保护的年度指标、创新发展和产业结构优化的五年规划等。这种阶段性目标的设定不仅有助于各级政府明确政策实施方向，还能在实施中根据反馈及时进行调整。通过对目标的持续监测和评估，各级政府可以灵活地应对政策实施中的挑战，确保政策目标与实际情况紧密结合。

（四）监督与问责机制的建立

在政策实施的过程中，必须引入有效的监督和问责机制，以确保政策执行的透明度和公平性。云南省可以通过设立独立的监督机构或引入第三方评价机构，对政策实施效果进行监督。此外，要实行责任追究制度，对政策执行中的失职、渎职行为给予问责，保证政策落地。只有在严谨的监督体系下，政策才能实现预期效果，确保各项措施的有效落实，增强公众对政策执行的信任。

## 二、政策实施效果的评估

政策实施效果的评估是政策反馈机制的重要环节。评估的目的是了解政策实施的成效及不足之处，从而为后续的政策调整提供依据。具体来说，云南省在推动经济高质量发展的过程中，可以采取以下几种评估方法：

（一）量化指标评估

通过建立科学合理的量化指标体系，对政策实施效果进行数据化评估。具体来说，可以根据新发展理念的五大发展维度（创新、协调、绿色、开放、共享）制定量化评估标准，例如创新企业数量增长率、各地州的地区生产总值增长率、空气质量指数、居民收入增长水平等。数据来源包括统计年鉴、政府部门数据以及社会调研数据，力求评估的客观性和数据的全面性。通过定期收集和分析数据，政策制定者能够更清晰地识别政策效果，为后续的决策提供数据支持。

（二）实地调研与问卷调查

数据可以反映政策的部分效果，了解政策实施的实际情况需要深入基层、实地调研。云南省可以组织调研小组，赴各地州进行实地调研，听取当地政府、企业和群众的反馈，了解政策实施的细微差异。问卷调查则可以收集更多元的意见，尤其是受政策影响的民众的看法，为评估政策的社会影响力提供依据。这种直接接触和沟通的方式，能够使政策制定者深入了解政策的实际影响，从而调整和优化政策内容。

（三）案例分析

案例分析是一种深入的评估方法，可以通过具体的案例来反映政策实施的成效。云南省可以选择几个典型地区和政策实施项目，如对绿色产业扶持政策的成效进行案例分析。通过对成功和失败案例的总结分析，提炼政策实施的优势和不足，为后续政策的优化提供参考。这种方法能够帮助决策者明确哪些措施行之有效，哪些需要改进，从而更好地制定未来的政策。

（四）量化指标评估

对政策实施效果的评估还应包含成本效益分析。云南省在政策实施中投入了大量资源，因此需要评估这些资源投入是否达到了预期的效果。成本效益分析可以通过计算政策实施的直接效益和间接效益，并与投入的资源量相比较，来衡量政策的实际成效。这不仅能够确保资源的合理配置，还能提高政策实施的透明度和公信力，使得公众和相关利益方对政策结果有一个清晰的认知。

## 三、政策适应性调整机制

在政策实施过程中，反馈机制的重要性不可忽视。云南省经济高质量发展政策的复杂性决定了其实施需要适时调整，以更好地适应新的经济环境和政策目标。在建立适应性调整机制时，以下几方面尤为关键：

（一）动态调整与滚动规划

政策的制定和实施应具备一定的灵活性，以便在政策实施过程中根据实际情况进行动态调整。云南省可引入滚动规划机制，对各类经济高质量发展政策每年进行评估、反馈和调整，使政策更贴合当前经济环境。比如，随着数字经济的发展，传统产业可能面临新的挑战，在推动传统产业的转型升级时，可以将更多的资源和政策倾斜到数字化建设上，以增强政策的针对性和时效性。这种灵活的规划方式能够确保政策始终与实际需求保持一致，提高政策的执行效果。

（二）建立多方反馈通道

为了全面收集政策实施中的反馈信息，应设立多层次的反馈渠道，包括政府部门反馈、企业反馈和公众反馈等。政府层面可以通过定期召开政策实施工作会议收集执行部门的意见；企业则可以通过行业协会等中介组织，向政府反映政策带来的实际影响；公众反馈则可以通过意见征集、问卷调查等方式获得。多方反馈能确保政策的调整更全面、更准确，从而提高政策的有效性和公信力。

（三）引入专家咨询机制

由于高质量发展政策涉及经济、社会、生态等多方面内容，因此需要不同领域专家的专业意见。云南省可以建立一个包括经济学家、生态学家、社会学家等在内的专家咨询委员会，由其定期对政策效果进行研讨，并结合反馈信息提出调整建议。例如，针对绿色发展政策的实施效果，可以请环境保护专家和生态学家参与分析，确保政策调整的科学性。

（四）建立试点机制

对于新的政策建议，可以通过小范围试点来评估政策的可行性。云南省可选取经济、生态环境差异明显的几个地州，进行政策的先行先试，通过对试点地区的效果分析，评估政策的实际适应性。在成功经验的基础上，再将政策推广到全省。这种做法既可以减少政策实施的风险，又能为政策调整提供实践依据，为后续的政策推广积累宝贵的经验。

（五）建立容错机制

政策适应性调整机制的重要内容之一是容错机制。经济高质量发展是复杂而长期的过程，难免会出现失误或偏差，因此在政策实施的过程中，建立合理的容错机制尤为重要。容错机制的存在能使政策执行者更加积极主动地进行探索，而不必因可能出现的偏差而受阻。云南省可以明确容错机制的范围和标准，确保在高质量发展过程中，创新的政策探索和试错实践能在合规的情况下大胆进行。

综上所述，政策实施与反馈机制的建立，为云南省推动经济高质量发展提供了保障。通过以上机制，政策不仅在制定时具有前瞻性，更在实施中具备灵活性和调整性，从而形成了动态的闭环系统。具体而言，在“政策推广—资源配置—目标设定—监督实施”的实施框架下，各项政策通过反馈机制进行效果评估，并以动态调整机制实现更贴近实际需求的优化，从而使政策能真正落地生根、发挥效果。总之，政策实施与反馈机制的建立，使云南省的经济高质量发展得以有序推进。在实践中，根据反馈及时调整，保证了政策执行的科学性、适应性和可持续性。

# 参考文献


[1] BARRO R J. Quantity and quality of economic growth [J]. Journal Economía Chilena (The Chilean Economy), 2002, 5 (2): 17-36.

[2] PADAKI R, GOEL M. A gravity model analysis of effects of regional economic integration on factor flows [J]. Journal of Economic Cooperation and Development, 2015, 36 (4): 121-144.

[3] 陈景华，陈姚，陈敏敏.中国经济高质量发展水平、区域差异及分布动态演进 [J]. 数量经济技术经济研究，2020 (12)：108-126.

[4] 陈俊.新发展格局下深圳制造业与生产性服务业融合发展研究——基于空间耦合协调度模型的实证分析 [J]. 特区实践与理论，2021 (2)：34-41.

[5] 陈梦根，徐滢，周元任.新发展理念下经济高质量发展的统计评价与地区比较——基于改进的TOPSIS综合评价模型 [J]. 统计学报，2020 (2)：1-14.

[6] 陈鹏，杜立钊.兰州市经济发展潜力空间格局分析 [J]. 测绘地理信息，2018 (6)：30-34.

[7] 陈润卿.新发展理念下哈尔滨新区经济高质量发展路径研究 [J]. 决策咨询，2020 (2)：43-46.

[8] 陈曦，王中华.加快构建我国新经济监测评价指标体系——美国新经济指数对我国的启示［J］. 价格理论与实践，2017（3）：112-115.
[9] 陈长瑶.环滇池地区城市空间演变及优化研究［D］. 长春：东北师范大学，2018.
[10] 代杨龙，徐娟.我国西部各省新经济总体情况评价［J］. 新经济，2018（7）：67-71.
[11] 刁海洋.基于五大发展理念的呈贡新区经济可持续发展研究［J］. 改革与开放，2018（4）：27-28.
[12] 丁娟.我国文化产业与区域经济发展耦合协调度研究［D］. 青岛：青岛大学，2016.
[13] 董春，胡晶，刘纪平.中国城市空间统计模型方法及应用研究［M］. 长春：东北师范大学出版社，2017.
[14] 董棣.云南经济发展报告（2016—2017）［M］. 昆明：云南人民出版社，2017.
[15] 董棣.云南经济发展报告（2017—2018）［M］. 昆明：云南人民出版社，2018.
[16] 董棣.云南经济发展报告（2018—2019）［M］. 昆明：云南人民出版社，2019.
[17] 杜颖.新发展理念的基本内涵［J］. 现代交际，2020（5）：249-250.
[18] 杜颖.新发展理念及其意义研究［D］. 哈尔滨：哈尔滨师范大学，2020.
[19] 方大春，马为彪.中国省际高质量发展的测度及时空特征［J］. 区域经济评论，2019（2）：61-70.
[20] 云南省人民政府办公厅.云南省人民政府关于建设面向南亚东南亚金融服务中心的实施意见：云政发〔2016〕92号［A/OL］.（2016-11-08）［2024-11-03］. https：//www.yn.gov.cn/zwgk/zcwj/yzf/201910/t20191031_183814.html.
[21] 国家行政学院课题组.走进新常态的中国经济［M］. 北京：国家行政学院出版社，2015.

[22] 郝治超，武蕊君，陈艺.高质量发展要求下的国库统计指标研究——基于“创新、协调、绿色、开放、共享”的发展理念［J］. 时代金融，2019（1）：62-70.

[23] 河南省发展和改革委员会经济研究所.河南省践行新发展理念对策研究［M］. 北京：社会科学文献出版社，2017.

[24] 侯为民.五大发展理念的历史逻辑与实践价值［J］. 桂海论丛，2016（3）：4-10.

[25] 胡锦涛.胡锦涛文选：第二卷［M］. 北京：人民出版社，2016.

[26] 敬林.中国五大发展理念对地区发展水平效应研究［D］. 昆明：云南财经大学，2017.

[27] 康珂.新常态下中国经济增长动力转换的金融支持［J］. 金融论坛，2016（3）：9-17.

[28] 李金昌，史龙梅，徐蔼婷.高质量发展评价指标体系探讨［J］. 统计研究，2019（1）：4-14.

[29] 李涛，廖和平，杨伟，等.重庆市“土地、人口、产业”城镇化质量的时空分异及耦合协调性［J］. 经济地理，2015（5）：65-71.

[30] 李旭辉，朱启贵，夏万军，等.基于五大发展理念的经济社会发展评价体系研究——基于二次加权因子分析法［J］. 数理统计与管理，2018（3）：506-518.

[31] 林黎，陈悦，付彤杰.基于新发展理念的川渝协同发展水平测度及对策研究［J］. 重庆工商大学学报，2020（6）：24-33.

[32] 林美顺.构建苏州绿色低碳循环发展经济评价指标体系研究［J］. 智库时代，2018（40）：216-219.

[33] 林庆康，吕华侨.安徽省新发展理念实践效果测度与比较研究［J］. 合肥学院学报，2019（3）：25-29.

[34] 刘红兵，李彩云.中国各省（市）循环经济发展水平的空间格局演变［J］. 资源与产业，2018（6）：67-77.

[35] 刘吉双，李智，张跃敏.新经济发展指数编制与应用——以江苏沿海地区

为例［M］．北京：中国经济出版社，2017.
［36］ 刘丽波，曾毅漫，孙岩，等．区域经济高质量发展统计监测评价指标体系的构建［J］．中国统计，2018（12）：62-64.
［37］ 刘世锦．中国经济增长十年展望（2016—2025）：由数量追赶到质量追赶［M］．北京：中信出版社，2016.
［38］ 刘松柏，葛玉良，杨筱寂．建设现代化强国的必由之路［M］．北京：中国言实出版社，2019.
［39］ 罗津津．基本公共文化服务供需耦合协调度研究［D］．武汉：华中师范大学，2016.
［40］ 马少晔，陈良华．基于新发展理念的新经济发展指数构建及测度［J］．财会月刊，2020（18）：132-139.
［41］ 倪鹏飞，王雨飞，丁如曦．中国大城市综合发展水平的层级与方阵——基于新发展理念的测度与分析［J］．城市与环境研究，2017（4）：3-26.
［42］ 聂娜．基于“新发展理念”的黄河流域高质量发展路径研究［J］．攀登，2020（2）：131-135.
［43］ 聂启元．五大发展理念：经济社会全面发展的新理念［J］．福州党校学报，2016（3）：21-25.
［44］ 庞丹靛．城市绿色发展指标体系及评价方法研究——以南京市为例［D］．南京：南京师范大学，2017.
［45］ 邱洪全，罗键．新发展理念下区域协同发展测度与时空演化研究——以闽西南协同发展区为例［J］．华东经济管理，2019（8）：16-22.
［46］ 任保平，茹少峰，等．新常态下中国地方经济增长质量研究［M］．北京：中国经济出版社，2017.
［47］ 任保平，宋雪纯．以新发展理念引领中国经济高质量发展的难点及实现路径［J］．经济纵横，2020（6）：45-54.
［48］ 任保平，李梦欣．中国经济新阶段质量型增长的动力转换难点与破解思路［J］．经济纵横，2016（9）：33-40.
［49］ 任家锋，马卫春，任程程．合肥市城市发展质量空间计量分析［J］．测绘

通报，2018（10）：126-130.

［50］ 曲哲涵.如何理解中国经济转向高质量发展［N］. 人民日报，2017-10-31（10）.

［51］ 商思争，朱梦吉.基于“五大发展理念”的连云港市经济社会发展评价［J］. 大陆桥视野，2019（2）：71-76.

［52］ 宋瑞丹.内蒙古经济增长质量评价研究［D］. 呼和浩特：内蒙古师范大学，2018.

［53］ 孙豪，桂河清，杨冬.中国省域经济高质量发展的测度与评价［J］. 浙江社会科学，2020（8）：4-14.

［54］ 田光辉，赵宏波，苗长虹.基于五大发展理念视角的河南省区域发展状态评价［J］. 经济经纬，2018（1）：22-28.

［55］ 汪灏，等.全面体现新发展理念的城市竞争力比较研究［M］. 北京：社会科学文献出版社，2019.

［56］ 王传智.以新发展理念推动我国经济发展［J］. 现代交际，2020（4）：62；61.

［57］ 王丹，项桂娥.新发展理念下安徽经济高质量发展的测度与分析［J］. 安徽农业大学学报（社会科学版），2020（3）：31-37.

［58］ 王芳.基于耦合协调度模型的生态系统与经济系统协同发展研究——以京津冀地区为例［J］. 湖北社会科学，2021（6）：64-72.

［59］ 王芳菲.广西文化产业与旅游产业耦合协调度研究［D］. 南宁：广西大学，2016.

［60］ 王伟.中国经济高质量发展的测度与评估［J］. 华东经济管理，2020（6）：1-9.

［61］ 王岩，刘宁，张晓飞.京津冀、东北三省旅游业和环保产业耦合协调度［J］. 东北财经大学学报，2021（2）：47-55.

［62］ 魏和清，李颖.我国绿色发展指数的空间分布及地区差异探析——基于探索性空间数据分析法［J］. 当代财经，2018（10）：3-10.

［63］ 魏奇锋，徐霞，杨彩琳，等.成渝地区双城经济圈科技创新与经济高质量

发展耦合协调度研究 [J]. 科技进步与对策，2021 (14)：54-61.
[64] 魏卫，刘娴娴，王晓宇，等.美丽中国系统耦合协调度的空间异质性探索 [J]. 经济地理，2021 (6)：30-38.
[65] 吴敬琏，许善达.中国经济新时代构建现代化经济体系 [M]. 北京：中信出版社，2018.
[66] 吴翌琳.协同创新系统的统计度量与模型研究 [M]. 北京：清华大学出版社，2018.
[67] 吴正海.以新发展理念和高质量发展推动西安做强西部经济中心 [J]. 陕西社会主义学院学报，2019 (1)：39-42.
[68] 伍凤兰.经济发展质量的综合评价研究——以深圳市为例 [J]. 证券市场导报，2014 (2)：42-46.
[69] 武建章，董俊婕，周一萍."两美"浙江综合评价指标体系及提升策略 [M]. 北京：经济科学出版社，2017.
[70] 武建章，周一萍，镇鹏，等.基于MCCPI的综合评价理论及其经济管理应用实例 [M]. 北京：经济科学出版社，2018.
[71] 习近平.决胜全面建成小康社会夺取新时代中国特色社会主义伟大胜利——在中国共产党第十九次全国代表大会上的报告 [M]. 北京：人民出版社，2018.
[72] 徐培彬.区域协调发展新理念视阈下的京津冀协同发展研究 [D]. 重庆：西南政法大学，2017.
[73] 徐舒.云南省绿色经济效率的研究 [D]. 昆明：云南财经大学，2018.
[74] 杨新洪."五大发展理念"统计评价指标体系构建——以深圳市为例 [J]. 调研世界，2017 (7)：3-7.
[75] 余金成.五大发展理念是科学发展观的升级版 [J]. 学习论坛，2016 (2)：5-9.
[76] 袁汝华，臧艳秋.长江经济带经济发展与水资源环境耦合协调性实证分析 [J]. 水利经济，2021 (3)：1-8.
[77] 熊彼特.经济发展理论 [M]. 贾拥民，译.北京：中国人民大学出版社，

2019.
[78] 云南省人民政府办公厅.云南省人民政府关于印发云南省国民经济和社会发展第十四个五年规划和二〇三五年远景目标纲要的通知：云政发〔2021〕4号［A/OL］.（2021-02-09）［2024-11-03］. https：//www.yn.gov.cn/zwgk/zcwj/yzf/202102/t20210209_217052.html.
[79] 云南省人民政府办公厅.云南省人民政府关于推动创新创业高质量发展打造“双创”升级版的实施意见：云政发〔2020〕6号［A/OL］.（2020-02-20）［2024-11-03］. https：//www.yn.gov.cn/zwgk/zfgb/2020/2020d3q/szfwj/202002/t20200220_190310.html.
[80] 云南省人民政府办公厅.云南省人民政府关于印发滇中城市群发展规划的通知：云政发〔2020〕19号［A/OL］.（2020-08-26）［2024-11-03］. https：//www.yn.gov.cn/zwgk/zfgb/2020/2020d17q/szfwj/202008/t20200826_209715.html.
[81] 云南省统计局.云南统计年鉴2018［M］. 北京：中国统计出版社，2018.
[82] 云南省统计局.云南统计年鉴2019［M］. 北京：中国统计出版社，2019.
[83] 云南省统计局.云南统计年鉴2020［M］. 北京：中国统计出版社，2020.
[84] 云南省统计局.云南统计年鉴2021［M］. 北京：中国统计出版社，2021.
[85] 云南省统计局.云南统计年鉴2022［M］. 北京：中国统计出版社，2022.
[86] 云南省统计局.云南统计年鉴2023［M］. 北京：中国统计出版社，2023.
[87] 张进玮.基于绿色增长理念的旅游业发展潜力评价研究——以大连市为例［D］. 大连：大连理工大学，2014.
[88] 张鹏.安徽县域经济发展评价研究——基于五大发展理念的视角［D］. 蚌埠：安徽财经大学，2018.
[89] 张涛，姚慧芹.新发展理念助推中国经济向高质量发展转型［J］. 河北学刊，2019（3）：123-127.
[90] 张杨.习近平新发展理念研究［D］. 长沙：湖南师范大学，2018.
[91] 张庄雅.长江中游城市群新型城镇化质量评价研究——基于五大发展理念视角［D］. 武汉：中南财经政法大学，2019.

[92] 赵建强.京津冀旅游业促进区域经济发展效应时空演化与协同度评价研究[D]. 秦皇岛：燕山大学，2018.
[93] 赵冉，韩旭.高等教育、创新能力与经济增长耦合协调发展及空间演进分析[J]. 黑龙江高教研究，2019（2）：23-29.
[94] 周立.以新发展理念引领经济社会协调发展[J]. 人民论坛，2019（29）：20-21.
[95] 周瑞雪.中部地区文化产业与旅游产业耦合协调度及空间差异研究[D]. 开封：河南大学，2015.
[96] 周雪姣.新发展理念下京津冀综合发展指数研究[D]. 石家庄：河北经贸大学，2017.
[97] 朱云飞，安静，马源禾.地方发展质量评价与财政对策研究——基于创新、协调、绿色、开放、共享的新发展理念视角[J]. 经济研究参考，2020（7）：93-107.
[98] 字攀安.以“五大发展理念”引领高原特色农业现代化发展[J]. 云南农业，2016（6）：9-11.
[99] 张帆，徐元锋.以高水平开放推动高质量跨越——访云南省副省长张国华[N]. 人民日报，2019-11-26（10）.
[100] 韩成圆，刘子语.我省深入贯彻习近平总书记考察云南重要讲话精神，奋力推进面向南亚东南亚辐射中心建设——构筑对外开放新高地[N]. 云南日报，2022-01-12（1）.
[101] 冯蕾.“新发展理念就是指挥棒、红绿灯”——党中央以发展新理念引领发展新实践述评[N]. 光明日报，2016-06-06（1）.
[102] 段晓瑞.我省深入贯彻习近平总书记考察云南重要讲话精神，加快构建现代化产业体系——转型升级，向产业强省迈进[N]. 云南日报，2022-01-14（1）.
[103] 朱丹.我省深入贯彻习近平总书记考察云南重要讲话精神，建立体制机制，统筹协调推进——加快构建城乡一体化发展新格局[N]. 云南日报，2022-01-16（1）.

[104] 王丹，胡晓蓉. 我省深入贯彻习近平总书记考察云南重要讲话精神，奋力推进生态文明建设排头兵建设——守护好七彩云南的绿水青山 [N]. 云南日报，2022-01-11（1）.

[105] 李承韩. 我省深入贯彻习近平总书记考察云南重要讲话精神，加快综合基础设施体系建设——构建高质量跨越式发展“硬支撑”[N]. 云南日报，2022-01-15（1）.

# 索引